성과 창출 전략의 비밀

비욘드 스트래티지

신재훈 지음

박영사   서강비즈니스북스
SOGANG BUSINESS BOOKS

머리말

　전략이라는 말은 언제나 나의 가슴을 뛰게 한다. 하지만 전략만큼 나를 좌절하게 만드는 말도 없을 듯하다. 1980년대 후반에 마이클 포터의 『경쟁전략』과 『경쟁우위』를 통해 경영전략을 배웠다. 그 영향 때문인지 사회 초년 시절, 나에게 있어 전략은 청명한 가을 하늘처럼 명확하고 분명해 보였다. 여러 기업을 대상으로 컨설팅하면서 체계적 분석을 통해 도출된 자명해 보이는 전략을 경험 많은 경영자들 앞에서 발표할 때면 철없이 우쭐한 기분이 들기도 했었다. 삼국지에 나오는 제갈공명처럼 현재는 물론 미래에 있을 환경 변화를 예측하고 그에 맞춰 경영자가 취해야 할 전략을 수립하는 일은 정말 신나는 일이었다.

　하지만 시간이 흐르면서 두려움과 회의가 들었다. 그토록 명쾌해 보였던 전략이 실행을 통해 성과로 나타나는 일이 드물었기 때문이다. 전략의 효용에 대한 고민은 컨설팅 회사를 떠나 일반 기업으로 옮겨서도 계속되었다. 아니 오히려 더 심해졌다고 하는 편이 맞을 것 같다. 컨설팅은 전략에 대해 조언을 해주는 것으로도 역할을 다할 수 있었지만, 일반 기업에서는 전략 수립만으로는 부족하고 실행을 통한 성과 창출이 필요했기 때문이다.

　마이클 포터의 경쟁전략 이후 전략 분야는 백가쟁명(百家爭鳴)이라는 말이 어울릴 만큼 다양한 학자들이 다양한 이론을 주창하며 발전하였다. 자원기반이론, 핵심역량, 블루오션, 파괴적 혁신 등은 그러한 이론 중 대표적 예이다. 기존 이론들의 문제점을 지적하며 새로운 전략 이론이 등장할 때마다 학계는 물론이고 기업에서는 한바탕 난리가 난다. 행여나 경쟁자에게 뒤처질까 노심초사하는 경영자들이 기존의 전략 이론이 해결하지 못한 현실의 문제를 해결해 주기를 바라는 마음에 앞다투어 새로운 전략 이론을 도입하려 하기 때문이다.

하지만 30년이 넘도록 기업 현장에서 다양한 전략 이론에 따라 전략을 수립하고 실행해 본 결과는 그다지 만족스럽지 못했다. 대부분의 전략 이론은 기존 이론들의 문제점을 지적하며 새로운 이론이 이를 해결할 수 있다고 주장한다. 그러한 주장들이 부분적으로 맞는 때도 있지만 대체적으로는 이론이 주장하는 만큼 성공적이지 못한 경우가 더 많았다. 그도 그럴 것이 대개의 전략 이론은 성공한 기업들의 사례에서 일반성을 도출하여 이를 이론화한 것인데 그러한 전략 이론의 기반이 되는 사례와 모든 면에서 완벽하게 같은 조건을 갖춘 경우는 없기 때문이다. 더욱이 대개의 전략 이론은 기존 전략 이론과의 차별화를 위해 특정 측면을 강조하는 데 비해 현실 경영에서의 전략은 기업의 모든 부분을 다뤄야 하므로 통합적 접근이 필요하기 때문이다.

이처럼 전략을 통한 성과 창출이라는 현실적 문제에 부딪히자 음식을 먹다 체한 것처럼 늘 마음 한구석이 답답하고 무거웠다. 이 책은 그러한 답답함을 해결하기 위해 오랜 기간 고민한 끝에 나름대로 찾은 해법을 정리한 것이다. 이 책에서 내가 말하려고 하는 것은 전략으로 성과를 창출하려면 역설적으로 전략을 넘어서야 한다는 것이다. 망치를 가진 사람에게는 모든 문제가 망치로 보인다는 말처럼 전략을 공부한 사람은 모든 문제를 전략으로 풀 수 있다고 생각하기 쉽다. 하지만 내가 경험한 바로는 전략 이론은 성과 창출을 위한 기초에 불과하다. 전략 이론만으로 성과를 창출할 수 있다고 믿는 것은 고등학교 3학년 수험생이 대학교에 입학하면 모든 문제가 해결되리라 생각하는 것처럼 유치한 발상이다.

나는 전략을 넘어(Beyond Strategy) 비즈니스 모델과 디지털 기술 그리고 사람에 대한 이해(행동전략)를 아우르는 통합 관점에서 접근해야 전략을 통한 성과 창출이 가능하다고 믿는다. 이 책에서는 IMPECS(Integrated Model for Performance Enhancing and Creating Strategy)라는 통합 전략 모델을 성과 창출 전략의 비밀로 제시한다. IMPECS는 왜 전략 이론만으로는 성과 창출이 어려운지, 전략을 넘어 비즈니스 모델과 디지털 기술 그리고 행동전략을 함께 고려하는 것이 왜 중요하며 그것이 어떻게 성과를 창출하는 비밀이 되는지를 설명해 준다. 다소 딱딱하게 느껴질 수 있는 주제를 쉽게 설명하기 위해 영화나 드라마 같은 소재를 많이 활용하였다. 소개한 영화와 드라마를 보고 책을 읽는다면 내용을 입체적으로 이해하는 데 도움이 되리라 생각한다.

인생은 배움의 연속이다. 이 책은 현재까지의 배움을 정리한 것에 불과하다. 새로운 배움이 더해지면 그에 맞춰 수정해야 할 것이다. 하지만 지금으로서는 이것이 진심을 담은 나의 최선이다. 부디 이 책이 나와 같은 고민을 하는 독자들에게 문제 해결을 위한 실마리가 될 수 있기를 희망한다. 부족한 책을 세상에 내놓는 저자에게 그보다 더한 보람은 없을 것이다.

2023년 가을에

저자 신 재 훈

추천사

김용진 교수(서강대학교 경영학과)

　전략(Strategy)은 경영 현장에서 가장 많이 사용되는 용어일 것이다. 기업전략, 경쟁전략, 마케팅전략, 판매전략, 인사전략, 생산전략, 혁신전략 등등 모든 영역이 전략이라는 말을 사용한다. 그러다 보니 가끔은 '전략이 무엇이지?'라는 의문이 들 때가 있다. 더군다나 회사 내에서 가장 똑똑하다는 사람들이 상당한 시간을 들여 시장과 내부환경을 분석하여 '전략'을 수립해도, 그것이 제대로 실행되어 성과를 내는 경우가 좀처럼 없다 보니 도대체 전략을 왜 수립해야 하는지 회의를 느끼기도 한다.

　알프레드 챈들러(Alfred D. Chandler)는 전략을 조직의 장기목표를 설정하고 이 목표를 달성하기 위한 행동 방식을 선택하며 이에 소요되는 자원을 배분하는 일이라고 정의했으며, 케네스 앤드류(Kenneth Andrews)는 전략은 기업의 목표와 그 목표를 달성하기 위한 여러 가지 계획이나 정책을 만드는 일이라고 정의했다. 결국 전략은 조직이 추구하는 목표를 설정하고, 그 목표를 달성하기 위해 자신에게 가장 적합한 방식으로 자원과 프로세스를 구조화하는 것을 말한다.

　하지만 현실에서는 성과를 창출하는 전략보다 그렇지 못한 전략이 훨씬 많은 것이 사실이다. 바로 이러한 문제, 즉 '왜 전략이 의도한 성과를 창출하지 못하는 가?'라는 질문에 답하는 것은 경영학적 지식을 고도화하는 방편이기도 하지만 경영학이 실무적으로 쓸모 있는 수단이 될 가능성을 담보하는 길이다. 이 책의 저자인 신재훈 박사는 경영 컨설팅, 경영정보시스템, 전략기획 분야에서 오랜 기간 종사하였고, 본인 스스로 국내 굴지의 대기업에서 전략기획을 수립하고 실행하면서 이러한 문제들을 경험하고 이를 해결하는 방법을 찾는 데 천착해 왔다.

그가 이 책에서 제시하는 답은 이 책의 제목인 '비욘드 스트래티지(Beyond Strategy): 성과 창출 전략의 비밀'에 담겨 있다. '비욘드 스트래티지'는 경영자들이 성과를 창출하는 전략을 만들기 위해 기존의 전략 이론을 넘어 통합의 관점에서 크게 네 가지 요인을 추가로 고려할 것을 주문한다. 첫째는 자신의 상황에 가장 적합한 전략 모델을 선택하라는 것이다. 경제 환경이 계속 변하고 기업마다 처한 상황과 보유 자원이 다르므로 남들이 사용하는 혹은 연구자들이 제시한 전략 모델을 그대로 따라 해서는 성과를 창출하기가 어렵다. 수도 없이 많은 전략 모델 가운데 자신이 직면한 문제에 가장 잘 맞는 모델을 선택하는 것은 큰 노력을 요구한다. 둘째는 전략 모델이 정해지면 이러한 전략이 실제로 어떻게 작동하고 어떤 형태로 이익을 만들어 내는지를 명확하게 이해할 수 있도록 비즈니스 모델을 만들라는 것이다. 비즈니스 모델은 전략이 실제로 실행될 수 있는 논리적 틀을 제공함으로써 전략을 보다 현실적인 것으로 만들고 이익 실현의 가능성을 높여주기 때문이다. 비즈니스 모델을 통해 고객과 고객의 문제, 그 문제의 해결에 필요한 솔루션을 정의하고 이를 달성하기 위한 핵심자원과 프로세스를 설계하며, 이에 기반하여 수익과 비용, 그리고 이익을 추정할 수 있다. 셋째는 디지털 기술의 활용에 조금 더 진지하게 접근하라는 것이다. 사회 자체가 디지털 기술 기반 사회로 변화하면서 이미 대부분 비즈니스가 디지털 기술에 기반하여 설계되고 운영되고 있으며 이러한 추세는 시간이 지날수록 더욱 확대, 가속화되고 있기 때문이다. 디지털 기술의 활용에 있어 중요한 것은 기존처럼 전략에 따라 일하는 방식을 바꾸거나 프로세스를 효율화하는 것이 디지털 기술의 역할이라는 수동적 인식에서 벗어나서 아예 제품과 서비스 등 사업과 전략 자체를 디지털 기술에 기반해서 바꾸는 것이다. 마지막으로 저자는 행동전략의 이해와 활용을 강조하고 있다. 기존의 경제학적 접근이나 이를 기초로 한 전략적 접근은 합리적 인간을 전제하고 있지만 행동주의에 기반한 행동전략은 인간이 생각보다 합리적이지 않다는 데 초점을 둔다. 오히려 있는 그대로 사람을 이해하고 특성을 반영하여 전략의 완성도를 높이고 전략 자체보다 전략의 수립과 실행에 영향을 미치는 인간적 요소를 더 많이 고찰함으로써 성과 창출의 가능성을 높여야 한다는 것이다.

신재훈 박사의 성과 창출 전략 혹은 '비욘드 스트래티지(Beyond Strategy)'는 요즘처럼 변화가 심하고, 불확실성과 상황적 모호성이 높으며, 복잡다기한 이해관계의 충돌이 다반사인 현실에서 확실하게 의미가 있다. 기업은 자신이 가진 자원과 프로세스를 통해 고객의 문제를 해결함으로써 가치를 창출할 수 있어야 생존과 성장을 할 수 있다. 특히 지금처럼 변화가 심한 환경에서는 전략적 명확성과 기술에 대한 이해, 정해진 비즈니스 모델을 통해 시뮬레이션할 수 있는 역량, 그리고 무엇보다 고객이든 종업원이든 협력업체이든 전략 실행의 주체인 사람을 이해하고 그들의 문제를 해결할 수 있는 역량이 있어야 기업의 생존과 성장이 보장된다.

많은 경영자와 사업가들, 그리고 이러한 여정을 추구하는 이들이 이 책을 통해 전략을 넘어 성과를 창출하는 방법에 대해 보다 분명한 통찰력을 얻을 수 있기를 기원한다.

목 차

01 | 어떻게 성과를 창출할 것인가?

02 | 목표를 정의하라

03 | 올바른 전략을 선택하라

04 │ 비즈니스 모델로 전략을 보완하라

05 │ 디지털 기술로 혁신하라

06 │ 성과 창출 전략의 마지막 퍼즐, 행동전략

들어가는 글

대형 항공사와 저비용 항공사의 엇갈린 실적

2019년 5월 9일 "비즈니스 조선"은 다음과 같은 기사를 보도하였다.

> "항공 시장이 양극화되고 있다. 저비용 항공사(LCC)들은 빠른 성장세를 보이며 사상 최대 실적을 기록한 반면 대형 항공사인 대한항공과 아시아나항공은 저비용 항공사와의 경쟁에서 밀리며 실적 악화 전망이 잇따라 나오고 있는 것이다. 대한항공과 아시아나항공은 최근 퍼스트 클래스(일등석)를 대폭 줄이거나 없애는 등 다각도로 수익성을 높이기 위해 안간힘을 쓰고 있다. 그러나 항공 여객 시장의 주도권이 이미 저비용 항공사로 넘어간 데다, 최근 미·중 무역전쟁 등의 여파로 화물 시장 역시 침체될 것으로 예상돼 당분간 실적 회복이 어려울 것이라는 전망이 많다."[1]

기사내용에 비추어 보면 대형 항공사의 시대는 가고 바야흐로 저비용 항공사(LCC: Low Cost Carrier)의 시대가 도래한 듯하다. 하지만, 사장 최대 실적을 기록하며 빠른 성장세를 보이던 저비용 항공사들의 경쟁우위는 전 세계를 강타한 COVID−19사태 이후 불과 2년 만에 완전히 뒤바뀐다. 2022년 2월 1일과 2월 15일에 보도된 아래 기사를 살펴보자.

> "국내 항공업계 1위인 대한항공이 화물 사업으로 작년 최대 영업이익을 달성했지만, 저비용 항공사(LCC)들은 작년에도 최악의 실적을 낸 것으로 보인다. 제주항공과 진에어는 작년 탑승객 수에서 대한항공까지 제쳤지만, 실적 기준으로는 대한항공과의 격차가 더욱 벌어졌을 것이라는 분석이 나온다."[2]

> "아시아나항공이 신종 코로나바이러스 감염증(코로나19) 여파에도 작년 영업이익 흑자 전환에 성공했다. 아시아나항공은 별도 재무제표 기준 작년 매출이 4조 1

천 104억원, 영업이익이 4천 565억원을 기록했다고 15일 공시했다. 작년 매출은 전년(3조 5천 599억원) 대비 15.5% 증가했다. 2020년 631억원의 영업손실을 기록했지만, 작년에는 흑자 전환됐다… 3분기 연속 영업이익 흑자를 이어갔다."[3]

기사내용에서 확인할 수 있듯이 새로운 시대를 열어갈 것처럼 보이던 저비용 항공사들이 고전을 면치 못하는 상황에서 대형 항공사들은 뛰어난 성과를 창출하며 흑자 기록을 이어갔다. 도대체 무슨 일이 있었길래 불과 2년 만에 이러한 반전이 일어난 걸까?

기업의 영원한 숙제는 생존과 성장이며 바로 이 생존과 성장을 위한 것이 전략이다. 전략연구분야의 대가인 하버드 경영대학원의 마이클 포터(Michael Porter) 교수는 "전략이란 무엇인가?"라는 글에서 "전략의 핵심은 경쟁자가 하는 것과 다르게 활동을 수행하도록 선택하는 것"이라고 주장하였다(Porter, 1996). 또한 본원적 경쟁전략은 원가우위, 차별화 그리고 집중화 전략 3가지이며 이 가운데 원가우위와 차별화 전략이 경쟁우위 확보에 있어 핵심 전략이라고 하였다(Porter, M. 저, 조동성, 정몽준 공역, 1985). 이러한 주장에 비추어 대형 항공사와 저비용 항공사의 경쟁 위치 변화를 분석해보자.

우선, 대형 항공사와 저비용 항공사는 서로 경쟁 관계이면서 각자 경쟁자와 다르게 활동을 수행하도록 선택하였다는 점에서 둘 다 어떤 형태로든 전략이 있었다고 할 수 있다. 또한 두 항공사의 사업형태로 미루어 짐작하건대 대형 항공사는 차별화 전략을, 저비용 항공사는 원가우위 전략을 핵심 경쟁우위로 삼았다는 점에서 이들은 마이클 포터가 주장한 본원적 전략에 충실했다고 볼 수 있다. 그럼에도 불구하고 같은 산업에서 왜 어떤 경우에는 대형 항공사가, 또 다른 경우에는 저비용 항공사가 경쟁우위를 갖게 되었을까?

전통 전략이론을 조금이라도 공부한 사람이라면 아마 이 질문에 대한 답을 전략과 환경의 적합성에서 찾으려 할 것이다. 즉, 어떤 환경에서는 원가우위 전략이, 또 다른 환경에서는 차별화 전략이 더 적합하므로 여객수요가 안정적이던 COVID-19 이전에는 저비용 항공사가 원가우위 전략 기반의 경쟁력을 가졌고,

반대로 여객수요가 급감한 COVID－19 이후에는 대형 항공사가 차별화 전략으로 경쟁우위를 가지게 되었다고 결론 내릴 수 있다. 그러나 같은 산업에서 시차를 두고 발생한 경쟁우위의 변화를 이처럼 환경과의 적합성만으로 설명하는 것이 과연 맞을까? 이러한 분석을 다른 모든 산업에도 적용할 수 있을까?

성과 차이를 전략과 환경의 적합성으로 설명하는 것이 설사 이론상 맞더라도 실무적으로는 몇 가지 문제점이 있다. 우선, 2019년 시점에서 대형 항공사나 저비용 항공사 모두 COVID－19 발생을 예측할 수 없었다. 그런 점에서 전략의 출발을 환경분석에 기반한 위치선점에서 찾는 포지셔닝(Positioning) 이론만으로는 제대로 된 전략을 수립조차 할 수 없었다 해도 과언이 아니다. 포지셔닝 이론에서는 환경 분석이 전략 수립의 시작인데 COVID－19는 사전에 예측하고 분석하는 것이 불가능한 미증유의 사태였기 때문이다. 이는 포지셔닝 이론이 전략 이론 중에 가장 널리 알려진 이론이며 이로 인해 많은 실무자들이 포지셔닝 이론을 전략수립의 기본으로 삼는다는 점에서 더욱 큰 문제이다.

둘째, 2022년 시점에서 대형 항공사와 저비용 항공사간 실적의 차이는 두 기업이 의도적으로 전략적 위치를 달리 해서 얻은 결과라기보다는 동일 위치를 계속 유지했음에도 불구하고 환경이 변해서 저절로 얻게 된 측면이 더 크다. 이는 마치 내가 한 곳에 가만히 서 있어도 지구의 자전으로 인해 밤이 되면 어두워지고 낮이 되면 밝아지는 것과 유사하다. 다시 말해 처음부터 "의도된" 전략에 의한 성과로 보기 어렵다.

셋째, 통상적으로 전략수립에 드는 시간을 감안하면 COVID－19로 인한 환경 변화를 분석하여 대형 항공사와 저비용 항공사가 새로운 전략을 수립하고 실행해서 결과를 보았다고 하기엔 기간이 짧다. 대한항공이나 아시아나항공 같은 대기업은 말할 것도 없고 소규모 저비용 항공사에서도 실무팀이 환경과 역량을 분석한 후 전략을 수립해서 경영진에게 보고하고 협의를 통해 전략을 확정 짓는 과정은 짧아도 3개월이고 보통 6개월 이상 걸린다. 그렇게 수립한 전략을 직원들이 이해하고 실행에 옮기는 데는 또 다시 많은 시간이 필요하다. 이러한 점을 감안하면 2년만에 역전된 대형 항공사와 저비용 항공사의 경쟁위치 변화를 각자가 선택한 전략에 따른 성과라 말하기가 어려워진다.

이처럼 같은 산업에서 시차를 두고 경쟁위치가 뒤바뀐 기업의 성과가 전략에 의한 것이 아니라면 전략을 통한 성과 창출은 어떻게 해야 하는가? 현재 하는 일을 계속 잘하고 있으면 지구의 자전에 의해 한 자리에 서 있어도 낮과 밤이 바뀌는 것처럼 성공과 실패가 바뀌는 것이라면 많은 시간과 노력을 들여 전략을 수립할 필요가 있는가? 화려한 미사여구로 포장된 수많은 전략이론은 탁상공론에 가까운 학문적 논쟁일 뿐 실무적으로는 무의미한 것인가? 도대체 전략이란 무엇인가?

전략이 성과 창출에 실패하는 이유

"전략의 본질은 가치를 만들어 내는 것"(김위찬 & 르네 마보안, 2017)이다. 따라서 제대로 된 전략이라면 반드시 성과를 창출해야 한다. 하지만 현실에서는 성과를 창출하는 전략보다 실패하는 전략이 더 많다(Cândido & Santos, 2015). 그렇다면 "성과를 창출하는 전략은 어떻게 수립하고 실행해야 하는가?"

콜리스는 수많은 전략이 실패하는 근본 원인은 경영자가 새로운 기술에 의한 기회 포착이나, 경쟁자 없는 우위 확보와 같은 특정 요소에 집중한 나머지 전략을 총체적(holistic)으로 접근하지 않는 데 있다고 하였다(Collis, 2021). 콜리스의 주장처럼 전략에 대한 지금까지의 접근방식은 특정 관점과 이슈에 집착한 나머지 현실의 전략문제 해결에 필요한 통합적 관점을 결여하고 있다. 따라서 전략으로 성과를 창출하려면 우선 "전략이란 무엇인가?"라는 당위적 질문을 던지고 그에 더해 전략을 수립할 때의 고려 사항과 실행할 때의 주의점에 대해 통합 관점에서 실질적이고도 직관적인 접근을 할 필요가 있다. 하지만 지금까지 이루어진 다수의 전략연구는 연구자의 관심에 따라 파편화된 관점에서 추상적 개념과 이론 논쟁에 치우친 접근이 많았다. 이로 인해 전략문제를 총괄하는 해법을 제시하지 못했고 실무에서 전략이론을 적용하여 성과를 창출하기도 어려웠다.

예를 들어 전략연구에서 가장 대표 이론으로 알려진 산업조직관점과 자원기반관점을 살펴보자. 두 이론은 경쟁우위의 원천을 각각 산업의 구조적 매력과 기업이 보유한 자원의 우월성으로 설명하면서 전략에 대한 접근법에서 서로 대립된 시각을 보인다. 하지만 실무 입장에서 보면 이 둘을 분리하기는 어려우며 어느 한쪽을 택하기보다 두 이론의 관점을 통합해서 접근할 때 성과 창출이 훨씬 쉽다. 또 다른 예로 경쟁전략과 블루오션 전략도 시장과 경쟁자를 다루는 면에서 서로 다른 입장을 보이지만 "꿩 잡는 것이 매"라는 말처럼 성과 창출이라는 목적에서 보면 이 두 이론도 통합해서 활용해야 할 전략이다.

지금까지 기존 이론과의 차별화를 강조할 필요가 있는 연구자의 입장에 따라 수많은 전략이론이 제시되었다. 새로운 이론이 등장할 때마다 각각의 이론은 저마다의 장점을 강조하며 더 이상 다른 이론은 필요 없다는 듯한 인상을 풍겨왔다. 하지만 실제로는 그러한 이론이 약속한 성과가 나타나지 않거나 나타나더라도 전략의 수립과 실행 과정에서 치러야 하는 비용이 얻을 수 있는 성과보다 커서 효용이 떨어지는 사례가 많았다. 이 때문에 실무에서는 전략이론에 대해 회의와 비판을 넘어 무용론마저 등장하고 있다. 이러한 비판은 특히 전통 전략이론의 주류를 이루고 있는 환경분석 기반 전략 계획 수립에서 두드러진다. 이와 관련하여 헨리 민츠버그는 "전략 계획 수립 활동은 결과보다는 과정에만 매달리고 예측이 부정확하며 분석위주로 되어 있어 직관과 창조력이 결핍되어 있는 것이 문제점"이라고 지적한 바 있다(Mintzberg, 1994).

일반적으로 새로운 이론은 기존 이론으로 설명하기 어려운 현상이나 문제가 나타날 때 제시된다. 어떤 이론이 새로운 이론으로 대체되거나 패러다임이 변화되기 위해서는 가설이 부정(falsification)되어야 하기 때문이다(Popper, 2005). 자연과학에서는 같은 조건일 경우 같은 결과가 나타나므로 이변이 없는 한 기존 이론과 가설이 부정되는 경우가 많지 않다. 그러나 사회과학에 속하는 경영전략은 이론의 근거가 되었던 사례와 완벽하게 동일한 조건을 찾기 어렵기 때문에 기존 이론과 다른 현상과 문제가 늘 발생하고 이로 인해 기존 가설이 부정되고 계속 새로운 이론이 제기된다. 그러다 보니 경영자들은 "전략이란 경쟁자에 비해 지속 가능한 경쟁우위와 우월한 가치를 창출하기 위한 선택"(Lafley & Martin, 2013, p. 19)이라는 그럴싸한 정의를 기반으로 복잡한 전략 문제를 단번에 해결해주겠다고 약속하는 수많은 이론과 새로운 용어들에 끊임없이 시달린다. 이로 인해 전략의 세계는 마치

헤어 나오기 힘든 미로처럼 느껴진다.

이러한 현상이 나타나는 이유는 환경이 계속 변하고 기업마다 처한 상황과 보유 자원이 달라 모든 면에서 똑같은 환경이란 없기 때문이다. 겉으로 얼핏 보기에 같아 보여도 각각의 전략이론으로 성과를 창출하기 위해 필요한 요소가 모두 동일한 환경이란 현실적으로 존재하지 않는다. 한편, 다른 관점에서 보면 이론 정립 과정에서 거치게 되는 모형화(modeling)와 추상화(abstraction)로 인해 이론의 토대인 현실 요소를 원형 그대로 적용하기도 어렵다. 더욱이 성과 창출이라는 본질 목표보다 이론의 차별성에 치우치다 보면 통합해서 고려해야 할 요인을 제대로 고찰하지 못하게 된다. 따라서 환경의 차이와 이론의 한계에 대한 고려 없이 다른 기업의 성공 사례를 그대로 따라 하려는 시도는 실패를 초래할 수밖에 없다.[4] 이 때문에 경영전략분야는 마치 장님이 코끼리 만지는 식으로 다양한 이론들이 저마다 자신이 옳다며 개성을 뽐내는 각축장이 되어 버렸다(Mintzberg et al., 2012).

환경의 다름과 이론의 추상성 이외에, 전략이론이 성과 창출로 이어지지 않는 또 다른 이유는 전통 전략이론들이 온전히 합리적인 인간을 전제(前提)한 데 있다. 하지만 최근 행동주의 이론이 발전하면서 인간은 생각만큼 합리적이지 않다는 인식이 공감을 얻고 있다. 사람들은 때때로 밥보다 비싼 커피를 소비하며, 좋아하는 연예인을 보기 위해 밥을 굶으면서도 비싼 공연 티켓을 사기도 하는데 이러한 모습은 경제학에서 가정하는 합리적 의사결정자와는 거리가 멀다. 설사 모든 것을 합리적으로 판단할 수 있더라도 판단에 필요한 정보를 모두 가질 수는 없다. 따라서 인간의 합리성이란 본질적으로 불완전할 수밖에 없다. 하지만 그간의 전략연구는 완벽한 사고력과 판단력을 가진 인간을 전제로 이론을 전개하였다. 이는 평범한 체형을 가진 사람에게 완벽한 몸매의 모델이나 입을 수 있는 옷을 제공하는 것과 마찬가지라 할 수 있다. 패션 모델이 입은 멋진 모습을 보고 옷을 샀는데 정작 자신이 입은 모습에 실망을 느낀 경험을 떠올려 보면 쉽게 이해가 될 것이다.

일반인은 입을 수 없는 옷처럼 되어 버린 전통 전략이론과 달리 새롭게 주목받고 있는 이론으로 행동전략(Behavioral Strategy)이 있다. 행동전략은 인지심리학을 중심으로 한 행동과학 분야의 최근 발전을 받아들여 전략연구의 현실성과 설명력을 강화한 이론이다. 행동전략에서는 전략수립과 실행의 주체인 사람이 "불완전" 하고 "비합리적" 존재임을 인정한다. 이로 인해 행동전략은 그동안 전략이론의 주류를 형성해온 산업구조론과 자원기반관점이 결여한 현실성을 보완하여 전략의 완성도를 높이는 것은 물론 "창의성"이나 "혁신"이라는 말로 적당히 얼버무렸던 비합리적 성공 사례를 논리적으로 설명할 수 있는 토대를 제공해준다.

이 책의 구성

이 책은 전략에 대해 문제를 제기한 지금까지의 논의에 이어 모두 6개의 장으로 구성되어 있다. 제1장에서는 전략에 관한 기존 접근법의 문제점을 지적하고 이에 대한 대안으로 성과 창출의 비밀을 담은 새로운 전략 모델을 소개한다. 제2장부터 제6장까지는 성과 창출의 비밀인 새로운 전략 모델의 구성 요소와 이를 활용한 성과 창출 방법에 대해 설명한다. 우선 제2장에서는 성과 창출의 첫 번째 비밀인 목표의 정의를 다룬다. 이를 통해 성과 창출을 위해 목표를 정의하는 것이 왜 필요하며 목표 정의의 구성요소는 무엇인지를 알게 될 것이다. 제3장에서는 성과 창출의 두 번째 비밀인 전략의 선택에 대해 다룬다. 이를 위해 전략의 역사 속에 등장한 다양한 이론을 살펴보고 목표에 부합하는 최적의 전략을 선택하는 방법에 대해 알아볼 것이다. 제4장에서는 전략만으로 성과를 창출하기가 어려운 이유를 설명하고 성과 창출을 위한 세 번째 비밀인 비즈니스 모델의 개념과 활용방안에 대해 살펴볼 것이다. 제5장에서는 성과 창출을 위한 네 번째 비밀로 전략과 비즈니스 모델을 구현하는 수단이자 전략과 비즈니스 모델의 혁신을 이끄는 원동력인 디지털 기술에 대해 다룬다. 특히 전략과 디지털 기술이 서로 거리를 두어 왔던 이유와 다양한 형태의 디지털 기술 활용방법에 대해 설명함으로써 성과 창출을 위해 전략과 디지털 기술을 어떻게 통합할 것인지를 살펴볼 것이다. 마지막 제6장에서는 성과 창출을 위한 마지막 퍼즐로 최근 전략분야의 화두가 되고 있는 행동전략에 대해 다양한 사례를 들어 설명한다. 이를 통해 독자들은 왜 완벽해 보이는 전략이 실패하는지를 이해할 수 있으며 이러한 실패를 사전에 예방하고 성과를 창출하려면 전략을 넘어(Beyond Strategy) 무엇을 어떻게 해야 하는지를 깨닫게 될 것이다.

Beyond Strategy

01

어떻게 성과를 창출할 것인가?

"다들 꼼짝 마!"

"안 돼!"

악몽에서 눈을 뜬 여인이 권총을 겨누며 노려보다 꿈인 것을 알고 안도의 한숨을 내쉬고 돌아 누우며 독백을 시작한다.

"내 이름은 도쿄다."

살인 강도를 저지른 후 도주해 11일째 숨어 있던 도쿄는 어머니에게 전화를 걸어 안부를 확인하고는 마지막으로 어머니를 만나기 위해 나선다. 그때 1992년형 빨간색 세아트 이비자[1]를 탄 남자가 다가와 말을 건다.

교수: 저기, 시간 있어?

도쿄: 당신 뭐야? 경찰이야?

교수: 잠깐, 거기로 가면 죽어.
무장 기동대가 당신을 기다리고 있어. 지난 6일간 당신을...

도쿄: 왜 그 말을 믿어야 하지?

교수: 꺼내도 돼?(좌석에서 카메라를 꺼내 촬영한 사진을 도쿄에게 보여준다) 이미 당신 어머니 댁에 있어. 그래서 내가 도우러 온 거야. 사업상 제의를 하고 싶어. 강도 건인데, 아주... 독특해. 난 사람을 찾고 있어. 잃을 게 없는 사람. 어때? 24억 유로를 벌 수 있다면?

장면이 바뀌고 도쿄의 독백이 이어진다.

"그렇게 큰 건 처음이었다. 뉴욕, 런던, 몬테카를로에서조차. 만약 내 사진이 또다시 뉴스에 뜬다면 적어도 역사상 최고의 도둑이 됐으면 한다."

(『종이의 집』 파트1, 제1화)

① 도둑질에도 전략이 필요하다

범죄 스릴러 드라마 『종이의 집(LACASA DE PAPEL)』은 교수로 불리는 한 천재가 8명의 범죄자들을 모아 스페인 조폐국을 터는 이야기다.[2] 원작은 2017년 5월 2일부터 11월 23일까지 스페인의 Antena 3 네트워크를 통해 방영된 15개의 에피소드이다. 2017년 말 넷플릭스가 글로벌 스트리밍 권리를 획득하여 방영을 시작하였다. 이후 스페인 중앙은행 지하에 보관된 금을 터는 내용으로 이어지며 시즌 5까지 방영되었다.[3] 훔치려는 돈이 수십억 유로(한화로 수조)에 달하고 경찰과 교수 사이에서 벌어지는 두뇌 싸움의 묘미를 느낄 수 있는 기발한 범죄 수법 등 흥미진진한 볼거리 덕분에 2022년 기준, 넷플릭스에서 방영된 드라마 전체 중 비영어권 2위(1위는 한국의 오징어 게임)에 올랐다.[4] 이러한 인기에 힘입어 우리나라에서는 『종이의 집: 공동경제구역』이라는 제목으로 리메이크되기도 하였다.

도쿄, 리오, 덴버, 모스크바, 헬싱키, 오슬로, 베를린, 나이로비.

도시 이름을 딴 가명을 사용하는 8인을 지휘하여 스페인 조폐국을 탈취하는 사건을 다룬 『종이의 집』은 "조폐국에서 24억 유로를 훔친다."는 터무니없는 발상을 치밀한 전략으로 실현한다는 점에서 전략연구에 흥미로운 시사점을 제시한다. 주인공 교수는 철두철미한 전략가로 엄청난 돈을 훔쳐 자신은 물론 자녀세대까지 일하지 않고 살게 하겠다는 담대하고도 분명한 목표를 세운다. 또한 목표 달성을 위해 사전에 조폐국과 여러 상황을 치밀하게 조사, 분석하고 가장 적합한 전략을 선택한다.

전략을 세웠지만 혼자 실행할 수 없었던 교수는 자신이 세운 목표를 공유할 사람들이 필요했다. 그렇게 저마다의 사연을 가진 8명이 모인다. 교수는 팀원의 적극적이고 자발적인 참여를 유도하기 위해 팀원들의 욕구에 맞춰 프로젝트의 가치를 제안하여 동기를 부여하고 이익 분배 약속으로 결속을 다진다. 8명의 팀원은 교수의 목표를 함께 나눈 파트너이자 저마다 목표 달성에 필요한 특기를 지닌 핵심 자

원이었다.⁵ 그렇게 모인 일행은 무려 다섯 달에 걸쳐 교수로부터 조폐국 강도 프로
젝트를 수행할 세부 프로세스에 대해 배운다. 그들은 조폐국 침투 후 사로잡은 인
질을 방패이자 노동력으로 삼아 돈을 인쇄하고 탈출하기까지의 모든 과정과 절차
에 대해 완전히 외울 때까지 반복적으로 학습한다.

이 드라마에서 또 하나 흥미로운 점은 그들이 사용한 여러 도구이다. 우선 강도
일행은 예술가 '살바도르 달리'를 닮은 마스크를 쓴다. 이로 인해 경찰은 강도 일행
과 인질을 구분할 수 없게 된다. 조폐국 밖에서 지휘를 하는 교수는 경찰과의 협상
과정에서 기기를 통해 변조된 음성을 사용한다. 또한 조폐국에 침입한 일행과의
대화를 위해 화장실 배수구를 통해 연결한 아날로그 통신 시스템을 사용한다. 휴
대폰이나 무선 주파수를 사용하면 경찰이 해킹하고 도청할 것을 염려해서다. 달리
마스크, 음성 변조기, 아날로그 통신과 같은 도구들은 자신들의 신분을 감추고 조
폐국을 터는 목표에 철저하게 부합한다.

목표를 실행에 옮기기 전에 진행한 5개월간의 사전 학습 과정에서 교수는 놀라
운 상상력으로 끊임없이 계획이 잘 실행되지 않을 수 있는 "만약(if)"의 시나리오를
만들어낸다. 돈을 훔치는 과정 외에도 "경찰이 불가피하게 조폐국 내부에 들어올
상황이 생긴다면," "교수와의 통신이 24시간 이상 끊긴다면," "일행 중 부상자가
생긴다면"과 같은 돌발상황을 가정하고 그에 대한 대처 방법을 마련한다. 아무리
철저히 계획하고 학습하더라도 사람의 행동을 완벽히 예측할 수는 없기에 수많은
"만약"의 시나리오를 통해 이중, 삼중으로 대책을 만든 것이다.

교수의 전략이 사람들의 마음과 행동에 대한 철저한 이해를 바탕으로 하고 있
음은 강도 실행일의 결정과 그가 제시한 규칙에서 잘 드러난다. 조폐국에 침입한
강도들은 근무하던 직원과, 현장 체험학습을 위해 그곳에 온 교사와 학생을 포함
해 67명을 인질로 삼는다. 학생 중에는 영국 왕실 친척인 앨리슨도 포함되어 있었
다. 인질 중에 영국 왕실 친척이 있으면 경찰이 무력 진압을 쉽게 못 하리라는 계산
하에 앨리슨 일행이 견학 온 날에 일부러 강도 계획을 실행한다. 또한 팀원들에게
본명을 감추고 도시 이름을 딴 가명을 사용하게 하고 팀원 사이의 사적 인간관계
를 금지한 것도 그런 관계가 결정적 순간에 일을 그르치는 원인이 될 수 있음을 알

고 있었기 때문이다.

사람의 마음에 대한 교수의 통찰은 5개월에 걸친 사전 교육 내내 반복해서 강조한 "그 누구도 다치거나 죽어서는 안 된다"는 규칙에서도 극명하게 드러난다. 교수는 경찰과 대중의 심리를 이용하여 범법행위에 불과한 강도질에 사회적 의미를 부여하고 정당성마저 인정받으려 했다. 그러려면 자신들이 무능한 경찰, 쇠퇴한 자본주의에 실망한 시민들의 한을 풀어주는 투사로 비춰질 필요가 있었다. "그 누구도 다치거나 죽어서는 안 된다"는 규칙은 경찰과의 대치 상황에서 무사히 탈출하기 위해 필요한 대중의 지지를 받는 데 중요했다. 경찰과 자본주의에 대해 불만이 가득한 시민들이 강도들 편에 서서 그들을 응원하기까지 어떤 잔혹함이나 폭력도 보여주어서는 안 되었기 때문이다.

2 전략의 실패

1980년대에 이루어진 마이클 포터의 획기적인 연구 이후 전략이 무엇인지에 대해서는 비교적 명확하고 널리 받아들여진 정의가 있었지만 전략을 성과로 바꾸는 것에 대해서는 그렇지 못했다(Sull et al., 2015). 2015년에 칸디도와 산토스가 1980년부터 2015년까지 발표된 문헌을 토대로 분석한 연구 결과에 따르면 전략실행의 실패율은 평균적으로 적게는 15%에서 많게는 90%에 달했다(Cândido & Santos, 2015).

2013년에 이코노미스트지는 587명에 달하는 글로벌 기업 고위 경영자 대상의 설문 조사와 인터뷰를 토대로 좋은 전략이 실패하는 이유에 대한 보고서를 발표하였다(Intelligence Unit & by PMI, 2013). 이 보고서에 따르면 첫째, 전략수립과 실행 사이에 간극이 존재하는 경우, 둘째, 최고경영층의 관심과 지원이 부족하거나 그들이 큰 과제 대신 미세관리에 집착하는 경우, 셋째, 전략실행에 필요한 인적자원을 충분히 확보하지 못한 경우에는 좋은 전략도 성과를 내지 못하고 실패한다.

베르뮐렌은 전략이 실패하는 이유는 겉으로는 전략처럼 보이지만 실제로는 제대로 된 전략이 아니기 때문이라며 올바른 전략수립의 필요성을 강조하였다

(Vermeulen, 2017). 쉰발더는 기업이 전략실행 문제를 해결하고, 마찰 원인을 제거하거나 완화 또는 수정 조치를 취하는 데 도움이 될 수 있는 전략 문헌이 거의 없다며 논리적 부조화(incoherence), 상황과의 부적합(incongruence) 그리고 비일관성(inconsistency) 3가지가 전략 실패의 원인이라고 주장하였다(Schoenwaelder, 2020).

최근에는 기업이 직면하는 환경의 변동성이 높아져 미래 시장과 경쟁자의 반응을 분석하고 그 결과를 토대로 장기 계획을 수립하는 전통적 전략수립 방법으로는 성과를 내기가 점점 더 어려워지고 있다(Mankins & Gottfredson, 2022). 이에 따라 전략을 만드는 전략(A strategy for making strategy)이 필요하다는 주장(Reeves et al., 2012)이나, 비즈니스 혁신을 위해서는 전통적으로 사용해오던 분석 기반의 접근과는 다른 창의성이 필요하다는 주장(A. Brandenburger, 2019)이 설득력을 얻고 있다. 이론으로 접근한 전략은 연구자들이 개발한 분석도구로 사례를 분석하는 데 초점이 맞춰져 있어서 실제 상황과의 괴리감을 야기하고 기존 틀에서 벗어난 창의적 전략수립을 어렵게 만든다. 따라서 성과를 창출하기 위해서는 기존의 전략 연구를 넘어선 새로운 접근법이 필요하다.

❸ 전략에 관한 기존 연구의 문제점

전략이 경영학에서 독립 분야로 정립되기 시작한 것은 1960년대 들어서다. 1970년대에는 맥킨지를 비롯한 컨설팅 회사들이 전략자문을 주요 서비스로 제공하기 시작했다. 1980년대 들어 마이클 포터가 『경쟁전략』을 발표하며 비로소 전략분야가 본격적으로 체계화되기 시작했다. 이후 전략경영은 산업조직이론과 자원기반이론을 두 축으로 발전하였고 김위찬과 르네 마보안의 블루오션 전략과 크리스텐슨의 파괴적 혁신 전략 등을 거치며 양적, 질적으로 괄목할 만한 성장을 이루었다.

그러나 이러한 발전에도 불구하고 전략에 관한 기존 연구는 몇 가지 문제점을 가지고 있다. 첫째, 각각의 연구들이 통합보다는 기존 이론과의 차별화 관점에서 진행되다 보니 특정 상황에서 잘 맞는 이론이 다른 상황에서는 적합도가 떨어지는 경우가 많다. 물론 여러 이론을 균형 있게 보려는 시도가 아주 없었던 것은 아니다. 일례로 데이비드 콜리스(David J. Collis)와 신시아 몽고메리(Cynthia A. Montgomery)는 자원기반경쟁을 소개하면서 산업의 매력도를 결정하는 경쟁적 동인에 대한 점검 없이 핵심 역량에 투자하는 것은 위험하다며 외부 요소에 집중한 마이클 포터의 5요소 프레임워크와 기업 내부에 초점을 맞춘 역량 기반 경쟁전략들의 강점을 결합해야 함을 지적했다(Collis & Montgomery, 2008). 하지만 이러한 시도는 대체로 새로운 이론의 필요성과 차별성을 부각시키기 위한 시도였을 뿐 진정한 의미에서 통합 모델을 제시한 것이라 보기 어렵다.

둘째, 기존 전략이론들은 어떻게 하면 새로운 가치를 만들어 낼 수 있는가 (value creation)에 대해서는 다양한 방법을 제시하지만 그 가치를 개별 기업 입장에서 어떻게 내재화(value capturing)할 수 있는지에 대해서는 구체적이지 못하다. 예를 들어 산업구조분석 이론은 공급자, 구매자, 잠재적 진입자, 대체자, 산업 내 기존 경쟁자 분석을 통해 산업 매력도를 파악할 수 있고 이에 맞춰 어떤 산업에서 어떤 위치(position)를 점할지를 정하면 경쟁우위를 달성할 수 있다고 한다. 하지만 이렇게 달성한 경쟁우위가 개별 기업에게 얼마만큼의 수익을 줄지, 그 수익을 얻기 위해 비용은 얼마나 지불해야 하는지를 계산할 방법은 구체적으로 제시하지 않는다. 이 때문에 실무입장에서 보면 전략의 실행에 따른 비용과 수익을 측정하기 어렵고 어떤 전략이 더 상황 적합하고 유용한지 판단할 수 없다는 면에서 직관적이지 못하며 유용성이 떨어진다.

셋째, 전략에 관한 기존 연구들은 디지털 기술의 활용에 있어 소극적이다. 오늘날 전략의 주류로 자리 잡은 이론이 형성되던 시기에는 디지털 기술이 전략 문제를 해결할 만큼 강력하지 못했던 탓에 전략수립 단계는 고사하고 전략실행 단계에서도 고려 가능한 도구 수준에 머물렀다. 그러나 기술의 발달로 챗GPT같이 인간의 능력에 가까운 솔루션이 등장하면서 디지털 기술은 전략수립부터 실행에 이르는 모든 단계에서 고려해야 하는 핵심자원이 되었다. 디지털 기술을 활용하는 방법도 다양한 정보를 단순히 전산화하는 디지타이제이션(Digitization)에서 기능의 일부를 자동화하거나 컴퓨터 프로그램으로 변환하여 효율성을 제고하는 디지털

라이제이션(Digitalization)을 거쳐 기업 전체를 디지털 기술을 기반으로 변혁시키는 디지털 트랜스포메이션(Digital Transformation)으로 발전하고 있다. 그럼에도 불구하고 전략에서는 여전히 디지털 기술을 전문가 영역으로 치부하는 경향이 있어서 디지털 기술이 가지는 무한한 가능성을 제대로 활용하지 못하고 있다.

넷째, 기존 전략이론은 전략수립과 실행의 주체인 인간이 완벽한 합리성을 가진 존재라고 가정한다. 이 때문에 이론적으로 완벽해 보이지만 실제로는 작동이 안 되는 현실을 간과하였다. 예를 들어 일반적 전략수립 절차를 생각해보자. 대부분의 전략수립은 내/외부 환경분석으로 기회와 위협요소를 찾고, 전략대안을 도출한 다음, 평가를 통해 가장 합리적이라 판단되는 전략대안을 선택하는 절차로 진행된다. 이 과정에서 경영자가 전략수립에 필요한 모든 정보를 이성적으로 분석하고 합리적으로 판단할 수 있음을 전제한다. 하지만 현실에서는 환경분석 단계에서부터 인지 단순화나 인지 편향 같은 제한된 합리성으로 인해 온전히 객관적인 정보를 수집하고 분석하는 것이 불가능하다. 최근 들어 제한된 합리성에 기반한 행동주의 이론의 영향을 받아 행동전략(Behavioral Strategy)이 새롭게 각광받고 있는 것도 이러한 현상과 무관하지 않다(신동엽 & 노그림, 2017). 다만 행동전략은 기존 전략연구에서 핵심적으로 다루지 않다 보니 아직까지 사례가 부족하고 합리성 기반 전략과 행동전략 간에 극명한 성과의 차이를 보여주지 못하고 있다는 점에서 한계가 있다. 또한 전략수립과 실행 과정에서 나타나는 인간의 특성 묘사에 중점을 두다 보니 각 단계에서 인간의 창의성과 비합리성을 어떻게 활용할 수 있는지에 대한 논의도 아직은 부족한 편이다.

④ 성과 창출을 위한 새로운 전략 모델

기존 전략 연구의 문제점은 새로운 전략 모델의 필요성을 드러낸다. 기존 연구의 문제점을 반복하지 않기 위해 새로운 모델이 지녀야 할 특성을 정리하면 첫째, 특정 이론에 치우침 없이 다양한 관점을 통합해야 하고 둘째, 개별 기업의 입장에서 어떻게 가치를 획득할 수 있는가에 대해 답을 해야 하며 셋째, 디지털 기술의 활용 방안을 제시할 수 있어야 하고 넷째, 인간의 비합리성을 인정하고 그로 인한 오류에 대해 대책을 제시할 수 있어야 한다.

새로운 전략 모델이 지녀야 할 특성을 반영하여 이 책에서는 성과 창출을 위한 전략 모델로 기존 전략이론에 비즈니스 모델과 디지털 기술 그리고 행동전략을 결합한 새로운 통합모델인 IMPECS(Integrated Model for Performance Enhancing and Creating Strategy)를 제시한다. IMPECS는 [그림 1－1]에서 보는 바와 같이 전략, 비즈니스 모델, 디지털 기술 그리고 행동전략의 4가지 요소로 구성된다.

IMPECS의 첫번째 구성요소인 전략은 두 단계로 이루어진다. 첫 번째는 목표를 정의하는 단계이다(Define your goal). 무릇 성과를 개선하거나 창출하려면 이루려는 목표가 명확해야 한다. 목표 정의에는 미션(mission)과 비전(vision)의 정립, 환경 분석 그리고 전략문제의 구체화가 포함된다. 조직에서 목표는 구성원의 행동과 생각의 방향을 모으고 조직과 개인의 일을 평가하는 기준이 되며 목표 달성에 필요한 활동과 자원 활용에 정당성을 부여한다는 측면에서 매우 중요하다.

[그림1-1] 성과 창출을 위한 새로운 전략 모델 IMPECS

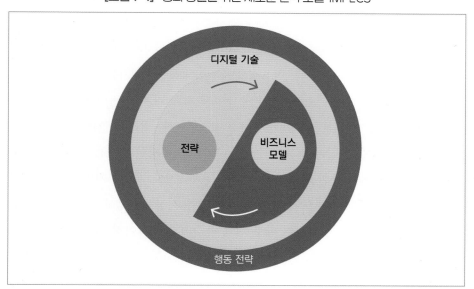

두 번째는 목표 정의에서 구체화 한 전략문제의 해결을 위해 사용 가능한 전략을 검토하고 선택하는 단계이다(Review and select right strategy). 이때 중요한 것은 특정 이론에 집착하지 말고 다양한 전략이론을 검토하되 성과 창출에 가장 알맞은 프레임워크를 선택하는 것이다. 검토 대상에는 지금까지 알려진 모든 전략이론이 포함될 수 있다. 산업구조분석, 자원준거관점, 블루오션, 파괴적 혁신, 적응전략 등 모든 전략이론은 나름대로 장단점이 있고 각 이론마다 성과 창출에 가장 적합한 상황이 있다. 이는 모든 상황에 적합한 유일무이한 이론은 없다는 말도 된다. 그도 그럴 것이 만약 시대를 초월하여 모든 상황에 적합한 전략이론이 있었다면 새로운 전략이론은 더 이상 나오지 않았을 것이다. 대부분의 전략이론은 그것만 있으면 모든 전략문제를 해결할 수 있을 것처럼 주장한다. 하지만 역사적으로 볼 때 모든 상황에 적합한 이론은 없다. 따라서 현명한 경영자라면 각 이론의 특성과 한계를 잘 이해하고 자신이 처한 상황에 가장 적합한 전략이론을 선택적으로 적용할 수 있어야 한다.

IMPECS의 두 번째 구성요소인 비즈니스 모델은 성과 창출 관점에서 전략을 보완해주는 중요한 요소이다. 대부분의 전략은 어떻게 가치를 창출(value creation)할 것인가에 대해서는 많은 이야기를 하지만 창출된 가치를 어떻게 획득(value cap−turing)할 것인지에 대해서는 구체성이 약하다. 예를 들어 자원기반이론은 비모방성(inimitability), 내구성(durability), 전용성(appropriability), 대체가능성(substitutability), 경쟁적 우월성(competitive superiority) 등 전략적으로 가치 있는 자원을 규명하는 데 필요한 기준을 제시한다. 또한 경영자가 던져야 하는 질문은 "기업의 가치 있는 자산을 얼마나 많은 시장에 적용할 수 있는가?"라고 주장한다(Collis & Montgomery, 1995). 이처럼 자원을 통한 가치창출 방법은 구체적으로 제시하지만 가치획득 과정에 대해서는 명확한 가이드가 없다. 하지만 많은 시장에 적용할 수 있는 가치 있는 자산을 찾았다고 해서 그것이 바로 기업의 수익으로 이어지지는 않는다.

비즈니스 모델은 구성요소 중 하나인 이익공식을 통해 기업의 가치획득 과정을 구체화한다는 점에서 실무적으로 유용하다. 비즈니스 모델에서는 고객가치제안(CVP: Customer Value Proposition)을 통한 가치창출과 이익공식(PF: Profit Formula)

을 통한 가치획득의 균형을 전제로 그에 맞는 핵심자원(KR: Key Resources)과 핵심
프로세스(KP: Key Processes)를 준비해야 한다고 주장한다. 그런 면에서 전통전략이
"생산 후 판매(ready-made)" 제품이라면 비즈니스 모델은 "주문 후 생산(order
-made)" 제품이라 할 수 있다. "생산 후 판매" 제품은 기획단계가 매우 중요한데
기획을 잘 하더라도 완전 판매를 자신하기란 쉽지 않다. 반면 "주문 후 생산" 제품
은 일단 주문을 받은 다음 생산하므로 기획보다 관리의 중요성이 큰 대신, 판매에
대해서는 "생산 후 판매" 제품에 비해 훨씬 정확하게 예측할 수 있다.

　이와 유사하게 전통전략은 전략수립을 중시하고 이론에 따라 전략을 잘 수립
하면 성과가 날 것처럼 주장하지만 실상은 해봐야 알 수 있다. 하지만 비즈니스 모
델은 복잡한 이론 대신 고객에게 가치 있는 제안이 무엇인가에 집중하고 가치제안
을 실현할 경우 기업이 가치를 획득할 수 있는지를 이익공식으로 검증하기 때문에
성과 창출 과정이 비교적 간단명료하다. 이처럼 전통전략과 비즈니스 모델은 상호
보완적이므로 이 둘을 통합하면 성과 창출이 더 수월하다. 문제는 전략이론도 많
지만 비즈니스 모델은 훨씬 다양하기 때문에 전략을 보완해서 성과 창출의 가능성
을 높일 수 있는 비즈니스 모델을 찾기가 쉽지 않다는 데 있다. 이를 해결하려면 비
즈니스 모델을 서술적 비즈니스 모델(DBM: Descriptive Business Model)과 전략적 비
즈니스 모델(SBM: Strategic Business Model)로 구분하고 이를 전략과 통합해야 하는
데 이에 대해서는 제4장에서 상세히 설명한다(Establish business model).

　IMPECS의 세 번째 구성요소인 디지털 기술은 전략과 비즈니스 모델을 구현하
여 경쟁우위를 창출하도록 만드는 요소이다. 여기서 중요한 것은 디지털 기술이
전략과 비즈니스 모델의 실행도구일 뿐만 아니라 전략과 비즈니스 모델 자체를 바
꾸기도 한다는 점이다. 실행도구로서 디지털 기술은 전략 및 비즈니스 모델이 추
구하는 바를 잘 구현해야 한다. 반면 혁신의 주체로서 디지털 기술은 기존에 가능
하지 않았던 전략과 비즈니스 모델을 창조하고 변혁(transformation)하기도 한다. 앞
의 관점은 가치획득을 위한 디지털 기술의 활용으로 내부 정렬(internal alignment)
에 해당하고 뒤의 관점은 가치창출을 위한 디지털 기술의 활용으로 외부 정렬
(external alignment)에 해당한다. 성과 창출을 위해서는 내부 정렬과 외부 정렬을 모

두 추구해야 하는데 이것이 진정한 의미의 디지털 기반 혁신이다(Align digital technology with strategy).

IMPECS의 마지막 구성요소인 행동전략은 전략수립과 실행 모두 결국은 제한된 합리성을 지닌 사람에 의해 이루어진다는 깨달음에 기반한 요소이다. 지금까지 대부분의 전략이론은 완벽한 합리성을 지닌 인간을 전제하였다. 하지만 현실 속 인간은 제한된 합리성만을 가지고 있을 뿐이다. 따라서 문제에 적합한 전략과 비즈니스 모델을 선택하고 디지털 혁신을 추구하는 모든 과정에서 인간이 지닌 제한된 합리성으로 인한 오류가 발생할 가능성이 있다. 사려 깊은 경영자라면 그러한 오류들로 인해 전략의 성과 창출이 훼손되거나 방해받지 않도록 세심하게 주의를 기울여야 한다. 이 때문에 IMPECS는 환경분석, 전략수립, 전략이행, 전략변화의 모든 단계에서 행동전략에 기반하여 늘 사람을 먼저 고려할 것을 권장한다(Mind people first always).

지금까지 기존의 전략을 넘어선(Beyond Strategy) 새로운 전략모델 IMPECS에 대해 살펴보았는데 IMPECS의 각 구성요소는 성과 창출 전략의 비밀을 담고 있다. 각각의 내용에 대해 다음 장부터 상세하게 살펴보자.

02

목표를 정의하라

교수: 환영한다.

그리고 이 제안을 수락해 줘서 고맙다.

앞으로 이곳에 살 거야.

화난 군중으로부터 멀리 떨어져서 5개월 동안 이 작전을 연구할 거지.

모스크바: 5개월이라니? 미쳤어?

교수: 생각해 봐. 사람들은 돈을 벌기 위해 학교에 다니지.

그렇게 해서 잘 풀린다 해도 형편없는 일을 해.

5개월이 대수야?

난 그것보다 훨씬 더 오래 이 일을 고민해 왔어.

성공해서 다시는 일하지 않으려고.

당신들도 마찬가지야. 당신들의 자녀도...

(『종이의 집』 파트1, 제1화에서)

8명의 팀원을 모두 모은 교수는 조폐국 침투를 위한 학습에 들어간다. 첫 미팅에서 앞으로 5개월간 작전을 연구할 것이라고 이야기하자 일행 중 한 명인 모스크바가 묻는다. "5개월이라니 미쳤어?"라고. 그러자 교수는 훨씬 더 오래 이 일을 고민해왔다며 프로젝트의 목표를 이야기한다.

"성공해서 다시는 일하지 않으려고."

그에 더해 이 목표가 자신만이 아니라 팀원들에게도 의미 있음을 확인하기 위해 덧붙인다.

"당신들도 마찬가지야. 당신들의 자녀도...."

① 목표 정의의 필요성

앞에 나온 『종이의 집』 장면은 전략을 수립할 때 무엇을 먼저 해야 하는지를 극명하게 보여준다. 바로 목표의 정의이다. 서로 다른 배경을 가진 팀원 8명의 마음을 하나로 모으기 위해서는 그들 모두가 공감할 수 있는 분명한 목표가 있어야 한다. 이와 관련하여 드라마 속 교수의 사례는 목표를 세울 때 고려해야 할 몇 가지 원칙을 보여준다. 첫째, 목표는 어느 날 갑자기 세우는 것이 아니다. 과연 추구할 만한 가치가 있는 목표인지 시간을 두고 충분히 고민해야 한다. 나중에 밝혀지지만 교수는 이 목표를 10대 시절부터 계속 고민했다. 둘째, 목표는 명확하고 단순해야 한다. "성공해서 다시는 일하지 않겠다"는 목표는 부연 설명이 필요 없을 만큼 명확하고 단순하다. 셋째, 목표는 공감과 지지를 받아야 한다. 목표를 달성했을 때 그 결과가 리더에게만 좋은 것이 아니라 팀원과 심지어 아직 태어나지도 않은 자녀들에게도 좋은 목표라면 공감과 지지를 받기에 충분하지 않을까?

② 목표 정의와 전략수립의 관계

전략경영은 [그림 2-1]에서 보는 바와 같이 환경분석, 전략수립, 전략실행 그리고 평가와 통제 순으로 진행된다(김언수, 2013). 환경분석은 외부와 내부로 나누어지는데 외부환경분석으로 사업의 기회와 핵심성공요인을 알 수 있고 내부환경분석으로 보유자원과 역량의 종류 및 수준을 알게 된다. 만약 핵심성공요인과 보유자원 및 역량의 차이가 크면 경쟁을 포기하거나 차이를 극복하여 성과를 창출할 방안을 수립하게 되는데 그 과정이 전략수립이다.

전략수립은 세 가지 수준(기업, 사업, 기능)에서 이루어진다. 기업수준에서 수립되는 전략(Corporate Strategy)은 기업이 나아갈 방향과 관련되며 성장할 것인가(성장전략: Growth), 안정을 추구하며 현재의 기업을 정리, 정돈할 것인가(안정전략: Stability), 아니면 축소할 것인가(축소전략: Retrenchment)를 결정한다. 사업전략(Business Strategy)이란 기업전략이 정한 사업영역에서 "어떻게 경쟁할 것인가"를 결정하는 것으로 경쟁전략(Competitive Strategy)이라 부른다. 포터가 주장한 본원적 전략인 원가우위, 차별화, 집중화 중 어떤 전략을 선택할 것인가의 문제가 여기에 해당된다. 기능전략(Functional Strategy)은 상위전략인 기업전략과 사업전략을 효과적으로 뒷받침할 수 있도록 사업부나 부서 내에서 개별 기능을 얼마나 효율적으로 수행할 것인가에 초점을 둔다. 예를 들어 각 기능 뒤에 전략을 붙인 재무 전략, 인사 전략, 생산 전략, 마케팅 전략 등이 여기에 포함된다. 이러한 기능별 전략에서 가장 중요한 관심사는 "자원을 효율적으로 사용하는 생산성 또는 비용절감"이다.

[그림 2-1] 전략경영의 단계

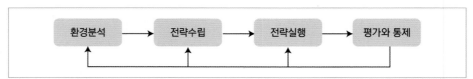

출처: 김언수, 2013, p. 13

엄밀히 말해 전략수립은 미션과 비전을 포함하지만 이들은 전략을 수립할 때마다 바꾸는 것이 아니며 전략의 출발점으로서 방향을 정립하는 것이므로 환경분석의 앞에 위치하는 것이 적절하다. 이를 반영하여 [그림 2-1]을 구체화하면 [그림 2-2]와 같다.

[그림 2-2] 전략수립 구체화

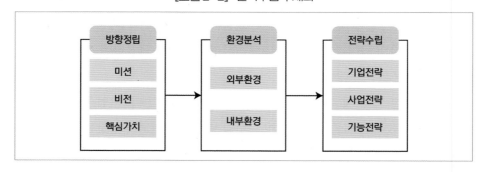

　캐플란과 노턴은 기업 저성과의 원인이 관리시스템의 분절(breakdown)이라는 인식하에 전략과 운영을 통합한 5단계 전략운영모델을 제시하였다(R. S. Kaplan & Norton, 2008). 그들이 제시한 5단계는 전략 개발(Develop the strategy), 전략 통역 (Translate the strategy), 운영 계획(Plan operations), 관찰과 학습(Monitor and learn), 전략의 테스트와 수정(Test and adapt the strategy)으로 구성된다. 이 중 전략 개발은 기업의 목적을 나타내는 미션과 이루고자 하는 열망을 표현한 비전, 그리고 기업이 추구하는 핵심가치(core value)를 만드는 것으로 시작하여 내/외부 환경분석과 전략수립으로 이어진다. 이를 정리하면 [그림 2-3]과 같다.

[그림 2-3] Kaplan과 Norton의 전략개발 단계

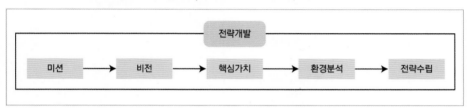

출처: R. S. Kaplan & Norton, 2008)의 Stage 1 [Develop The Strategy]

　클뤼버(Kluyber)와 피어스(Pearce)는 전략수립 프로세스를 [그림 2-4]와 같이 포괄적으로 정리하였다. 그들의 주장에 따르면 전략은 "우리는 지금 어디에 있는가? 우리는 어디로 가야 하는가? 그리고 그곳에 어떻게 도달할 수 있는가?"라는 3가지 질문으로 구성되며 각 질문은 서로 다른 유형의 분석과 평가를 필요로 한다 (Kluyber & Pearce, 2007). 클뤼버와 피어스는 이 전체를 전략수립 프로세스라 불렀지만 현재의 성과평가를 방향정립으로, 산업분석과 기업분석을 각각 외부환경과 내부환경으로, 전략옵션과 평가를 좁은 의미의 전략수립으로 바꾸어 놓고 보면 이들의 모델 역시 구체적인 전략수립에 앞서 방향정립과 환경분석을 먼저 해야 한다고 주장하고 있음을 알 수 있다.

[그림 2-4] Kluyber와 Pearce의 전략수립 프로세스

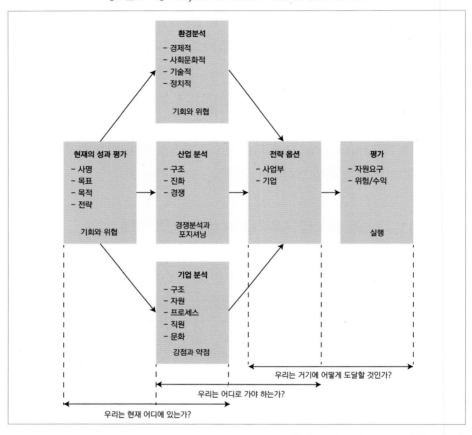

출처: Kluyber & Pearce, 2007, p. 42

이상 세 모델을 살펴보면 전략수립에 앞서 다뤄야 할 요소(방향정립, 환경분석)가 있고 전략은 다양한 계층(기업전략, 사업전략, 기능전략)으로 나뉘어짐을 알 수 있다. 이처럼 목표 정의는 전략수립에 앞서 방향정립과 환경분석을 통해 해결해야 할 전략문제를 구체화하는 것인데 이제 이를 어떻게 정의하는지에 대해 자세히 살펴보자.

❸ 목표 정의의 구성요소

목표 정의는 방향정립과 환경분석 그리고 전략문제의 구체화로 구성된다. 먼

저 방향정립은 미션과 비전 그리고 핵심가치를 정립하는 활동이다. 미션은 존재의 이유로 기업이 생존하는 한 변하지 않을 최고의 목적과 가치이며 이를 토대로 현재와 미래에 어떤 사업을 하고 어떤 사업을 하지 않을지를 정의하여 경영진과 직원들에게 의사결정의 초점을 제공한다. 비전은 남들이 보지 못하는 미래의 환경과 그에 맞는 기업의 위상을 미리 정해서 일정 시간이 지난 다음의 원하는 모습을 구체화한 것으로 일상적 활동을 넘는 목표를 명확하고 기억에 남는 방식으로 표현하기 위해 작성한다(Kenny, 2014). 연구결과에 따르면 성과가 높은 팀은 성과가 낮은 팀에 비해 방향을 정하는 데 54% 더 많은 시간을 할애하여 자원에 대한 의사 결정의 지침이 되는 비전을 수립할 정도로 성과 창출에 있어 목표 정의는 매우 중요한 과제이다(Wiita & Leonard, 2017). 마지막으로 핵심가치는 조직의 태도, 행동, 성격을 규정한다(R. S. Kaplan & Norton, 2008).

주의할 점은 애써 수립한 미션과 비전이 조직 구성원들에게 제대로 소통되지 않고 보고서만으로 남는 경우도 많다는 것이다. 사비나 나와즈(Sabina Nawaz)는 직원들이 기업의 비전을 이해하지 못하는 5가지 근본 원인을 다음과 같이 지적하였다. 첫째, 비전은 한 번의 설명으로는 불충분하며 다양한 방식으로 반복 전달되어야 하는데 그러한 의사소통이 부족하다. 둘째, 비전은 조직의 모든 계층에 전달되도록 메시지가 조정되어야 하는데 일부 비전은 하늘에 떠 있는 상태로 전달된다. 셋째, 의사 결정과 개별 조치가 발표된 약속과 일치하지 않을 수 있다. 넷째, 직원들이 그 비전을 싫어하거나 반대할 수 있다. 마지막으로, 변화는 본질적으로 파괴적이기 때문에 직원들은 새로운 비전과 함께 올지도 모르는 추가 업무에 대해 걱정할 수 있다(Nawaz, 2021).

환경분석에서는 외부환경과 기업이 직면한 이슈 파악을 위해 산업구조분석과 PESTEL(political, economic, social, technological, environmental, and legal) 분석을 사용할 수 있다. 내부자원과 역량의 강, 약점 파악을 위해서는 가치사슬 분석을 활용할 수 있으며 SWOT분석을 실시하여 전략에서 다루어야 할 이슈들을 도출할 수 있다(R. S. Kaplan & Norton, 2008). 이외에도 환경분석에 활용할 수 있는 다양한 기법들이 있다. 예를 들어 PEST(Political, Economic, Social, Technological) 분석, 3C(Customer,

Competitor, Company) 분석, 5요인분석(5 Forces Analysis), PPM(Product Portfolio Matrix) 분석 등이 있다. 각각의 분석도구들은 저마다 강약점이 있으므로 상황에 맞게 활용해야 한다. 어떠한 분석도구를 쓰든 간에 중요한 것은 환경 분석을 통해 구체화할 전략 문제에 대한 시사점을 얻는 것이다.

방향정립과 환경분석 후에는 전략문제를 구체화해야 하는데 이는 전략의 계층 및 유형 분석과 연결된다. 전략의 계층에는 기업전략, 사업전략, 기능전략이 있으며 각 전략은 다양한 주제를 다루고 있다. 기업전략은 성장, 안정, 축소와 같은 방향성에 관련된 것으로 어떤 제품과 시장 영역에서 활동할 것인지를 결정짓는다. 기업전략 중 성장전략에는 유기적 성장(Organic Growth)과 인수 합병을 통한 관련 및 비관련 다각화가 있고 안정전략에는 사업구조조정이, 축소전략에는 매각, 투자회수, 철수 등이 있다.

사업전략은 기업 전체의 경쟁우위 또는 단위사업부가 특정 산업이나 시장에 내놓은 제품이나 서비스의 경쟁위치 향상을 목적으로 하는 전략이다. 대표적으로 마이클 포터가 제시한 원가우위, 차별화, 집중화 전략이 있다. 끝으로 기능전략은 기업의 목표와 전략 달성을 위해 각 기능 부문이 취하는 하위전략을 말한다. 여기서의 핵심은 기업 혹은 사업단위에 경쟁우위를 제공해 줄 수 있는 독특한 능력을 개발하고 육성하는 것이다. 기능전략은 전략 계층에서 상위에 있는 기업전략 및 사업전략으로부터 영향을 받으며 종류에는 마케팅 전략, 재무 전략, 연구개발 전략, 생산 전략, 구매 전략, 물류 전략, 인적 자원관리 전략, 정보시스템 전략 등이 있다(김언수, 2013).[1]

목표 정의에서는 수립하려는 전략의 유형을 파악하는 것이 중요하다. 왜냐하면 해결하려는 문제의 유형에 따라 지금까지 개발된 다양한 전략이론(경쟁전략, 자원기반 전략, 블루오션 전략, 파괴적 혁신 전략)을 활용할 수 있는데 그중에서 무엇이 옳은 선택인지는 기업의 상황과 경쟁분석에 달려 있기 때문이다(R. S. Kaplan & Norton, 2008).

03

올바른 전략을 선택하라

교수: 왜 전화했지?

경감: 당장 항복하라고. 내부 영상이 있어. 한 명의 신원을 파악했고, 계속 조사하면 납치범 모두의 신원을 알게 될 거야.

교수: 경감, 내가 보기엔...

경감: 검사와의 거래를 제안하지. 형량을 16년에서 8년으로 줄여줄 수 있어. 대신 당장 거기서 나와야 해. 아직 사상자가 없으니 감형의 여지가 있거든.

교수: 믿을 수 없어. 그건 우리가 지는 거잖아.

경감: 당신은 이미 졌어. 만에 하나 당신이 도망친다면 당신 얼굴은 뉴스와 경찰, 국경을 통해 퍼질 거야. 그렇게 되면 플랜B도 없는 거지.

교수: 그럼 플랜 C를 가동하면 돼.

경감: 내가 엄포 놓는 것 같아?

교수: 솔직히 그래.

경감: 근데 엄포가 아니거든. 내가 정보 좀 줄까? 당신은 휴대폰 67대를 벨크로로 벽에 고정했어. 생각할 시간은 1시간 주지.

교수: 잘 들어 경감... 뚜뚜뚜... (전화 끊김)

(『종이의 집』 파트1, 제3화)

인질 구출 협상을 맡은 경감은 강도 일당의 우두머리인 교수에게 전화하여 항복을 권한다. 이미 영상을 통해 인질범 중 한 명의 신원을 파악했고 이를 근거로 계속 조사하면 모두의 신원을 알게 되는 것은 시간문제이니 기회가 있을 때 항복하면 형량을 줄여주겠다는 달콤한 제안을 덧붙여서 말이다. 교수가 믿지 않는 것 같아 보이자 경감은 확보한 증거의 일부를 이야기해서 자신의 말을 입증하고는 상대방이 이야기할 틈도 주지 않은 채 전화를 끊는다. 항복하고 감형을 받을 것인가, 아니면 차선책을 마련할 것인가? 선택은 교수의 몫이 되었다. 그것도 1시간 안에.

❶ 전략을 위한 핵심질문

전략은 선택이다. 선택을 하려면 2가지 핵심 질문에 답을 해야 한다. 하나는 "대안이 무엇인가?"이고 다른 하나는 "어떤 대안이 목적에 부합하는가?"이다. 앞의 사례에서 교수가 직면한 질문도 바로 선택 가능한 대안은 무엇이고, 그중 무엇이 목적에 맞는가 하는 2가지 질문이다. 얼핏 보면 경감이 제시한 선택지는 항복 아니면 전쟁밖에 없어 보이지만 자세히 보면 항복에도 여러 방법이 있고 전쟁을 벌이는 데도 여러 방법이 있으니 실제로는 많은 대안이 있는 셈이다. 예를 들어 항복의 경우에는 감형 기간과 항복 시점에 따라 여러 대안이 가능하다. 아무도 다치거나 죽지 않고 은행 강도를 성공시키겠다는 목표 달성을 위해 교수는 어떤 경우의 수가 가능한지 대안을 검토(review)하고 그중 가장 올바른 대안을 선택(select)해야 한다.

이처럼 성과 창출을 위해 목표 정의 다음에 해야 할 일은 첫째, 다양한 전략을 검토하고 둘째, 목표에 부합하는 올바른 전략을 선택하는 것이다. 『종이의 집』 사례에서 살펴본 바와 같이 목표를 이룰 수 있는 전략은 하나가 아니다. 따라서 목표에 부합하는 올바른 전략을 선택하기 위해서는 우선 전략이 무엇이며 어떠한 전략이 있는지, 각 전략들의 내용과 장단점은 무엇인지를 충분히 알고 있어야 한다. 이를 위해 전략의 정의와 역사부터 살펴보자.

❷ 전략의 정의와 역사

전략은 너무나 방대한 개념이기 때문에 "전략이 무엇인가?"라는 질문에 대해 한마디로 정의하기는 어렵다. 원래 전략(Strategy)은 기원전 5세기경 그리스 아테네 지역에서 '전쟁을 지휘하는 장군'을 뜻하는 '스트라테고스(Strategos)'라는 말에서 유래했다(김현기, 2014). 동양에서는 약 2,500년 전인 기원전 6세기경 중국의 춘추전국시대에 제나라 사람 손무가 『손자병법』을 펴낸 바 있다. 손자병법은 전략이라는 말을 사용하지는 않았지만 그 내용이 현대의 전략개념과 비교해도 손색이 없을 정도로 깊은 통찰력을 담고 있어 지금까지 고전으로 인정받고 있다(문휘창, 2013).

이처럼 전략이라는 용어의 기원은 고대까지 거슬러 올라가지만 이 용어가 통상적으로 널리 사용되기 시작한 것은 18세기 말부터였다(Freedman, 2014a).

"전략의 정의는 전략에 관한 책의 수만큼 존재한다고 해도 과언이 아니다"라는 말이 있을 정도로 경영전략에 대한 정의는 다양한데 그중 일부를 정리하면 [표 3-1]과 같다(고토사까 마사히로, 2020). 전략의 역사가 긴 만큼 수많은 연구가 이루어졌기에 이를 정리하려는 시도가 많다. 예를 들어 로렌스 프리드만은 3,000년에 걸친 인류 역사 속에 펼쳐진 국가, 인간, 군사, 경영전략의 모든 것을 정리하겠다는 야심 찬 계획하에 2권으로 이루어진 『전략의 역사』를 기술하였다(Freedman, 2014a, 2014b). 또한 랄프 쇼이스는 『전략사전』에서 학계의 업적뿐만 아니라 경영자와 컨설턴트들의 현장도 살펴보고 전략에 대한 동향과 이론 및 방법론에 대해 실천원칙을 소개하는 차원에서 220가지의 전략도구 및 기법을 소개하였다(Scheuss, 2010).

고토사카 마사히로와 로렌스 프리드만 그리고 랄프 쇼이스의 저술들이 고대 군사전략에서부터 현대 경영전략에 이르기까지 다양한 관점에서 전략의 역사를 다뤘다면 잭 무어는 기업을 대상으로 한 경영전략에 초점을 맞추었다. 그는 『전략과 경영전략의 대가들』에서 초기 경영전략의 개념을 창안한 선구자들로부터 전략이론을 한 단계 발전시킨 전략대가들의 사상과 이론 및 현장 컨설턴트들의 기법에 이르기까지 36권의 책을 요약하여 다양한 전략이론을 정리하였다(Moore, 2010). 한편, 서울대학교 조동성 교수는 "경영전략의 역사는 경영사(經營史)와 같이한다"는 인식하에 현대 경영학의 주류인 미국 경영사를 중심으로 경영전략의 발전사를 생산관리시대(1900~1919년), 인사 및 조직관리시대(1919~1945년), 마케팅관리시대(1945~1958년), 기획관리시대(1959~1972년), 전략경영시대 1(1973~1980년대 중반), 전략경영시대 2(1980년대 중반 이후)로 나누어 정리하기도 하였다(조동성, 2002, p. 143~151).

살펴본 바와 같이 전략의 정의와 역사는 연구자에 따라 범위와 내용이 매우 다양하고 넓다. 하지만 오늘날 경영학에서 주류를 이루고 있는 전략 개념에 관한 주요 논문들은 1964년에 이르러 처음으로 발표되기 시작하였다. 학계에서 전략을 독립된 주제로서 본격적으로 탐구하고 광범위하게 논의하기 시작한 것은 1977년 5월

[표 3-1] 경영전략의 다양한 정의

연구자	내용
피터 드러커	경쟁에서 어떻게 승리하느냐에 관해 기업이 지향하는 이론
알프레드 챈들러	장기적인 관점에서 목적과 목표를 결정하는 것, 그리고 그 목표를 달성하기 위해 행동을 채택하고 자원을 배분하는 일
조지 스테이너 & 존 마이너	조직의 기본적 사명, 목적, 목표, 이를 달성하기 위한 정책과 행동 계획 및, 이를 실행하기 위한 방법론
윌리엄 F. 글룩	기업의 기본적 목표를 확실히 달성하기 위해 디자인한 포괄적이고 통합된 계획
헨리 민츠버그	무수한 행동과 의사결정 속에서 발견되는 일정한 패턴
케네스 & 메리 해튼,	조직의 목표를 달성하기 위한 방법

출처: 고토사카 마사히로, 2020, pp. 22-23 내용을 요약 정리함.

25일에서 27일 사이 피츠버그 대학에서 "Business Policy and Planning Research"를 주제로 하여 개최된 학회에서였다(조동성, 2002, p. 152). 이후 많은 학자들이 경영전략을 연구하였는데 그 내용을 최대한 간략하게 정리하면 1960년대에 시작된 포지셔닝 학파(Positioning School)가 1980년대까지 압도적 우세를 자랑했고 이후 내부환경을 중시한 케이퍼빌리티 학파(Capability School)가 득세하면서 둘 사이의 주도권 다툼이 오늘날까지 치열하게 이어지고 있으며 현재는 이 둘을 아우른 적응전략(Adaptive Strategy)이 힘을 얻고 있다고 할 수 있다(미타니 고지, 2013, p. 6~9).

전략연구와 관련한 이러한 시도들에 대해 헨리 민츠버그는 대부분의 연구자들이 전략이라는 복잡한 개념에 대해 서로 다른 일면만을 강조함에 따라 전략연구가 마치 장님이 코끼리를 만지는 것과 같은 모습으로 이루어졌다고 비판하였다. 또한 이로 인해 지금까지 어떠한 전략 개념도 보편적 정의를 이끌어 내지 못했다고 지적한 후 디자인 학파에서 구성학파에 이르는 10개의 전략학파를 소개하며 각각의 이론들이 가지는 장단점을 사례와 더불어 상세히 소개하였다(Mintzberg et al., 2012).

❸ 주요 전략이론

4대 전략이론

앞서 짧게는 60년, 길게는 100년에 가까운 전략의 역사에 대해 살펴보았다. 이 가운데 오늘날에 이르기까지 큰 영향을 미치며 전략연구의 주류를 형성하고 있는 4대 전략이론에 대해 좀 더 자세히 살펴보자.

현대 전략연구에서 가장 영향력 있는 이론을 하나 꼽으라면 대부분의 사람들이 마이클 포터의 경쟁전략을 선택할 것이다. 항공우주공학과 기계공학으로 학사 학위를 받은 후 MBA를 거쳐 산업경제학으로 박사 학위를 받은 포터는 자신의 장점을 살려 공학과 경제학의 개념을 도입하여 전략이론을 체계화하는 데 크게 공헌하였다. 그의 대표적 저술인『경쟁전략』에서 포터는 산업을 "상호 간에 밀접한 대체제가 되는 제품들을 생산하는 기업집단"으로 정의하였다. 또한 특정 산업의 경쟁상황을 좌우하는 5개의 경쟁요인 분석(5 forces analysis)을 통해 산업의 경쟁강도와 수익성을 측정한 후 "자사에게 가장 유리한 포지션을 찾는 것"이 경쟁전략 수립의 목적이라고 주장하였다(Porter, 1985, p. 13~43).

『경쟁전략』에서 포터가 제시한 또 다른 중요한 개념은 원가우위, 차별화, 집중화로 이루어진 3가지의 본원적(generic) 전략이다. 그는 본원적 전략은 조직 대응이나 관리 절차, 창의적인 시스템의 활용 면에서 차이가 있으므로 기업은 3개의 전략중 어느 하나를 정해 지속적으로 전력투구해야만 성공의 결실을 얻을 수 있다고 하였다. 이는 전략이 단순히 운영의 효율성을 높이는 것이 아니라 상반관계(trade-off)에 있는 대안 중에서 선택하는 문제임을 분명히 한 것이다(Porter, 1996). 나중에 발표한『경쟁우위』에서 포터는 경쟁우위를 위해 갖추어야 하는 역량과 관련하여 가치사슬 개념을 통해 기업이 모든 행위에서 가치를 창출하고 경쟁력을 획득, 유지하는 과정을 설명하였다(Porter, 2008). 그의 대표 저술인『경쟁전략』과『경쟁우위』는 각각 산업과 기업의 관점에서 전략을 논한 것으로 이에 기반한 경쟁전략이론은 지금까지 거의 모든 전략교과서에서 다루는 기본 전략이론이 되었다.

포터의 경쟁전략 이후 전략연구에 가장 크게 영향을 미친 이론은 제이 바니로 대표되는 자원기반관점(Resource Based View: RBV)이다. 산업구조와 그 속에서의 위치를 중시했던 포터와 달리, 바니는 개별 기업의 수익성 차이는 기업이 보유한 경영 자원의 종류와 그것을 사용하는 효율의 차이에 기인한다고 주장하였다(Barney, 1991). 그에 따르면 경영 자원은 가치(Value), 희소성(Rarity), 모방곤란성(Inimitability), 비대체성(Non−Substitutability)이 있어야 지속적인 경쟁우위의 원천이 될 수 있다. 자원기반이론은 1984년 버거 워너펠트가 발표한 "기업에 대한 자원기반관점"이 토대가 되었다(Wernerfelt, 1984). 이후 C.K. 프라할라드와 게리 하멜이 1990년에 발표한 『핵심역량 경영』(Prahalad & Hamel, 1990)과 제이 바니가 1991년에 발표한 『기업의 자원과 지속적인 경쟁우위』(Barney, 1991)에 힘입어 본격적으로 세상에 알려지게 되었다. 전자는 자원 기반 사고방식의 중요성을 실무자들에게 널리 알렸으며, 후자는 자원기반관점을 체계적으로 정리하여 연구자들에게 각광을 받았다(고토사까 마사히로, 2020, p. 146).

한편, 포터의 시장중심 이론과 하멜과 프라할라드의 자원중심 이론이 전략 논의의 대부분을 차지하고 있을 때 김위찬과 르네 마보안은 지금까지 누구도 점령하지 않은 시장인 블루오션(Blue Ocean)에서 높은 수익을 안겨줄 가치혁신을 찾으라고 주장하였다(Kim & Mauborgne, 2004; 김위찬 & 르네 마보안, 2005). 김위찬과 르네 마보안은 1880년에서 2000년까지를 기준으로 30개 산업 분야에서 선별한 150여 개의 전략 패턴을 조사한 후 실제로 성공을 거둔 비즈니스 모델은 대부분 블루오션에서 성장했음을 발견하였다. 경쟁으로 가득 찬 시장에서는 설사 일시적 경쟁우위를 얻더라도 치열한 경쟁으로 인해 전략적 장점들이 빠르게 사라져버렸다(Scheuss, 2010, p. 517). 두 사람은 블루오션 개척을 위한 도구로 구매자 효용지도, 전략 캔버스, 가치곡선, ERRC(Eliminate, Reduce, Raise, Create) 등의 개념을 제시하였다. 경쟁전략의 영향으로 경쟁자를 이기는 것만이 유일한 성공전략으로 알고 끝없는 경쟁으로 치닫던 경영자들에게 가치혁신을 통해 경쟁이 필요 없는 새로운 시장을 찾을 수 있다는 블루오션 전략은 대단히 신선하고 매력적이었기에 많은 사람으로부터 열렬한 지지를 받았다.

블루오션 전략 이후 등장한 파괴적 혁신전략은 전략의 핵심 주제 중 하나인 혁신과 관련하여 가장 중요한 이론으로 평가받고 있다. 크리스텐슨은 『혁신기업의 딜레마』에서 제품 및 프로세스의 지속적 개발 또는 개선을 의미하는 "존속적 혁신(sustaining innovation)"과 기존 시장 질서를 파괴하고 새로운 시장을 창출하는 "파괴적 혁신(disruptive innovation)"의 구분을 통해 앞선 기술력을 가진 선도기업이 고객 지향적인 혁신기업에게 무너지는 현상을 설명하였다(Christensen, 2020). 그는 혁신 선두기업이 높은 고정비용, 신규 개발역량의 상실, 지나친 마케팅 지향성과 같은 경제적 요인과 거만함, 관료주의, 성공에 대한 익숙함, 현실에 안주하려는 생각, 단기지향성 같은 심리적 요소로 인해 새로운 파괴적 혁신을 통해 앞서갈 기회를 놓치는 혁신의 딜레마에 빠지게 된다고 주장하였다(Scheuss, 2010, pp. 434−435). 파괴적 혁신은 저가 상품으로 시장 진입 후 선도기업과 경쟁하는 로엔드 파괴(Low−End Disruption)와 서로 다른 산업의 기술을 접목한 혁신 상품으로 기존 시장에 파고들어 새로운 시장을 만들어 내는 신규시장 파괴(New Market Disruption)로 구분할 수 있다. 파괴적 혁신전략이 시사하는 바는 혁신 경쟁에서 계속 승자로 남아 있으려면 존속적 혁신으로 불리는 점진적 개선만을 거듭해서는 안 되며 소비자가 원하는 제품과 서비스를 더 낮은 비용과 더 높은 편리성으로 제공할 수 있도록 파괴적 혁신을 지속해야 한다는 것이다.

기타 전략이론

"만약 가지고 있는 유일한 도구가 망치라면 모든 것을 못처럼 다루고 싶은 유혹이 있다(It is tempting, if the only tool you have is a hammer, to treat everything as if it were a nail)" (Maslow, 1966, pp. 15-16)

심리학자 매슬로우가 한 위의 말은 전략을 공부해야 할 이유를 말해준다. 경영자가 하나의 전략만 알고 있다면 어떤 일이 벌어질까? 망치를 가진 사람이 모든 문제를 못으로 보듯 자신이 알고 있는 전략만으로 모든 문제를 해결하려 할 것이다. 하나의 이론만으로 모든 것을 해결할 수 있을 만큼 전략 문제가 단순하다면 얼마나 좋을까? 하지만 현실은 그런 기대와는 가장 먼 곳에 존재한다. 경영에는 늘 도처에 문제가 도사리고 있고 그런 문제들은 언제나 전략적 판단을 요구한다. 따라서 다양한 전략 문제에 현명하게 대처하려면 언제 어떠한 이론을 써야 하는지, 각 이론들의 장점과 단점은 무엇인지를 알아야 한다. 유능한 의사가 치료약의 효능과 부작용을 알고 있어야 하듯이 말이다. COVID−19를 겪으면서 사람들은 백신이 예방 효과뿐만 아니라 부작용도 함께 있음을 알게 되었다. 세상 모든 것이 그러하듯 좋은 면만 가지고 있는 전략이론은 없다. 따라서 전략을 통해 성과를 창출하고 싶은 경영자라면 여러 전략이론을 자유자재로 구사할 수 있을 만큼 내용과 사례, 장단점 등에 대해 잘 알고 있어야 한다. 이것이 주요 전략이론 외에도 여러 전략이론을 공부해야 하는 이유이다.

앞서 전략의 역사에서 살펴본 것처럼 짧게는 60년에서 길게는 100년에 걸쳐 이루어진 연구 덕분에 널리 알려진 4대 이론 외에도 수많은 전략이론이 등장하였다. 미타니 고지는 『경영전략 논쟁사』에서 100년의 경영전략 역사 속에 출현한 90여 개의 경영전략이론을 소개하였다. 또한 『경영전략의 역사』를 저술한 고토사까 마사히로는 1958년부터 2013년 사이에 등장한 전략이론을 81개로 정리하였다([표 3−2] 참조). 망치 하나로 모든 문제를 해결할 수 없듯이 전략으로 성과를 창출하고 싶은 사람이라면 4대 주요 전략이론 외에도 문제 해결에 도움이 될 수 있는 다양한 이론들을 찾아서 검토해봐야 한다.[1]

지금까지 살펴본 내용을 통해 100년에 가까운 역사 속에서 여러 전략이론이 다양한 문제 해결을 위해 등장하였음을 알 수 있다. 이러한 전략들은 미타니 고지가 밝힌 것처럼 탁상공론에 그친 것이 아니라 실제 많은 기업이 실천한 것이다. 하지만 각각의 이론들은 특정 상황에서는 성과를 거뒀지만 다른 상황에서는 성과로 이어지지 않은 불완전한 전략이다. 예를 들어 PLC(Product Life Cycle)이론이 정말로 완벽했다면 그 뒤에 새로운 마케팅 전략은 나오지 않았을 것이다. 하지만 불완전한 이론이었기에 새로운 이론이 등장할 수 있었다(미타니 고지, 2013, p. 444). 따라서 전략으로 성과를 창출하려는 사람이라면 각각의 전략이론들에 대해 숙지하고 이를 자신의 문제와 연결시켜 올바른 전략을 선택할 수 있어야 한다. 다음에서는 다양한 전략 중에서 어떤 것을 언제 어떻게 선택하여 사용할 것인가를 살펴보자.

[표 3-2] 한눈에 보는 전략의 역사

연도	전략 개념		연도	전략 개념
1989	핵심역량		2013	핵심적 전략경영아카데미
1988	전략적의향			핵심역량 재구축
	시간기반경쟁		2011	리핵심역량과 핵심역량의 진화론
1987	전략의 5P		2010	적응적 전략
1986	6시그마		2009	리더십 양성 전략
	5가지경쟁요인분석		2008	포지셔닝 전략 이론화 전략
	블루오션·가치혁신전략			학습력 이론
1985	가치사슬		2006	롱테일전략
1982	기술수명주기와 기술확산		2005	전략적 의도
	복합전략			플랫폼 전략전략
1981	다각화전략과 사업		2004	학습형 조직전략
	7S모델			전략지도
	3C분석			성장 벡터전략
1981	소비자편익분석		2003	오픈 조직전략
1980	경쟁전략과 전략집단		2002	전사전략의 핵심적 전략의향
	4P전략			플래티넘의 매니지
	혁신기술과경쟁전략		2001	가치혁신 가치전략
1979	신흥기술경쟁		2000	리더십이론
1978	시너지전략과 경쟁전략		1999	핵심전략의 전략의향
1976	3번과 4의 법칙			인화전략
	규제완화			학습전략
1974	전략경영의 이론화			다각화전략
1973	포지셔닝전략			학습 매니지
1971	휴비지니지의 경영전략			신흥전략의 전략피드백서
1969	BCG분석		1998	다각화비교전략과 가치사슬의 혁신틀
	SWOT분석		1997	트리플 판교형
1968	경험곡선			핵심역량 판매법
1967	PEST분석			핵심 규모의 매핑법
1965	학습곡선이론		1996	파괴형산업전략
	목표전략			전략병법 지니스핵심
1962	조직은 전략에 따른다			리플리전
	자기강화피드백			커뮤니의 전략지도
	학습의 전략		1995	SWII모델
1959	신제품전략			경쟁우위 핵심 전략
1958	히스비지니스			ROI
			1994	가치전략
			1993	포지셔닝전략과전략
				학습조직모델링전략
				케이퍼의 전략
				시장형성비
			1991	전략과 전략의향
				다각화 혁신
				학습피드백
			1990	리핵심 구조화
				다이나믹스 매니지
				핵심전략화

출처: 고토사키 마사히로, 2020, pp. 172-173를 재구.

④ 전략의 선택

　마틴 리브스(Martin Reeves)와 클레어 러브(Claire Love), 필립 틸맨(Philipp Tillmanns)은 2012년 하버드 비즈니스 리뷰지를 통해 흥미로운 주장을 하였다(Reeves et al., 2012). 그들은 석유산업처럼 진입장벽이 높고 안정적인 산업에서는 전통 전략이론에서 알려주는 대로 고유한 능력과 자원을 모아 경쟁우위를 방어하면 되지만 인터넷 소프트웨어 산업처럼 변화 속도가 빠른 경우에는 변화에 빨리 적응하거나 기술우위를 활용해 수요와 경쟁에 영향을 줘야 경쟁우위를 차지할 수 있다고 하였다. 이 때문에 석유산업에서 통하는 전략이, 예측이 어렵고 불안정한 인터넷 소프트웨어 산업에서 통할 가능성은 거의 없다고 주장하였다. 그들의 주장에 따르면 서로 다른 시간 척도와 도구를 사용하며 필요 스킬도 다른 경쟁 환경에서는 전략을 계획, 개발, 실행하는 방식도 달라야만 한다. 이러한 인식하에 저자들은 산업의 예측가능성(predictability)과 변형가능성(malleability)을 축으로 전략 유형을 전통적(classical), 적응적(adaptive), 형성적(shaping), 예지적(visionary) 4가지로 분류하고 상황에 맞는 전략 유형을 선택해야 성공 확률이 높아진다고 주장하였다.

　이후 마틴 리브스는 이 주제에 대한 연구를 발전시켜 『전략에 전략을 더하라』(Your strategy needs strategy)라는 저서를 출간하였다(Reeves et al., 2016). 이 책에서 그는 세계화, 급격한 기술발전, 경제적 상호 연관성으로 인해 경영환경에 대한 예측 불가능성이 커지고, 개별 기업이 시장의 발전 형태를 형성할 기회가 증가하며 전략과 환경 사이의 부조화 현상이 점점 더 심해지고 자주 발생함을 전제한 후, 역동적이고 다양해진 경영환경에서 비롯된 복합적 도전 과제를 다루기 위한 방법으로 전략 팔레트(strategy palette) 개념을 제시했다. 전략 팔레트란 그림을 그릴 때 물감을 모아두는 팔레트와 유사하게 전략수립을 위한 여러 방식들을 한곳에 모아두고 상황에 따라 적절하게 선택하고 혼합하는 프레임워크를 의미한다.

[그림 3-1] 전략 팔레트: 5가지 환경과 전략수립 방식

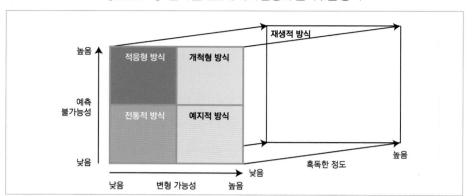

출처: Reeves et al., 2016, p. 15

전략 팔레트에서 마틴 리브스는 기존 2가지 기준(예측가능성, 변형가능성)에 '혹독한 정도'를 추가하여 [그림 3-1]과 같은 모델을 제시하였다. 여기서 '예측가능성'은 환경 변화를 예측할 수 있는가를, '변형가능성'은 혼자 또는 다른 이와의 협업을 통해 환경을 변화시킬 수 있는가를, '혹독한 정도'는 버텨낼 수 있는가를 의미한다. 그는 전략이란 문제 해결을 위한 것이므로 최상의 전략수립 방식은 문제에 따라 다르다며 5가지 전략환경과 이에 따른 전략수립 방식을 제안했는데 요약하면 [표 3-3]과 같다.

한편, 고토사카 마사히로는 전략 팔레트 개념을 활용하여 전략이론을 [표 3-4]와 같이 다시 분류하였다. 따라서 [표 3-3]과 [표 3-4]를 활용하면 어떠한 상황에서 어떠한 전략이론을 선택하는 것이 좋을지에 대한 아이디어를 얻을 수 있다. 여기서 한 가지 주목할 점은 [표 3-4]에서 보듯이 상당수의 전략은 예측이 가능한 전통적 환경을 토대로 개발되었다는 것이다. 이는 역설적으로 다수의 전략이 환경의 변화가 예측 불가능해진 오늘날에는 적합하지 않을 수 있으므로 보완이 필요하다는 뜻으로 이해할 수 있다.

[표 3-3] 환경 유형에 따른 전략수립 방식

환경유형	전략수립방식	주요 내용
전통형	대형화	환경을 예측할 수 있으나 변형할 수 없으므로 최적 포지션 확보를 위해 경쟁우위기반을 분석하고 계획을 수립한 후 효율적으로 실행함.
적응형	신속한 움직임	환경에 대한 예측과 변형을 할 수 없으므로 끊임없이 새롭고 다양한 전략수립 옵션을 실험하고 가장 성공적인 방식을 선택함.
예지형	선도자	환경을 확실하게 형성하거나 개조할 수 있다고 믿을 때 채택하는 방법으로 세분화된 시장을 새로 만들거나 획기적인 신제품과 비즈니스 모델을 도입함.
개척형	조정자	미래 비전을 공유하여 이해관계자들의 참여를 유도하고 다른 기업과 함께 위험공유와 역량의 상호보완을 통해 생태계를 진화, 발전시킴.
재생형	생존 확보	사업의 초점을 다시 맞추고 비용을 축소하여 자본을 보존하는 한편, 새로운 활력과 경쟁력 회복에 집중하여 다시 성장하고 번성할 수 있도록 준비함.

출처: Reeves et al., 2016의 내용을 요약 정리함

한편, 헨리 민츠버그는 『전략 사파리』에서 기존 전략이론들을 10개의 학파로 정리하여 소개하였다([표 3-5] 참조). 민츠버그의 정리는 각 이론들에 대해 내용뿐만 아니라 기초 프로세스, 변화패턴, 선호하는 상황과 조직형태 등 여러 면에서 비교를 하였기 때문에 어떤 상황에서 어떤 전략이 목적에 더 부합하는지를 판단하는 데 유용하다.

[표 3-4] 전략 팔레트에 의한 전략의 분류

출처: 고토사카 마사히로, 2020, pp. 176-177

전통형

2013	헬러리 리질리언트
2011	리먼 애프터 쇼크하의 경영전략
2009	다이나믹 경쟁전략
2008	전략사파리
2005	블루오션
2004	전략기술 / 협동 프로세스
2002	프로피트 레버리지
1999	순응전략 / 회사 머델
1998	다운사이징전략/가치창조전략구축 / 미래경쟁전략
1997	코아콤피의 전략론
1996	ROI
1995	전체 최적 경영
1995	내재적 전략
1992	균형성과표
1991	자원기준 어프로치
1991	다이나믹 머델
1990	핵심역량
1989	전략의도
1988	전략어카운팅
1987	전략의 5P
1986	6시그마 / 벤처비즈니스/컴페티티브
1985	가치사슬
	매일포터 버델 리엔
	벤치마킹
1982	다각화전략과 성과 / 7S 머델 / 3C 분석
1981	어드밴스포트폴리오매트릭스
1980	경쟁전략 포지션 전략 / 4P분석 / 본격적 포트폴리오 경영전략
1979	전략마켓포트폴리오
1976	3버너 4라 구조 / 기계어프로치
1974	제품라인의 수익 분석
1973	포인트 오브 세일
1971	컴피티시브의 포지션분석 / 제품포트폴리오매트릭스
1969	BCG포트폴리오 / SWOT분석
1968	성장벡터
1967	PEST분석
1965	제품라인비즈니스 / 경쟁분석
1962	전략이 조직에 따른다 / 컨글로머릿 경영 / 학습조직론
1959	전략계획론
1958	핵심비즈니스론

적응형

1996	컬처 룰 비즈니스
1991	균형성과 룰러
1990	리엔지 어링

형성형

2006	롱테일론
2003	오픈 이노베이션
2000	패러다임 이노베이션
1996	팝업 디자인
1993	패러다임전환전략
1986	S커브전략/조직학습론

비전형

2005	페르소나 전략전략
2004	행렬의 이노베이션
2000	티핑포인트
1997	혁신기업의 딜레마
1994	디콜렉 회사의 경영 전략
1982	기업문화와 의의 기업혁신
1962	혁신의 전파

신고전

2013	엑스컷 경영이노베이션
2010	전 이노베이션
2009	패러다임 이노베이션
2002	신선경영의 엑스컷 경영이노베이션
2001	신선경영 변혁 전략
1999	엑스컷경영의 전략 이노베이션 / 변혁 전략 / 다각화 전략 / 신선경영의 전략 비전제시
1997	변혁전략론
1996	패러다임전환 룰러
1994	리 엔지니어
1992	시나리오 분석 / 환경시너지 전략이노베이션
1990	리엔지 어링
1988	신선 전략론
1978	이노베이션 전략과 혁신적 전략

[표 3-5] 헨리 민츠버그의 10대 전략학파 분류

학파 (생장동물)	교훈	참시자	기초학문	옹호자	의도한 메시지
디자인 (거미)	도약하기 전에 살펴라.	셀즈닉(1957) 앤드루스(1971)	없음 (은유로서의 건축)	미국(특히 하버드 출신)의 사례연구자, 리더십 연구자	기워 맞춰라
플래닝 (다람쥐)	호미로 막을 것을 가래로 막지 마라.	앤소프(1965)	(일부가 공학, 도시계획, 시스템이론, 사이버네틱스와 연관됨)	전문 경영자, MBA, 재무분석 전문가, 컨설턴트, 정부 감사역, 미국과 프랑스에 많음	형식화하라
포지셔닝 (물소)	사실만 보세요, 선생님	셰델 해튼 등 퍼듀대학 연구팀(1970년대), 포터(1980, 985)	경제학(산업조직), 군사(軍史)	플래닝학파와 같음. 특히 분석 컨설팅 전문가, 군사 저자들, 미국에 특히 많음	분석하라
기업가 (늑대)	나를 너희의 리더로 삼아라.	슘페터(1950) 콜(1959), 그 외 경제학자들	없음(초기 저작은 대부분 경제학자들이 저술함)	대중적인 비즈니스 언론, 낭만적 개인주의자, 소기업인, 남미와 중국에 특히 많음	비전을 가져라
인지 (올빼미)	믿는 만큼 보인다.	사이먼(1947, 1957), 마치와 사이먼(1958)	인지심리학	정보시스템의 비관적 사도(使徒), 철학적 순수주의자, 심리적 경향을 지닌 사람, 한쪽은 비관주의자이면서 한쪽은 낙관주의자인 사람	틀을 짜라
학습 (원숭이무리)	한 되면 되게 하라.	린드블롬(1959, 1968), 사이어트와 마치(1963), 웨익(1969), 퀸(1980)	없음(이마 일부 주변부는 심리학과 교육학의 학습이론, 수학이론이 카오스이론과 연계되어 있을 듯)	주로 일본과 스칸디나비아에서 활동하는 실험가, 작은 것을 좋아하는 사람	배워라
전략 (사자)	자기 이익만 생각하라.	엘리슨(1971) (미시), 페퍼와 샐런식(1978), 애슐리(1984) (거시)	정치학	프랑스에서 활동하는 권력가, 음모론자	움켜쥐어라
문화 (공작)	사과는 나무에서 멀리 떨어지지 않는다.	렌만과 노만(1960년대). 그 외에는 정확한 참시자를 알 수 없음	인류학	스칸디나비아와 일본에서 활동하는 사람, 영국 사회적, 아시아 공동체적 삶을 추구하는 사람	합치라
환경 (타조)	환경이 모든 것이다.	해넌과 프리먼(1977), 상황이론가들(휴, 1960년대)	생물학, 정치사회학	앵글로색슨 국 통합론자, 변화에이전시, 경영활동이 전략보다 생태적 환경에서 결정된다고 믿는 집단 생태학자, 분류학자	대처하라
구성 (카멜레온)	모든 일에는 때가 있다.	챈들러(1962), 매킬 그룹(민츠버그, 밀러 등, 1970년대)	역사학	변화, 독일 국에서는 구성, 미국에서는 변형가가 가장 인기 있음	통합하고 변신하라

[표 3-5] 헨리 민츠버그의 10대 전략학파 분류(계속)

학파	디자인	플래닝	포지셔닝	기업가	인지	학습	권력	문화	환경	구성
실천된 메시지	생각하라(사례 연구에 의한 전략 결정)	(수립하기보다는) 프로그램화 하라	(창조하거나 헌신하기보다는) 계산하라	집중화 하라 (그리고 희망을 가져라)	우려하거나 상상하라	(추구하지 말고) 놀이라	(나누지 말고) 쌓아 두어라	(바꾸지 말고) 영속화 하라	(맞서지 말고) 항복하라	(미묘한 차이를 추가하거나 적응하거나 말고 혁명하라)
핵심 단어	적합 맞춰라, 차별적 역량, SWOT, 수립/실행	프로그래밍, 예산수립, 일정 계획, 시나리오	본원적전략, 전략그룹, 경쟁 분석	굵은 획, 비전, 통찰	지도, 프레임, 도식, 해석, 인지스타일	점진주의, 창발적 전략, 탐색, 벤처링, 후원, 핵심역량	교섭, 갈등, 연합, 이해관계자, 정단적 전략, 제휴	가치, 믿음, 신화, 상징주의	적응, 진화, 상황, 도태, 복잡성, 틈새	구성, 원형, 단계, 수명주기, 변신, 턴어라운드, 혁명
전략	계획된 전망으로서의 전략	분해된 계획 (혹은 포지션)으로서의 전략	계획된 본원적 포지션과 전략으로서의 전략	독특한 전망(비전)으로서의 전략	정신적 전망으로서의 전략	학습된 패턴으로서의 전략	정치적, 협력적 패턴과 책략, 포지션으로서의 전략	집단적 전망으로서의 전략	(집단생태학에서는 틈새라고 칭하는) 특정한 본원적 포지션으로서의 전략	상황에 따라 다른 위의 학파 중 어느 것이든 무관
기초 프로세스	개인적, 지적이며 단순하고 판단하며 계획하는 프로세스	형식적이고 분해하고 단순하며 계획하는 프로세스	분석적, 체계적이고 계획하는 프로세스	몽상적, 직관적, 프로세스(포지션들은 창발될 수 있다)	정신적, 창발 작인(압도되거나 제약되는) 프로세스	창발적, 비공식적, 비계획적 프로세스	공격적, 창발적(미시) 계획적(거시) 프로세스	이념적, 집단적 계획적 프로세스	수동적, 강제적, 창발적 프로세스	통합적, 일시적, 연속적(구성의 경우 서술적, 변신의 경우 계획적이고 규범적)상황에 이들 이거에 이들 모두 합친 프로세스
변화 패턴	이따금씩 비약적인 변화	간헐적, 점진적인 변화	부분적으로 자주 발생하는 변화	이따금씩, 혁명적으로 기회가 생길 때마다 나타나는 변화	드문 변화	계속적, 점진적, 부분적이고 이따금 비약적인 변화	자주 일어나는 부분적 변화	드문 변화	아주 드문(상황 이론에서는 부분적인) 변화	이따금씩, 혁명적으로 일어나는 변화

[표 3-5] 헨리 민츠버그의 10대 전략학파 분류(계속)

학파	디자인	플래닝	포지셔닝	기업가	인지	학습	권력	문화	환경	구성
중심인물	건축가로서의 최고경영자	플래너들과 절차	분석가들과 분석	리더	두뇌집단	학습자(학습이 가능하면 누구든 무관)	권력자(미시), 전체 조직(거시)	집단	환경	상황에 따라 다른 이들 하며 중 누구든 무관(특히 변화에서는 최고책임자)
환경, 리더십, 조직	리더십 지배, 조직묵인	조직 지배, 환경묵인	조직 지배, 환경은 분석 대상	리더십 지배, 신축성 있는 조직, 환경의 틈새	리더십의 인지적 측 원천, 압도적 이거나 제약적인 환경	리더십(어떤 조직 학습자든 무관) 지배	내부의 권력이 나 조직의 전체 권력의 지배	(확립된) 조직의 지배	환경의 지배	범주 내에서는 이행 하며 어떤 상황이든 무관
선호하는 상황	(경제적, 기술 적, 사회적 측면 예(시)안정적이 고 이해 가능한 상황	단순하고 안정 적이어서 이상 적으로 통제 가능한 상황	단순하고 안정 적이어서 구조 화, 수량화될 수 있는 상황	동태적이나 단순한(그래서 리더가 이해할 수 있는)상황	복잡한 상황	복잡하고 역동적인, 그래서 예측할 수 없는 상황	불화를 일으키 고 와해적이거 나(미시), 통제 가능하거나, 협력적인(거시) 상황	이상적으로 수 동적이고 긴급 해결할 수 있는 상황	적합하고 경쟁 적, 기술적 상황	범주 내에서는 이행 하며 어떤 상황이든 무관
선호하는 조직형태	(집중되고 다소 형식화된)기계 적 조직	(집중되고 형식 화된 디자인)의 기계적 조직	(집중화되고 형 식화된)대량한 생산에서 선호 하는 기계적 조 직, 아울러 다시 업부의 글로 벌화된 조직	기업가적 조직	어떤 조직이든 무관	특별 임시조직, (분산화된) 전문가 조직	아는 것이든 무관, 특히 특별 임시조직과 전 문가조직(미시), 폐쇄된 기계적 조직 또는 네 트워크된 특별 임시조직(거시)	선교 조직, 정체된 기계조직	(순종하는) 기계적 조직	범주 내에서는 이행 하며 어떤 조직이든 무관. 변화에 있어서 는 특별 임시조 직이나 선 직을 선호
발생(성장)도가 높은 단계	재개념화 단계	발전과 프로그 래밍 단계	평가 단계	신생 단계, 라운드 단계, 규모 수준의 단계	초초 개념화 단계, 재개념화 단계	진화 단계, 전례 없는 변화 단계, 타성의 단계	변화 단계, 단 진화 단계, 정체 단계	강화 단계, 타성단계	성숙 단계, 쇠퇴 단계	현명 단계(단어 라운드나 회상) 이외에는 아는 것이든 무관

출처: Mintzberg et al., 2012, pp. 461-465

지금까지 살펴본 내용을 토대로 IMPECS 모델의 첫 번째 구성요소인 전략과 관련된 성과 창출의 비밀을 정리하면 다음과 같다. 우선 목표 정의 단계에서는 '방향정립'과 '환경분석' 그리고 '전략문제의 구체화'를 하여야 한다. 방향정립은 미션과 비전을 수립하여 기업이 나아갈 방향을 명확히 하는 작업이며, 환경분석은 외부와 내부 환경을 분석하여 기회와 위협, 강점과 약점을 파악하는 작업이다. 전략문제의 구체화에서는 전략수립을 통해 해결하려는 문제가 기업, 사업, 기능 중 어느 계층에 속한 것이며 유형이 무엇인지를 파악하는 것이 중요하다. 또한 전략의 검토와 선택 단계에서는 4대 전략이론을 비롯하여 역사 속에서 발전되어 온 다양한 전략이론을 검토하고 전략문제의 유형에 맞는 전략을 선택하는 것이 필요하다. 이를 요약하여 정리하면 [그림 3-2]와 같다.

[그림 3-2] 전략 수립 프레임워크

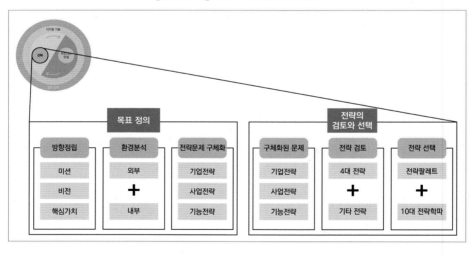

04 비즈니스 모델로 전략을 보완하라

"이건 예술품이야. 왠지 알아? 나는 서두르지 않았거든."

스페인 조폐국에 침입한 강도 중 한 명인 나이로비가 일장 연설을 한다. 50유로라고 적힌 금색 지폐가 그녀의 손가락 사이에서 가볍게 펄럭인다. 빨간색 작업복을 입은 강도들은 조폐국 안에 이미 생산되어 있던 돈을 훔치는 대신 직접 새로운 지폐를 생산한다. 문득 의문이 든다. 강도라면 막말로 서둘러 들고 튀어야 할 텐데 굳이 세상의 이목을 집중시키면서까지 조폐국을 점거하여 지폐를 인쇄해야 하는 이유가 있을까? 궁금할 새도 없이 열정에 가득 찬 나이로비의 목소리가 정답을 알려준다:

"은행에 있는 것보다 더 좋은 거지, 추적이 안 되니까."

(『종이의 집』 파트1, 제4화)

교수와 강도 일행은 추적으로부터 자유로운 돈을 원했다. 그들이 미디어에 표명한 '사회 정의 실현'은 보조 장치일 뿐이었다. 돈의 가치는 재화나 용역으로 교환할 수 있을 때 완성된다. 애써 훔친 지폐가 추적을 당해 교환 기능을 상실해 버리면 한낱 쓸모없는 종이조각이 되어 버릴 것이다. 그렇게 되면 치밀한 계획 아래 '자본주의에 대한 비폭력 저항'처럼 거창한 말로 포장한 프로젝트는 실패로 끝난다. 아무리 그럴싸한 명분을 갖다 붙여도 쓸 수 있는 돈을 얻을 수 없다면 애초에 무의미한 일이기 때문이다. 그래서 그들은 서두르지 않았다.

① 비즈니스 모델의 필요성

수익을 창출하지 못하는 경영전략은 아무리 잘 만들어도 무의미하다. 수익은 기업의 생존과 직결되기 때문이다. 상법 제169조는 회사를 상행위나 그 밖의 영리를 목적으로 설립한 법인으로 정의한다.[1] 영리추구는 회사의 존립 목적이다. 따라서 돈을 벌 수 없는 경영전략은 사용할 수 없는 지폐와 같다. 다음 사례를 살펴보자.

> **"단 1원이라도 흑자를 내는 구조에서 사업을 해야 한다."[2]**
>
> 김선중 한국 시니어 연구소 최고개발책임자(CTO)는 사업의 수익성을 재차 강조했다. 대한민국이 고령화 산업으로 들어서는 가운데 실버 산업과 정보기술을 접목한 실버 테크 사업에 뛰어든 그는 재가요양서비스 브랜드 '스마일 시니어'를 런칭했다. 하지만 그는 열정과 포부에 더해 수익성을 최우선 순위로 고려했다. 이러한 사업관은 뼈아픈 실패 경험에서 비롯했다. 한국 시니어 연구소 창업자 이진열 대표와 김선중 CTO는 한때 '마이돌'이라는 서비스로 사업을 했었다. 좋아하는 연예인 사진을 스마트폰 잠금 화면으로 설정하고 가상 메시지를 받을 수 있게 하는 서비스로, 누적 다운로드 수 1천 400만회를 달성할 정도로 성공적이었다. 그러나 수익화에 실패하여 결국 회사는 서비스를 매각하고 문을 닫았다. 전 세계의 케이팝 팬덤(K-POP Fandom)을 사용자로 유입할 수 있는 서비스였지만, 매력도와 확장성에 치중한 나머지 '수익을 거둘 방법'에 대해 충분히 고민하지 못했던 것이다. 자금의 유입이 적어지자 위기가 찾아왔고 매각으로 이어졌다.[3]

경영전략 분야는 기업이 경쟁우위를 확보하는 데 도움이 되는 많은 도구를 개발해왔다. 예를 들어 SWOT분석은 전략 상황 평가에 도움을 주며, 산업구조분석과 본원적 전략(Porter, 1985)은 각각 산업의 매력도 분석과 경쟁우위 확보를 위한 접근 방식을 보여준다. 또한 가치사슬 분석(Porter, 2008)은 경쟁우위의 원천을 파악하는 데 유용하며, VRIO 프레임워크(Barney, 2011)는 경쟁우위 확보에 필요한 핵심 자원의 조건을 알려준다. 하지만 문제는 이러한 이론들이 전략수립을 강조하는 것에 비해 실행 측면에는 관심이 적다는 것이다(Hrebiniak, 2013).

일반적으로 전략수립은 기업의 존재 이유와 성공열망을 나타내는 미션(Mission)과 비전(Vision)을 확립하고 산업의 매력도를 토대로 사업영역을 정한 다음, 역량

분석과 대안에 대한 논의를 거쳐 최종 실행계획과 시스템을 확정하는 순서로 진행된다(Lafley & Martin, 2013). 이러한 과정을 거쳐 상품이 출시되면 경제적 이익은 자연스레 따라올 것으로 기대하면서 말이다. 그러나 이익 획득 방법을 구체화하지 않은 전략은 빛 좋은 개살구에 지나지 않는다. 겉보기에 매력적이지만 자금이 돌지 않는 사업을 하면 망한다. 전략수립 단계에서부터 실행을 염두에 두고 기업이 창출한 가치를 이익으로 환원하는 방법을 고민해야 하는 이유가 여기에 있다.

필자는 전략으로 창출한 가치를 기업의 이익으로 연결하기 위한 방법으로 비즈니스 모델을 활용할 것을 주장한다. 그동안 비즈니스 모델은 기껏해야 모호한 개념이며 기존 전략이론의 반복일 뿐이라는 비판을 받았다(Porter, 2001). 하지만 비즈니스 모델은 전략수립과 실행을 연결하는 논리적 틀을 제공함으로써 전략을 보다 현실적인 것으로 만들고 이익 실현의 가능성을 높여준다(Richardson, 2008). 설사 비즈니스 모델이 전략 개념과 유사하고 제한된 효용만 있을지라도 "꿩 잡는 게 매"라는 말처럼 핵심은 여러 이론을 잘 활용하여 성과를 창출하는 데 있지, 어떤 담론이 우세하고 무슨 개념이 더 매력적인지를 심판하는 데 있지 않다.

1957년에 처음 등장한 비즈니스 모델은 오랫동안 정보 시스템(Information System) 구축 모델로 사용되었을 뿐 전략 도구로 인정받지 못하였다(Wirtz et al., 2016). 비즈니스 모델이 전략에서 주목을 받기 시작한 것은 닷컴 버블과 더불어 인터넷이 본격적으로 확산되기 시작한 무렵이었다. EBSCO 데이터베이스에 따르면 "비즈니스 모델"이라는 용어를 사용한 문헌은 1999년까지만 해도 600여 개에 불과했는데 닷컴 버블 직후인 2000년을 기점으로 폭발적으로 증가하여 이후 15,000여 건의 문헌이 비즈니스 모델을 다루었다(Wirtz et al., 2016).

전략과 비즈니스 모델은 기업의 성과 변화를 설명하려는 공통 목표를 가졌음에도 불구하고 서로 분리된 채 연구되어 왔다. 특히 전략 분야는 비즈니스 모델 연구가 전략이론의 발전에 기여하지 못한다는 우려마저 제기하였다(Lanzolla & Markides, 2021). 일례로 티스(Teece, 2010)는 "비즈니스 모델은 그 중요성에도 불구하고 확립된 이론적 토대가 없고 자주 언급되지만 제대로 분석된 바 없어서 잘 이해되지 않는다"고 불평했다. 심지어 포터는 비즈니스 모델 개념이 "잘못된 사고와 자기 망상으로의 초대(an invitation for fault thinking and self-delusion)"라고 혹평했다(Porter, 2001).

그러나 초과 수요의 시대에서 초과 공급의 시대로 접어들며 고객의 요구가 빠르게 확대되고 이를 충족시킬 수 있는 디지털 기술이 발전하면서 상황이 변했다. 자원을 채취하여 사용하고 버리는 선형 경제(linier economy)에서는 기업이 일방적으로 추측한 고객의 욕구(needs)를 충족시키는 데 경영활동의 주안점을 두었다. 이에 따라 가치사슬도 선형으로 전개되었다. 하지만 디지털 기술에 기반한 플랫폼 경제에서는 개인화 서비스가 가능한 온-디맨드(on-demand) 비즈니스가 확산됨에 따라 가치사슬도 네트워크형으로 확대된다.

플랫폼 경제에서는 공급자와 수요자의 경계가 모호한 프로슈머(prosumer)가 나타난다. 네트워크 효과를 활용해 단기간에 기존 기업을 뛰어넘는 온라인 기업도 등장한다. 최근에는 블록체인 기반의 가상화폐와 대체 불가능한 토큰(NFT: Non-fungible Token)을 사용하는 토큰 이코노미(Token Economy)까지 나타나면서 기업의 이익공식이 더욱 복잡해지고 있다. 이에 따라 틀에 입각한 전략만으로는 빠르게 변하는 경제 특성을 반영하여 유연하고 역동적인 대책을 마련하기 어려워졌다. 따라서 프로슈머, 플랫폼 경제, 온-디맨드, ESG와 같은 새로운 기업 생태계를 반영하여 고객 욕구와 기업 활동을 유기적으로 연결할 전략이 필요하다.

② 비즈니스 모델과 전략의 관계

비즈니스 모델의 정의와 구성요소

오픈 이노베이션 개념의 창시자인 헨리 체스브로(Henry W. Chesbrough)는 비즈니스 모델을 "아이디어와 기술의 잠재력을 경제적 가치 실현으로 연결"하는 프레임워크로 보았다(Chesbrough & Rosenbloom, 2002). 알렉산더 오스터왈더(Alexander Osterwalder)와 예스 피그누어(Yves Pigneur)는 비즈니스 모델이란 "하나의 조직이 어떻게 가치를 창조하고 전달하고 획득하는지를 합리적이고 체계적으로 정리한 것"으로 정의하였다(Osterwalder & Pigneur, 2010). 종합하면 비즈니스 모델이란 기업이 고객을 위한 가치를 어떻게 창출하고 전달하며, 어떤 방법으로 수익을 달성할 것인가를 설명하는 이야기라 할 수 있다. 따라서 좋은 비즈니스 모델을 만들려면 누구를 대상으로 어떤 자원과 프로세스를 이용하여 차별화된 가치와 경쟁우위를 가진 솔루션을 만들고 이를 어떻게 제공할 것인가를 고민해야 한다. 이런 관점에서 크리스텐슨과 존슨은 비즈니스 모델을 고객가치제안(CVP: Customer Value Proposition), 이익공식(Profit Formula), 핵심자원(Key Resources), 그리고 핵심 프로세스(Key Processes)라는 4가지 요소로 정리하였다(Christensen & Johnson, 2009).[4]

고객가치제안은 목표고객과 그들의 문제 그리고 해결책으로 구성된다. 일반적으로 고객에게 중요한 것일수록, 현재 해결책에 대한 만족도가 낮을수록 그리고 가격이 낮을수록 고객가치제안은 강력해진다. 이익공식은 수익모델, 비용구조, 마진모델, 자원활용속도 등으로 구성된다. 핵심자원은 고객가치제안 실현에 필요한 자원으로 사람, 기술, 제품, 설비, 정보, 유통채널, 파트너십, 브랜드 등이 포함된다. 마지막으로 핵심 프로세스는 고객가치제안을 수익성 있게 반복 제공하고 확장할 수 있게 만드는 규칙, 측정기준 및 규범을 의미한다. 이러한 비즈니스 모델의 구성요소를 그림으로 표현하면 아래와 같다.

[그림 4-1] 비즈니스 모델의 구성요소

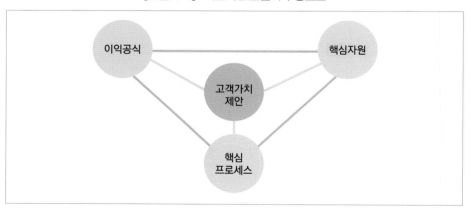

출처: 김용진, 2020, p. 224

기존 연구의 문제점

세돈과 루이스(Seddon & Lewis, 2003)는 자주 사용하면서도 혼동하기 쉬운 "비즈니스 모델"과 "전략"에 대한 학자들의 견해를 비교 분석한 후 각각에 대한 정의와 차이점을 정리하였다. 그들의 주장에 따르면 전략은 실제 세계에 확고한 기반을 둔 반면 비즈니스 모델은 "실제 전략의 일부 측면에 대한 추상적 표현으로, 기업이 성공적으로 고객에게 가치를 제공하기 위해 알아야 할 필수 세부 사항을 설명"한 것이다. 이러한 비즈니스 모델은 아키텍처나 소프트웨어 엔지니어링의 패턴(patterns)과 유사하므로 기업이 가치를 창출하는 방식에 대한 솔루션이며 따라서 전략에 선행한다.

전략 보다 비즈니스 모델의 역할과 유용성에 관심이 많았던 세돈과 루이스는 전략의 정의에 대해 논쟁을 벌이는 대신 가장 널리 알려진 하버드 학파의 주장을 받아들였다. 하버드 학파의 대표주자인 마이클 포터에 따르면 전략이란 시장에서 기업의 장기적 위치(position)를 정의하고, 고객에게 가치를 제공(provide)하기 위해 기업이 무엇을 하고 무엇을 하지 않을지에 대해 확고한 트레이드 오프(trade-offs)를 만들며, 고객에게 가치를 전달(deliver)하기 위해 기업이 구축한 활동 시스템(activity system)의 구성요소가 복제하기 어려운 정합성(fit)을 갖게 하는 작업에 이르기까지, 이 모두를 뛰어난 투자수익(return on investment)을 만드는 관점에서 수행하는 것을 의미한다(Seddon & Lewis, 2003. p.240).[5] 이 정의에서 주목할 점은 전략이 특정 기업 및 그 기업이 처한 환경과 밀접하게 연관되어 있다는 것이다. 이로 인해 전략은 그 전략을 택한 기업에 종속되므로 원형 그대로 다른 기업에 전이될 수 없다. 이에 반해 비즈니스 모델은 전략의 특정부분을 추상화한 것이므로 전략과 달리 특정 기업에 종속되지 않으며 다른 기업도 사용이 가능하다는 것이 세돈과 루이스의 주장이다. 전략과 비즈니스 모델에 대한 이들의 주장은 [그림 4-2]에 잘 표현되어 있다.

[그림 4-2] 전략과 비즈니스 모델의 관계

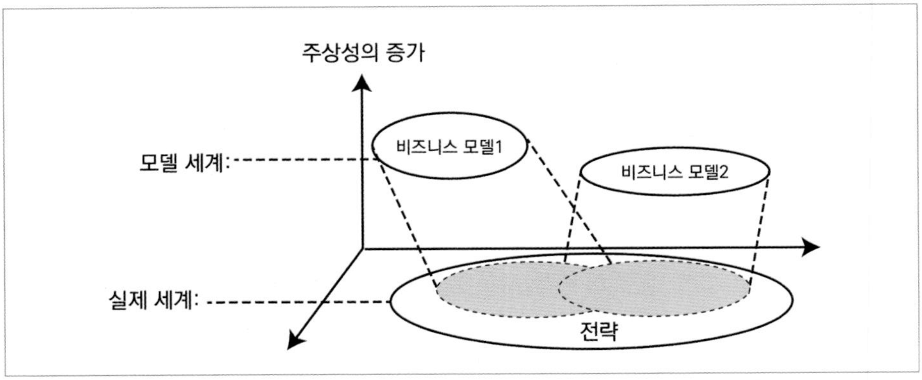

출처: Seddon & Lewis, 2003, p. 238

비즈니스 모델을 실제 전략의 특정부분을 추상화한 것으로 정의하면 건축이나 소프트웨어 엔지니어링에서 쓰는 패턴처럼, 전략 문제 해결에 여러 비즈니스 모델을 다양하게 조합할 수 있다. 이렇게 되면 "전략이란 기업이 객관적 실체로 존재하는 여러 비즈니스 모델을 자신이 처한 환경에서 경쟁우위를 얻기 위해 다양한 방법으로 결합한 것"이 된다. 따라서 비즈니스 모델이 먼저 존재하고 전략은 비즈니스 모델을 여러 방법으로 결합함으로써 만들어진다.

세돈과 루이스의 주장은 비즈니스 모델을 전략에 어떻게 활용할 것인가에 대해 새로운 통찰력을 주지만 논리적으로 몇 가지 문제가 있다. 첫째, 그들의 주장은 순환오류를 가지고 있다. 비즈니스 모델이 전략을 추상화한 것이라면 비즈니스 모델을 만들기 위해서는 먼저 실제 세계에 전략이 있어야 한다. 무에서 유를 창조할 수 없듯이 상상만으로 비즈니스 모델을 만들 수 없고 이미 존재하는 기업의 전략에서 추상화할 부분을 찾아야 비즈니스 모델을 만들 수 있기 때문이다. 반면 비즈니스 모델이 전략에 선행한다면 전략에 앞서 비즈니스 모델이 있어야 하는데 이는 앞 문장과 모순된다. 따라서 비즈니스 모델이 전략에 선행한다는 주장은 패턴화된 비즈니스 모델을 만들기 위해서는 패턴의 대상이 될 비즈니스가 실체적 진실로 먼저 존재해야 함을 간과한 것에서 비롯된 논리의 오류라 할 수 있다.

둘째, 실제 세계의 전략을 추상화한 것이 비즈니스 모델이라면 논리적으로 아직 현실에 실체적 전략이 없는 새로운 비즈니스 모델은 만들 수 없다. 비록 비즈니스 모델의 특정 요소를 변형시키거나 다양한 조합을 통해 새로운 것을 만들더라도 그것은 본질적으로 이미 존재하고 있는 실제를 추상화한 모델의 변형일 뿐이다. 따라서 전혀 새로운 환경에서 지금껏 없었던 새로운 비즈니스를 하려는 기업에게 적합한 비즈니스 모델은 만들 수 없다.

셋째, 비즈니스 모델이 전략에 선행하므로 비즈니스 모델을 결합하여 더 복잡한 모델을 만들고 궁극적으로 전략을 만들 수 있다는 주장은 전략의 다양성을 제한한다. 이러한 주장에 따르면 선행하는 비즈니스 모델이 없으면 전략을 수립할 수 없으므로 이미 존재하는 비즈니스 모델과 연관된 전략만 수립이 가능해진다. 하지만 아무리 많은 레고 블록으로 아무리 다양한 모델을 만들어도 그것은 본질적으로 레고 블록으로 만든 모형일 뿐이다. 소재 자체를 진흙이나 벽돌로 만들어야 하는 모형은 만들 수 없다. 소재에 따라 모형을 정하기도 하지만 모형에 따라 소재를 정할 수도 있으므로 비즈니스 모델이 전략에 선행하고 비즈니스 모델의 결합으로 전략을 만든다는 단방향적 주장은 성과 창출 전략에 대한 접근법으로 적절하지 않다.

서술적 비즈니스 모델과 전략적 비즈니스 모델

앞서 살펴본 바와 같이 세돈과 루이스는 비즈니스 모델이 전략의 일부분을 추상화한 것이라고 정의함으로써 전략문제 해결에 비즈니스 모델을 어떻게 활용할지에 대한 통찰력을 제공하였으나 비즈니스 모델이 전략에 선행한다고 함으로써 닭이 먼저인지 달걀이 먼저인지를 구분할 수 없는 순환 오류를 포함한 논리적 문제를 야기하였다. 이 같은 문제는 서로 다른 것을 하나의 용어로 설명한 데 기인한다. 즉, 비즈니스 모델이라는 하나의 용어를 사용하는 바람에 비즈니스 모델이 지닌 서로 다른 성격과 역할을 구분하여 설명하는 데 실패했다. 이를 언어학에서 문법에 접근하는 방식을 예로 들어 설명해보자.

지구상에는 문화권별로 많은 언어가 있다. 각 문화권에서 사용하는 언어는 오랜 역사에 걸쳐 해당 지역에 거주하는 사람들이 발전시켜 온 것이다. 해당 지역에서 태어나고 자란 사람들은 어린 시절 부모를 포함하여 동일 문화권에 속한 다양한 사람들과 상호작용하면서 자연스레 자신이 속한 문화권의 언어를 습득한다. 하지만 다른 문화권에서 자란 사람이 외국어를 배우는 방법은 이와 다르다. 그들은 학자들이 해당 언어를 사용하는 사람들로부터 찾아낸 패턴과 규칙을 정리한 문법을 통해 외국어를 배운다. 이러한 문법은 다른 문화권에서 자란 사람들이 해당 지역의 언어를 배우고 익히는 데 유용하지만 원어민과 같은 수준의 의사소통을 하기에는 부족하다. 문법에 맞춰 단어를 나열한다고 해서 해당 문화의 특성을 반영한 억양, 사투리, 유행어 등 실제 원어민이 쓰는 언어를 자연스럽게 구사할 수 있는 것은 아니기 때문이다. 보다 완벽하게 외국어를 배우려면 현지 언어를 어렸을 때 모국어를 배운 것처럼 경험하는 일이 필요하다. 언어학습과 관련된 이러한 현상을 설명하기 위해 언어학자들은 언어 규칙을 기술 문법(記述文法, Descriptive Grammar)과 규범 문법(規範文法, Prescriptive Grammar)으로 분류한다. 기술 문법이란 원어민이 사용하는 언어에서 나타나는 문법 현상을 있는 그대로 기술하고 설명하는 문법이다. 반면에 규범 문법은 올바른 언어생활을 위해 기술 문법을 통해 발견한 사실을 토대로 설정한 규칙의 집합이며 외국어를 배울 때 사용되는 문법이다.

비즈니스 모델도 이와 유사하게 목적에 따라 다르게 접근할 필요가 있다. 세돈과 루이스의 주장에서 실제 세계의 전략으로부터 다양한 비즈니스 모델을 찾아내고 이를 유형화하는 것은 기술 문법과 비슷하다. 반면 유형화한 비즈니스 모델을 결합하여 새로운 비즈니스 모델과 전략을 만드는 것은 규칙에 따라 외국어를 배우는 데 활용되는 규범 문법과 유사하다. 따라서 같은 언어에 대한 문법을 목적에 따라 기술 문법과 규범 문법으로 구분하듯이 비즈니스 모델도 목적에 따라 다른 용어를 사용하는 것이 명확한 이해에 도움이 된다.

이러한 이유로 비즈니스 모델을 역할과 특성에 따라 서술적 비즈니스 모델(DBM: Descriptive Business Model)과 전략적 비즈니스 모델(SBM: Strategic Business Model)이라는 두 개의 개념으로 나누는 것이 유용하다. 서술적 비즈니스 모델이란 기업이 실제 세계에서 수립한 전략으로부터 핵심 논리를 발견하고 이를 추상화한 비즈니스 모델로 세돈과 루이스가 말한 전략의 추상화에 해당하는 비즈니스 모델이다. 이와는 달리 전략적 비즈니스 모델이란 새로운 전략을 위해 서술적 비즈니스 모델을 결합하거나 기존의 서술적 비즈니스 모델로는 대응할 수 없는 새로운 환경에 필요한 비즈니스 모델을 새롭게 만드는 창조적 비즈니스 모델이다. 비즈니스 모델을 이처럼 DBM과 SBM으로 구분하면 세돈과 루이스가 범한 순환 오류를 해소할 수 있다. 전략을 추상화한 비즈니스 모델은 실제 세계의 전략을 서술한 DBM이고 새로운 전략수립에 활용되는 선행 비즈니스 모델은 창의적으로 새롭게 만든 SBM으로 설명할 수 있기 때문이다. 따라서 경영자는 다른 기업의 사례로부터 많은 DBM을 학습한 다음 이를 활용하거나 아니면 창조적 혁신을 통해 세상에 없던 새로운 SBM을 만들어 전략에 활용할 수 있다.

DBM은 실제 드러난 행동양식을 통해 기업이 이미 활용하고 있는 비즈니스 모델을 추론하고 추상화한 것이므로 기존 사업 전략을 이해하는 데에는 유용하지만 지금까지 없었던 새로운 사업모델을 설계하는 데에는 부족하다. 그래서 필요한 것이 SBM이다. SBM이란 DBM과 달리 세상에 없던 새로운 비즈니스 모델이라는 의미에서 전략적이다. 물론 SBM을 구상할 때 기존 비즈니스 모델을 참고할 수 있다는 점에서 SBM이 DBM과 아주 무관하지는 않다. 하지만 개념상 SBM은 기업가의 창조적 사고를 토대로 새롭게 만들어진다는 점에서 DBM과 차별화된다. 이는 마치 예술가가 공부를 할 때에는 선배 예술가의 작품을 보며 실력을 쌓지만 일정한 경지에 이르면 자신만의 창의성으로 작품을 만드는 것에 비유할 수 있다. 또는 프로골퍼가 연습할 때는 코치가 가르쳐 준 기본 동작을 따라 하며 실력을 연마하지만 실전에서는 자신의 판단력으로 상황에 맞는 대처를 하는 것과 비슷하다고 할 수 있다. 따라서 뛰어난 전략가라면 수많은 DBM을 공부해서 응용 가능한 데이터베이스를 갖추고 여기에 창의성을 더하여 새로운 환경에 맞는 SBM을 개발할 수 있어야 한다.

이처럼 비즈니스 모델을 DBM과 SBM으로 구분하는 것은 성과 창출을 위해 비즈니스 모델과 전략을 통합하는 데 유용하다. 기존 비즈니스를 관찰, 유형화하고 분석해서 만든 다양한 DBM 집합은 특정 상황에서 창의적으로 만드는 SBM의 기반이 될 수 있으며 이러한 SBM은 새로운 전략수립에 기여한다. 그리고 이러한

SBM은 다시 DBM의 집합에 기존과 다른 새로운 비즈니스 모델 유형을 추가해준다. 이는 바둑이나 태권도를 배울 때 기본 정석과 동작을 익히지만 실전에서 이기려면 기본기를 응용한 창의적 경기를 해야 하며 이러한 창의적 경기는 다시 새로운 정석을 만드는 데 활용되는 것과 유사하다.

비즈니스 모델을 통한 경쟁우위 확보

란졸라와 마키데스(Lanzolla & Markides, 2021)는 비즈니스 모델에 대한 논의의 초점이 잘못 맞춰져 있다며 비즈니스 모델이 기존 전략이론에 비해 새로운 개념인지에 대한 논쟁 대신 활동 간의 상호의존성(interdependencies among activities)에 주목해야 한다고 주장했다. 그들의 주장에 따르면 비즈니스 모델은 전략에 비해 세분화된 개념(a more granular concept)으로 다른 모든 것이 동일할 때 전략이론보다 더 쉽고 효과적으로 전략과 성과의 관계에 대한 통찰력을 제공해준다. 이러한 통찰력이 가능한 이유는 비즈니스 모델이 성과 창출을 위해 기업 내/외부 활동 사이에 탁월한 상호의존성을 어떻게 구축할 것인가에 집중하기 때문이다.

이러한 주장을 뒷받침하기 위해 란졸라와 마키데스는 복잡성 이론(complexity theory)을 끌어 들였다. 복잡성 이론은 시스템이 다양한 초기 조건과 경로를 통해 동일한 최종 상태에 도달할 수 있음을 시사해준다. 이 말을 뒤집어 생각해보면 시스템 내 활동 간의 모든 상호작용이 동일한 성과를 거두지는 않으며 목표 달성에 더 적합하고 효율적인 상호작용과 상호의존성이 존재한다는 뜻이 된다. 따라서 비즈니스 모델을 통해 경쟁자와 다른 뛰어난 상호의존성(superior interdependency)을 구축함으로써 다른 조건들이 동일한 상황에서도 성과 창출을 위한 경쟁우위를 확보할 수 있다. 이는 마치 서울에서 부산으로 가는 여러 가지 방법(걷기, 자동차나 비행기 이용하기 등)이 부산에 도착한다는 최종 상태는 동일하지만 각 방법의 비용과 효율성에 차이가 있는 것과 유사하다. 이들의 주장을 좀 더 구체적으로 이해하기 위해 기존 전략이론의 대표주자 격인 포지셔닝 및 자원기반이론과 비교해보자.

포지셔닝 이론은 시장 분석을 토대로 기업의 위치(position)를 결정하고 그에 맞게 내부 활동을 조정하는 것이 중요하다고 주장한다. 일견 논리적으로 보이지만 동일한 위치에서 같은 성과를 창출하는 내부 활동 집합이 여럿 있을 수 있다는 점에서 실무 지침으로 사용하기 어렵다. 하워드 유(Howard Yu)는 독특한 포지셔닝을 위한 노력이 지속가능한 경쟁우위를 보장해 주리란 생각은 환상이라고 하였다(Yu, 2021, p. 29). 한편, 자원기반이론은 VRIO를 기준으로 자원을 평가하고 자원의 구조화, 결합 및 활용에 필요한 관리자 역할의 중요성을 강조한다. 하지만 논의의 초점이 주로 내부여서 외부와의 상호의존성이 커지는 디지털 경제에서 활용하기에는 아쉬움이 있다.

란졸라와 마키데스는 어떤 상황에서 어떤 전략이론이 기업의 성과 차이를 설명하는 데 더 적합한지를 분석하기 위해 경쟁우위의 원천으로 포지셔닝 이론이 제시하는 모방 장벽(barriers to imitation)과 자원기반이론이 주장하는 핵심자원의 이질성(heterogeneity of VRIO resources)을 기준으로 매트릭스를 만들었다([표 4-1] 참조). 이에 따르면 기존 전략이론이 성과 편차를 잘 설명하지 못하는, "진입과 모방 장벽이 낮고 자원과 역량도 낮은 경우"에 비즈니스 모델의 설명력이 높음을 알 수 있다.

[표 4-1] 비즈니스 모델이 전략보다 성과차이를 더 잘 설명하는 경우

		특적 시장에서의 모방 장벽	
		낮음	높음
특정 시장에서 VRIO(Barney, 1991)자원의 이질성	낮음	1사분면 비즈니스 모델 (i.e., 뛰어난 상호의존성)	2사분면 포지셔닝
	높음	3사분면 자원과 역량	4사분면 자원, 역량, 포지셔닝

출처: Lanzolla & Markides, 2021, p. 548

예를 들어 Zara와 H&M은 같은 패스트 패션(fast fashion)산업에서 경쟁하고 있지만 확연히 다른 성과를 보여준다. 이들이 속한 산업은 모방이 쉽고 자원의 이질성도 낮아 누구든 쉽게 접근할 수 있는 환경이어서 두 기업의 성과차이를 포지셔닝이나 자원기반이론만으로 설명하기는 어렵다. 하지만 비즈니스 모델이 제시하

는 활동 사이의 상호의존성 개념을 활용하면 두 기업의 성과 차이를 쉽게 이해할 수 있다. 두 기업은 동일 산업에서 별 차이 없는 자원으로 동일한 비즈니스를 수행하지만 비즈니스에 필요한 활동을 엮는 방식, 즉 비즈니스 모델이 달라서 성과 차이가 발생한 것이다.

비즈니스 모델은 IBM과 코닥(Kodak)이 실패한 복사기 시장에서 캐논(Canon)이 제록스(Xerox)를 제치고 경쟁우위를 차지한 이유를 설명하는 데에도 유용하다. IBM과 코닥은 제록스의 비즈니스 모델을 그대로 답습했기 때문에 제록스의 선발주자 이점(first mover advantage)을 넘지 못한 반면, 캐논은 제록스와 다른 비즈니스 모델로 차별화하여 시장에 진입했기 때문에 성공할 수 있었다. 이처럼 비즈니스 모델은 기존 전략이론이 설명하지 못했던 전략과 성과의 관계를 규명하는 차원에서 성과 창출형 전략수립에 유용한 도구이다.

란졸라와 마키데스에 따르면 포지셔닝 이론이나 자원기반이론은 모방의 용이성과 VRIO자원의 이질성 정도에 따라 활용이 가능하다. 여기서 주목할 부분은 바로 "모방 장벽과 VRIO자원의 이질성이 낮은" 시장이다. 이러한 시장은 과거에는 모방이 쉽고 자원의 희소성도 낮아 경쟁우위 지속이 어렵기 때문에 피해야 할 시장으로 알려졌지만 지금은 인터넷과 디지털 기술의 발달로 상황이 변하고 있다. 디지털 기술 덕분에 저렴한 비용으로 고객 요구에 맞는 상품을 맞춤형으로 제공하는 것이 가능해진 것이다. 이렇게 되면 모방 장벽과 자원의 이질성이 모두 낮은 시장에서도 기업활동의 상호의존성 강화를 통해 비즈니스 모델을 차별화함으로써 경쟁우위를 확보할 수 있다.[6] 따라서 경영자는 비즈니스 모델을 통해 "경쟁자의 전략 활동과 다른 방식으로 나의 전략 활동을 설계할 수 있는가?"를 물어야 한다.

란졸라와 마키데스의 주장은 전략과 비즈니스 모델의 개념적 차이에 대한 이론적 논쟁 대신 비즈니스 모델의 실무적 유용성을 강조한 점에서 SBM에 더 가깝다. 그들은 비즈니스 모델의 특성(활동 간의 상호의존성)이 기존 전략이론(포지셔닝 또는 자원기반이론)을 어떻게 보완하는지를 설명함으로써 경쟁우위의 핵심 요인으로 비즈니스 모델을 고려해야 하는 이유를 보다 명확히 해준다.

③ 비즈니스 모델과 전략의 통합

비즈니스 모델의 전략적 활용

비즈니스 모델을 전략적으로 활용한다는 말은 고객 가치를 창조하여 전달하고 이에 수반되는 수익, 비용, 자원, 프로세스를 설계하는 과정에 비즈니스 모델을 사용하는 것을 의미한다(Wirtz et al., 2016). 이와 관련하여 헨리 체스브로(Henry Chesbrough)는 비즈니스 모델의 주요한 기능으로 가치창출(Value Creation)과 가치획득(Value Capturing)을 꼽았다(Chesbrough et al., 2018).

과거에는 상품이 있는 매장에 고객이 방문하여 구매와 결제를 하는 형태의 비즈니스가 지배적이었다. 하지만 인터넷 등장 이후 제품과 서비스의 영역이 거의 무한대로 넓어졌다. 소비를 위한 플랫폼이 넘쳐나고 지불방식도 수없이 많아지고 편리해졌다. 이로 인해 가치창출 못지않게 가치획득을 적극적으로 고민할 수밖에 없게 되었다. 이러한 상황에서 비즈니스 모델의 역할은 무엇이고 비즈니스 모델과 전략은 어떻게 상호작용해야 할까?

란졸라와 마키데스는 복잡성 이론을 활용하여 산업 구조가 모방에 취약하고 자원을 쉽게 이용할 수 있는 경우에는 비즈니스 모델을 통해 활동 간에 뛰어난 상호의존성을 구축하는 것이 성과 차이를 만드는 데 중요함을 보였다. 이렇게 보면 비즈니스 모델은 전략이 구상한 가치를 고객에 맞추어 제안하고 가치 실현과 이익 극대화 방안을 논의하면서 사업의 실제 진행 방식에 대해 세세한 알고리즘을 설계하는 것과 같다. 그렇다면 비즈니스 모델의 구성요소는 무엇이고 이들 사이의 상호의존성은 어떻게 구축해야 하는가?

이에 대해 시겔코우와 레빈탈(Siggelkow & Levinthal, 2003)은 경쟁우위 창출을 위해 기업은 내적으로 일관성 있고 현재 환경에 적합한 활동 구성을 찾아야 한다고 주장하였다. 또한 크리스텐슨과 존슨(Christensen & Johnson, 2009)은 고객가치제안(Customer Value Proposition), 이익공식(Profit Formula), 핵심자원(Key Resources) 및 핵심 프로세스(Key Processes)를 비즈니스 모델의 가장 중요한 요소로 정의하였다. 이하에서는 이러한 주장을 토대로 비즈니스 모델의 전략적 활용에 대해 알아보자.

[그림 4-3]은 비즈니스 모델과 전략의 통합을 표현한 것이다. 출발점은 원의 왼쪽 위에 위치한 기업의 미션과 비전이다. 미션은 기업의 존재 이유이고, 비전은 일정 기간을 두고 달성하려는 목표다. 미션과 비전을 정리한 기업은 사업영역을 찾아야 한다. 이와 관련하여 포지셔닝 이론은 산업구조분석을 통한 산업 매력도를 기준으로 삼을 것을 제안하였다. 반면 블루오션 전략은 레드오션(Red Ocean)을 벗어나 충족되지 않은 욕구를 가진 비고객을 찾는 것이 더 좋은 방법이라고 주장했다. 두 이론이 서로 다른 접근법을 사용하지만 목표하는 바가 사업영역 결정이라는 측면에서는 같다고 할 수 있다. 여기까지는 일반적 전략수립 과정에서 볼 수 있는 익숙한 내용이다.

[그림 4-3] 비즈니스 모델과 전략의 통합

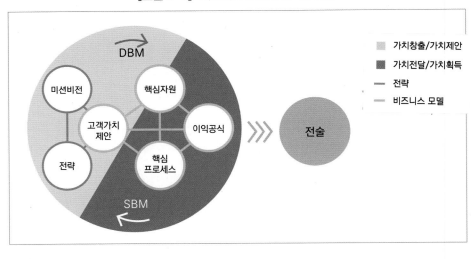

성과 창출형 전략을 위한 통합모델 IMPECS의 차별점은 [그림 4-3]에서 볼 수 있듯이 고객가치제안을 중심으로 전략과 비즈니스 모델을 통합하는 것에 있다. 고객가치제안은 미션과 비전으로 존재 이유와 사업목표를 명확히 하고 포지셔닝을 통해 사업 영역을 정한 기업이 목표 고객에게 제공할 가치를 보다 세밀하게 결정하는 활동이다. 가치창출과 가치획득 영역에 걸쳐 있는 핵심자원은 고객에게 제안한 가치를 구현하여 전달하기 위해서도 필요하지만 이미 확보한 핵심자원을 기반

으로 새로운 고객가치제안을 만들 수도 있으므로 두 영역에 걸쳐 위치한다. 이처럼 고객가치제안과 핵심자원은 누구(Who)에게 무엇을(What) 제공할지를 결정하는 데 중요한 역할을 한다.

기업 입장에서 비즈니스 모델이 매력적인 이유는 이익공식과 핵심 프로세스로 설명되는 가치획득(Value Capturing)단계에 있다. [그림 4-3]에 보듯이 비즈니스 모델은 고객에게 제안한 가치를 어떻게 기업의 이익으로 만들 것인지, 그러기 위해 핵심 프로세스를 어떻게 설계할 것인지에 주목한다. 쉽게 말해 비즈니스 모델은 어떻게 돈을 벌 것인가를 구체적으로 설명하는 데 중점을 둔다는 점에서 실무적으로 기존 전략이론보다 매력적이다.

비즈니스 모델을 구성하는 4가지 항목은 고객가치제안을 중심으로 유기적 상호의존성을 갖는다. 각 항목들은 서로 연결되어 비즈니스를 형성하고, 기업이 제공하는 가치를 상업화(commercialize)한다. 마지막 단계에서 현장 직원들은 비즈니스 모델을 전술(Tactic)로 변환한다. 카사데수스-마사넬(Casadesus-Masanell & Ricart, 2010)에 따르면 전략은 환경에 대한 대응을 장기 관점에서 접근하는 것이며, 전술은 단기 관점에서 마련하는 방침으로 전략에 비해 유연하고 가변적이다. 이렇게 보면 비즈니스 모델은 전략과 전술 사이에 존재한다.

[그림 4-3]에서 주목할 점은 가치창출과 가치획득 단계가 원으로 표현되어 순환 형태를 띠고 있다는 것이다. 전략을 수립해 본 사람이라면 전략수립 과정이 한 번에 깔끔하고 합리적으로 이루어지지 않음을 알 것이다. 가치창출과 가치획득이 항상 인과관계에 놓이는 것도 아니다. 비즈니스 모델 혁신 과정에 대해 관찰 연구를 진행한 쇼딘은 가치창출과 가치획득은 비즈니스 모델 혁신 과정에서 동시에 발생하며 또 그렇게 되어야 한다고 주장했다(Sjödin et al., 2020). 기존 연구들은 가치창출과 가치획득을 순차적으로 나열하고 이 둘을 명확히 구분하려 했지만, 경영 현장은 이와는 거리가 있는 모습으로 드러났다. [그림 4-3]에서 또 한 가지 언급할 것은 DBM과 SBM이다. 세돈과 루이스의 모델에서 혼란을 야기했던 비즈니스 모델을 여기서는 전략의 추상화인 DBM과 전략에 선행하는 SBM으로 구분하여 표현하였다. 이를 통해 전략과 비즈니스 모델의 통합 방법을 보다 명료하게 이해할 수

있다.

가치창출과 가치획득을 흑백논리로 명확히 구분하기는 어렵다. 예컨대 정기구독자는 매번 한 부씩 구매하는 것보다 저렴한 가격에 잡지를 볼 수 있다. 번거롭게 매번 주문서를 작성할 필요도 없다. 이러한 구독형 수익모델은 본래 정기구독자로부터 안정적으로 가치를 획득하기 위해 고안되었지만, 이를 통해 "더 저렴한 상품 구매와 자동주문 및 배송"이라는 새로운 가치를 창출하였다.

가치창출, 가치획득 이외에 가치제안, 가치전달 등으로 가치 중심 관점을 더 세분화한 연구도 있다(Rayna & Striukova, 2016). 그러나 비즈니스 모델을 전략적으로 활용함에 있어 "가치를 몇 단계로 나누고 어떤 용어를 사용하는가?"보다 성과 창출 방법의 구체화가 더 중요하다. 이를 표현하기 위해 가치창출 및 제안 영역과 가치획득 및 전달 영역으로 나누어 순환하는 원 위에 전략과 비즈니스 모델의 구성요소가 상호작용하는 모습으로 정리하였다.

비즈니스 모델은 전략에서 정리한 사업목표와 사업영역을 고객 관점에서 상업화(commercialize)하는 과정을 구체화함으로써 전략이론의 한계를 보완한다. 지금까지의 전략 연구는 전략을 위한 분석도구를 계속 개발하고 각 도구의 의미를 심화하기 위해 노력해왔다. 그러나 현실의 전략은 어느 하나의 분석도구로 만들어지지 않는다. 설사 만들 수 있어도 실제 적용에는 상당한 차이가 있는데 이 차이를 메꾸는 데 비즈니스 모델이 기여할 수 있다. 이러한 인식을 바탕으로 비즈니스 모델의 구성 항목에 대해 보다 자세히 살펴보자.

고객가치제안: 고객의 문제가 무엇인가?

마이클 포터는 『경쟁전략』에서 산업 내 경쟁을 유발하는 5요인을 분석한 후 기업이 선택할 수 있는 3가지의 본원적 전략(generic strategy)으로 원가우위, 차별화, 집중화 전략을 제시했다(Porter, 1985). 이 가운데 집중화는 산업의 특정부문을 목표로 한다는 점에서 산업전체를 대상으로 하는 원가우위나 차별화 전략과 구분된다. 한편, 원가우위와 차별화 전략은 경쟁우위 요소가 무엇인가에 따라 구분된다.

원가우위는 비용 우위를 목표로 하는 여러 가지 기능상의 방책을 통해 특정 산업에서 총체적 원가우위를 달성하는 전략이고 차별화는 기업이 판매하는 제품이나 용역을 산업 전체에서 다른 제품이나 용역과 구별되는 독특한 것으로 인식시키는 전략이다. 포터에 따르면 원가우위는 1970년대 경험곡선개념이 보편화되면서 널리 알려진 전략으로 설비 확장을 통한 규모의 경제, 총경비의 철저한 통제, 연구개발, 판매, 서비스, 광고 등 여러 분야에서의 원가 절감으로 달성 가능하다. 차별화는 디자인과 상표, 기술, 제품의 독특한 특성이나 고객에 대한 서비스를 이용하는 방법 등으로 달성 가능하다. 이처럼 경쟁전략 이론은 기업이 고민해야 할 문제와 선택할 수 있는 전략 대안을 연역적, 결정론적 시각에서 획기적으로 단순화시켰다는 점에서 혁신적이다.

문제는 경쟁전략이 연역적, 결정론적 시각으로 인해 전략을 기업의 입장에서만 바라보았을 뿐 고객의 입장에서 바라보지 못했다는 데 있다. 포터는 3가지 본원전략 가운데 어느 하나를 우선 목표로 삼아 지속적으로 전력투구해야만 성공의 결실을 이룰 수 있다고 주장했다. 이 말은 고객 역시 3가지 유형으로 명확히 나눠진다는 가정을 암묵적으로 내포하고 있다. 하지만 이러한 가정은 대단히 비현실적이다. 제품이나 용역을 구매할 때 원가우위나 차별화 중 어느 하나만을 기준으로 의사결정 하는 고객은 거의 없다. 현실의 고객은 대부분 복합 기준에 따라 구매의사 결정을 한다. 따라서 포터의 주장은 기업의 입장에서는 명확하고 유용할지 모르나 전략의 출발점인 고객에 대한 가정을 지나치게 단순화했다는 점에서 보완이 필요하다.

비즈니스 모델의 첫 번째 구성요소인 고객가치제안(CVP: Customer Value Proposition)은 고객이 필요로 하는 가치로부터 출발한다는 점에서 전략에 새로운 시각을 던져준다. 일례로 클레이튼 크리슨텐슨(Clayton Christensen)이 하버드 MBA 수업에서 강의한 맥도날드와 밀크셰이크 이야기를 들어보자.[7]

맥도날드는 마케팅 전략으로 유명한 기업입니다. 어느 날, 맥도날드는 밀크셰이크 판매량 증대를 위한 솔루션을 강구하게 됩니다. 이를 위해 먼저 밀크셰이크를 자주 구매하는 집단을 대상으로 설문조사를 진행했습니다. 그들이 원하는 이상적인 밀크셰이크가 무엇인지 직접 물어본 것입니다. 밀크셰이크의 잠재 구매자들은 솔직하게 응답했고, 회사는 그 피드백에 응했습니다. 그러나 밀크셰이크 판매량은 증가하지 않았습니다.

그러자 맥도날드는 저의 동료에게 도움을 요청했습니다. 그는 조금 색다른 방식으로 접근했습니다. 바로 고객이 밀크셰이크를 "고용하도록(Hire)" 만드는 "일(Job)"이 무엇인지 찾기 시작한 것입니다. 그는 첫 번째로 한 맥도날드 지점에서 하루 종일 머물며 밀크셰이크를 누가, 언제 구매하고 어디서 마시는지 관찰했습니다. 그리고 나서야 발견할 수 있었습니다. 40퍼센트가량의 밀크셰이크는 아침 8시 30분 이전에, 출근하는 사람들이 테이크 아웃(Take-out)으로 주문한다는 것을 말이죠.

그 다음날 저의 동료는 다시 그 가게를 방문하여 한 손에 밀크셰이크를 들고 떠나는 고객들을 인터뷰하기 시작했습니다. "왜 밀크셰이크를 고용했는지" 묻기 시작한 것이죠. 대부분 유사한 이유로 밀크셰이크를 "고용"한 것으로 밝혀졌습니다. 그들의 출근시간은 길고 지루했습니다. 그렇다고 막 배가 고픈 것도 아니었죠. 하지만 10시쯤에는 배가 고파질 것을 알고 있었습니다. 그렇습니다. 그들은 운전대를 잡지 않은 한 손으로 마시면서 늦게까지 배고프지 않고, 출근길도 지루하지 않게 해줄 흥미로운 친구를 찾고 있었던 것입니다.

베이글(Bagel)이나 도넛(Doughnut) 같은 후보들도 있었지만, 상쾌한 아침 출근시간을 빵 부스러기로 찝찝하게 만드는 것보다는 빨대만 꽂으면 흥미롭게 즐길 수 있는 밀크셰이크를 출근길의 동반자로 선택한 것입니다. 맥도날드는 고객들이 밀크셰이크를 고용한 핵심 이유를 전달받고 나서, 그들의 아침 출근길을 오랫동안 흥미롭게 지속할 수 있도록 더 걸쭉한 밀크셰이크에 과일 덩어리를 첨가하여 제공했습니다. 한편 저녁시간에 방문하여 밀크셰이크를 주문하는 아이들을 위해서는 더 묽은 밀크셰이크를 제공했지요. 부모님이 그들을 기다리는 데 지치지 않게 하기 위해서 말입니다.

"고객은 어떤 일을 해결하기 위해 당신 회사의 상품을 고용하는가?"

이것이 고객가치제안을 위한 핵심 질문이다. 크리슨텐슨은 고객 속으로 들어가 고객이 "왜 그러한 행동을 하는가?"와 같은 질문을 던져보라고 조언한다.[8] 이를 통해 고객이 "해결하려는 일(Job-to-be-done)"과 그 일을 위해 무엇을 고용(hire)하는지, 그리고 기업이 출시한 제품과 서비스가 고객에게 고용되기 위해서는 무엇이 보완되어야 하는지를 유추할 수 있다고 말한다.

기존 전략이론은 외부 환경분석으로 산업 매력도를 판단하고 내부 역량분석으로 해당 산업에 대한 진입 타당성을 가늠한 다음, 승리를 위해 원가우위나 차별화 전략을 수립하는 것이 목표였다. 이러한 전략수립 방법은 단계별로 명확한 논리와 프로세스가 있어서 그대로 따라 하면 체계적으로 전략을 수립할 수 있다는 장점이 있다. 문제는 그러한 전략이 고객의 입장에서도 의미 있는 전략인가 하는 것이다. 맥도날드와 밀크셰이크 사례처럼 성과 창출 전략은 비용을 지불할 고객이 가치 있게 생각하는 "해야 할 일(Job-to-be-done)"을 찾는 데서 출발해야 한다. 기존 전략이론은 산업 매력도 분석을 통해 어떤 산업이 다른 산업에 비해 평균 이상의 수익률을 거두는지는 설명해 주지만 그 산업을 구성하는 각각의 고객이 무엇을 가치 있게 생각하는가에 대해서는 구체적으로 설명하지 않는다. 이로 인해 산업에서 창출되는 평균 이상의 수익을 기업의 것으로 획득하는 방법에 있어서 구체적이지 못하다. 비즈니스 모델은 바로 이 부분에서 전략이론을 보완해준다. 즉, 고객이 가치 있게 생각하는 제안을 구체화하여 개념적 산업의 매력도를 구체적 수익으로 전환할 토대를 마련한다. 고객가치제안은 기업의 보유 역량과 자원을 고객 관점에서 재해석하여 고객이 문제 해결에 고용할 수 있는 상품으로 전환하는 과정이다. 이렇게 하려면 맥도날드가 그러했듯이 고객의 입장에서 고객이 원하는 것을 찾아야 한다.

최근 인터넷을 비롯하여 인공지능, 빅데이터, 클라우드와 같은 디지털 기술의 발전으로 개별 고객에게 맞춤 서비스를 제공하는 온-디맨드(On-Demand)의 시대가 도래했다(김용진, 2020). 옷 판매 사업을 예로 들어보자. 과거에는 "비싸지만 남들과 다른 옷"을 선호하는 고객 대상의 차별화와 "가장 싼 옷"을 선호하는 고객 대상의 원가우위로 전략을 나누는 것으로 충분하였다면 지금은 수많은 온라인 쇼핑몰이 대변하듯 소비자 개개인의 취향을 고려한 판매전략을 세워야 경쟁에서 살아남을 수 있다. 본인이 직접 수선하여 세상에서 하나뿐인 옷을 가지려는 고객이 있는가 하면 수많은 브랜드 중에서 취향에 맞는 옷을 고르려는 고객도 있다. 직접 매장에 방문하여 쇼핑하는 고객도 있고 온라인으로 구매하는 고객도 있다.

이처럼 "옷을 구매"하는 단일한 "해야 할 일"도 고객 상황에 따라 서로 다른 서비스가 필요하다. 예전에는 고객의 다양한 상황에 맞추기 어려웠지만 디지털 기술의 발달로 요구사항의 개별 충족이 가능하게 되었다. 패션이라는 키워드 하나에도 맞춤(customizing) 서비스, 오픈 마켓, 오프라인 매장, 퀵 배송, 무료반품과 같은 다양한 서비스가 존재한다. 기업은 이제 단순히 상품을 제공하는 데 그쳐서는 안 되고 고객이 "해야 할 일"에 초점을 맞춘 경험을 제공해야 한다. 전통 이론이 정의한 투박한 가치를 잘 다듬어서 고객 눈높이에 맞춰 제공해야 지속적 경쟁우위를 유지할 수 있는 시대가 되었기 때문이다.

고객가치제안의 또 다른 의의는 변화하는 환경에 맞추어 고객 가치를 유동적으로 정의할 수 있다는 점이다. 파이프라인(pipeline) 경제가 플랫폼(platform) 경제로 진화하면서 정형화된 기존 전략 프레임을 적용하기가 어려워졌다. 알스타인 (van Alstyne et al., 2016)에 따르면 파이프라인 경제에서는 마이클 포터의 5요인 모델로 환경을 분석하고, 목표 고객 집단을 대상으로 가치를 창출하는 것이 비교적 쉬웠다. 기업을 둘러싼 환경이 신규진입자, 경쟁자, 공급자, 수요자, 대체재로 명확하고, 기업은 선형 비즈니스 활동(linear series of activities)을 통해 고객을 만족시키면 되었기 때문이다.

그러나 디지털 기술과 더불어 등장한 플랫폼 경제는 기존과 다른 구조를 갖는다. 알스타인은 플랫폼 생태계의 이해관계자에 생산자(producer)와 소비자(consumer), 플랫폼 소유자(owner)와 제공자(provider)를 포함시켰다. 구글이 선도하는 안드로이드 플랫폼을 예로 들어보자. 안드로이드 생태계에서 플랫폼 소유자는 안드로이드 체제를 개발한 구글이고, 제공자는 모바일 앱을 제작하는 IT 업체이며, 생산자는 컨텐츠 창작자, 소비자는 컨텐츠를 소비하는 대중으로 볼 수 있다. 이를 마이클 포터의 5요인 모델로 분석해서 의사결정을 내리기에는 어려움이 있다. 플랫폼 소유자, 플랫폼 제공자, 컨텐츠 생산자를 5요인 모델로 표현하면 서로 구분이 안 되고 모두 "공급자"로 표기되기 때문이다.

플랫폼 경제에서는 각 이해관계자 사이의 경계가 모호하다. 생산자가 소비자가 되기도 하고 소비자가 다시 생산자가 되기도 하기 때문에 자연스레 소비자와 생산자를 합친 프로슈머(prosumer)라는 신조어가 등장했다. 일례로 유튜브, 틱톡, 인스타그램 등의 소셜 플랫폼 사용자들은 다른 사람이 생산한 컨텐츠의 소비자인 동시에 자신의 일상을 컨텐츠로 만들어 공유하는 생산자 역할을 한다. 또한 플랫폼 소유자가 제시한 체제 속에서 파이를 키운 플랫폼 제공자와 소비자들이 플랫폼 소유자에 대적하는 경쟁자가 되기도 한다. 메타로 이름을 바꾼 페이스북에 소속되어 게임을 개발했던 징가(Zynga)가 독자 플랫폼을 마련하고 플랫폼 소유자로 올라선 사례가 대표적이다. 이처럼 기존 전략이론에서 명확하게 정의할 수 있었던 공급자와 고객, 경쟁자의 경계가 플랫폼 경제에서는 불분명하다([그림 4-4] 참조).

[그림 4-4] 플랫폼 생태계에서의 플레이어들

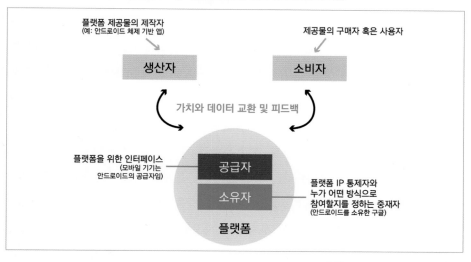

출처: van Alstyne et al., 2016

이 때문에 알스타인은 단순한 고객 가치 실현을 넘어 플랫폼이라는 생태계를 구성하는 이해관계자들의 가치 실현에 집중해야 한다고 주장하며 이를 "생태계 가치제안(Ecosystem Value Proposition)"이라 불렀다. 그러나 생태계 역시 기업 입장에서 보면 광의의 고객이므로 비즈니스 모델에서 말하는 고객가치제안은 환경의 변화 속에 무뎌져 버린 전통 전략을 목표 고객에 맞추어 다시 날렵하고 유연하게 만드는 발판으로 여전히 유용하다.

이익공식: 돈은 어떻게 벌 것인가?

비즈니스 모델을 전략과 구별해주는 가장 큰 특징은 개별 기업의 가치획득 과정을 상세하게 다룬 이익공식(Profit Formula)이다. 가치창출에 중점을 둔 전략과 달리 비즈니스 모델은 고객가치 실현과 그에 상응하는 금전적 대가 회수 방법을 구체적으로 다루는데 이것이 바로 이익공식이다. 이익공식은 간단히 말해 고객에게 제공한 가치를 어떻게 기업의 수익으로 환원할 것인가라는 질문에 대한 답이다.

수요가 공급을 초과하는 상황에서는 기업이 시장에 재화와 용역을 내보내는 것 자체가 고객에게 가치로 여겨질 수 있다. 만들기만 하면 팔리는 상황에서 기업이 고민해야 할 전략과제는 벌어들인 수익을 활용하여 또 다시 무엇을 만들 것인가이다. 이 문제에 대해 BCG매트릭스는 꽤 그럴싸한 해결책을 제시한다. 1970년, 브루스 헨더슨(Bruce Henderson)이 발표한 "제품 포트폴리오(The Product Portfolio)"라는 글을 통해 대중화된 성장 점유 매트릭스(Growth Share Matrix)는 사업 우선순위와 수익의 사용방식을 정하는 방법으로, 나중에 BCG매트릭스로 더 널리 알려졌다.[9]

BCG매트릭스는 X축에 상대적 시장 점유율(Market Share)을, Y축에 성장률을 그린 다음 이 둘을 조합하여 4가지 사업 유형과 그에 따른 투자 방법을 제시한다. 시장 점유율과 성장율이 모두 낮은 부실 사업(Pet)은 종료하고 시장 점유율은 높지만 성장률이 낮은 사업(Cash Cow)에서 현금을 창출하여 시장 점유율과 성장율이 모두 높은 미래 유망 사업(Star)에 투자하고 성장율은 높지만 시장 점유율이 낮아 확실한 결단을 내리기 어려운 물음표(Question Mark)사업은 선별 투자하는 방식이다([그림 4−5] 참조).

BCG매트릭스의 백미는 안정적 현금 창출 사업에서 미래 유망 사업에 자금을 지원하여 지속 성장을 도모하는 것이다. 이는 다양한 사업을 영위하는 기업에게 사업 포트폴리오 내에서 수익을 어떻게 순환하고 활용해야 할지에 대한 지침을 제공한다는 점에서 유용하다. 하지만 BCG매트릭스는 개별 사업에서 어떻게 수익을 창출할 것인가에 대한 답은 주지 않는다. 이는 BCG매트릭스가 특정 사업의 수익 창출 방법을 모색하는 것이 주 목적이 아닌 탓도 있지만 이 기법이 개발될 당시

[그림 4-5] BCG Matrix

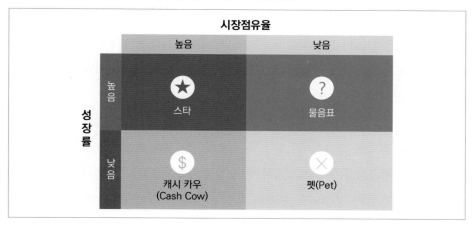

출처: BCG(https://www.bcg.com/about/overview/our-history/growth-share-matrix)

에는 기업의 가치획득 방식이 다양하지 않았기 때문이기도 하다. 그러나 오늘날에
는 고객이 지불한 경제적 대가를 기업이 획득하는 방식이 수없이 다양하다. 일례
로 고객의 결제 방식이 시대에 따라 어떻게 변화했는지 살펴보면 이익공식이 중요
해진 이유를 짐작할 수 있다.

1950년 다이너스 클럽(Diner's Club)은 최초의 신용카드를 발행했다. 사업가였
던 프랭크 맥나마라(Frank McNamara)가 저녁을 해결할 현금이 없는 상황에 대비해
20개의 레스토랑에서 외상으로 식사를 할 수 있는 플라스틱 카드를 고안했다. 이
를 시작으로 신용이 입증된 고객에게 현금 없이도 서비스를 누릴 수 있는 권리를
제공하는 신용카드사가 등장했다. 예를 들어 1958년 아메리칸 익스프레스 컴퍼
니(American Express Company)는 여행과 엔터테인먼트를 위한 카드(Travel and
Entertainment Card)를 출시하여 연회비를 낸 고객에게 자신이 누린 서비스 대가를
매달 일시에 후불로 결제할 수 있는 편의를 제공했다.[10]

은행을 비롯한 금융 기관이 사업에 뛰어들면서 신용카드는 본격적으로 세력을
확장했다. 1958년 캘리포니아의 뱅크 오브 아메리카(BOA: Bank of America)는 뱅크
오브 아메리카드(Bank of Americard)를 발급해서 이자를 대가로 후불결제에 대한
보증 서비스를 제공했다. 1969년에는 IBM의 포레스트 패리(Forrest Parry)가 마그네

틱 카드를 개발하여 신용카드 구현 기술과 사용 지역이 더욱 확대되었다.[11] 1976년 비자(VISA)카드가 등장한 이래 신용카드는 소비자의 지출 가능 범위를 넓혔고, 마침내 20세기 말에는 신용카드 사용에 따른 지출이 소득을 역전하는 현상마저 벌어졌다. 신용기반의 후불결제부터 나누어 결제하는 할부결제에 이르기까지 고객의 지불 방법이 다양해졌다.

신용카드로 인해 다양해진 결제 방식은 인터넷과 디지털 기술의 등장으로 또 한 번 전환기를 맞는다. 1995년 웰즈 파고(Wells Fargo)는 최초의 인터넷 뱅킹을 위한 인프라를 제공했다.[12] 이후 온라인 플랫폼을 통한 거래가 활성화되면서 인터넷 기반 결제 시스템이 확산되고 연이어 모바일 시대가 도래했다. 스마트폰이 주요 결제 수단이 되면서 미국에서는 페이팔(PayPal)과 벤모(Venmo), 우리나라에서는 토스(TOSS)와 카카오뱅크 같은 서비스가 등장했다. 공인인증서 등록부터 시작해 번거로운 송금 절차를 거쳐야 했던 기존 인터넷 뱅킹과 다르게 사전에 등록해둔 인증번호 몇 자리만 입력하면 바로 송금할 수 있는 서비스가 등장한 것이다. 핀테크(Fintech)의 성장은 유통업체가 독자적으로 간편결제시스템을 구축할 수 있게 했다. 2020년, 코로나 바이러스가 전 세계를 강타하자 온라인 세상이 빠르게 확산되면서 비대면 결제 시스템에 대해 남아 있던 장벽마저 허물어졌다. 이에 따라 한국은행 자료 기준, 2019년 대비 2020년 대한민국의 비대면 결제는 16.9% 증가하여 대면 결제가 5.6% 감소한 것에 비해 압도적으로 성장했다(한국은행, 2021).

결제방식의 진화는 현금과 카드를 넘어 블록체인과 가상화폐의 결합으로 이어지고 있다. 지불 방식이 다양해짐에 따라 기업의 경쟁도 치열해지고 있다. 아이러니하게도 지불 수단이 다양해지자 이를 역으로 활용하는 방법도 나타났다. 결제 서비스 제공 기업과 제휴하여 고객의 지불 금액은 낮추고 만족도를 높이면서 그 대가를 온전히 기업에 귀속시키는 이익공식을 만들어 새로운 경쟁력으로 활용하게 되었다. 가치획득 대상이 여전히 고객이라는 점, 다시 말해 이익 창출의 대상이 제품과 서비스의 이용자라는 점은 변치 않았지만 플랫폼 경제에서 기업이 제공하는 서비스의 향유자와 금전적 대가의 회수 대상을 달리하는 이익공식도 등장했다.

결제 서비스의 확장으로 다양한 이익공식을 설계할 수 있게 되었지만, 수익을 우회적으로 회수하는 방안에 대한 논의에는 한계가 있었다. 하지만 플랫폼 경제에서는 대가 청구의 개념 자체가 달라졌다. 알스타인에 따르면 플랫폼 경제에서 플랫폼 소유자나 플랫폼 공급자는 기존 기업들과 다른 이익공식을 갖는다(van Alstyne et al., 2016). 파이프라인 경제가 고객으로부터 수익을 획득하는 1차원 구조였다면 플랫폼 경제는 플랫폼을 가동하는 기업이 중개자가 되면서 이익공식이 변한다. 기존에 공급자로 분류되었던 생산자도 "고객"으로 분류될 수 있기 때문이다. 파이프라인 경제에서는 공급자로부터 원재료를 받아 가공한 뒤 최종 고객에게 판매한다. 하지만 플랫폼 경제에서는 컨텐츠 생산자가 플랫폼 기업에게 컨텐츠를 제공하는 공급자이면서 동시에 플랫폼 사용료를 지불하는 고객이 된다. 이는 플랫폼이 가진 "다방향적(Multi-sided)" 특징에서 비롯된 새로운 이익공식이다.

더 나아가 알스타인은 플랫폼 경제에서 서비스 제공으로 얻을 수 있는 수익은 아주 적다고 말한다. 그도 그럴 것이, 일상생활에서 자주 방문하는 플랫폼 이용자 대부분은 비용을 지불하지 않고 무료로 이용하는 경우가 많다. 그럼에도 불구하고 플랫폼 기반 기업이 부를 축적할 수 있는 원동력은 이용자들이 지불한 금액이 아니라 "상호작용(Interactions)"에 있다. 이용자들이 웹사이트에 접속한다고 바로 현금이 들어오지는 않지만 광고를 통해 이용자 트래픽과 기업의 현금 유입이 연결된다. 광고를 통해 기업은 수익을 획득하고 이용자는 무료로 플랫폼을 쓸 수 있게 된다. 이러한 구조를 이해하기 위해 아래 기사를 살펴보자.

IT거인 구글, 지난해 온라인 광고로 180조 넘게 벌었다[13]

연간으로 구글 서비스 부문 매출은 1,686억 3,500만달러(188조원), 영업이익은 546억달러(61조원)에 달했다. 서비스 부문에서 발생한 수익 대부분이 광고 수익인 점을 감안하면 지난해 구글의 광고 매출은 180조원을 넘어선 것으로 추정된다. 반면 구글이 수익원의 한 축으로 삼고 있는 '클라우드'(가상서버) 사업은 4분기에 12억 4,300만달러(1조 3,865억원) 손실을 봤다. 연간 손실액은 56억달러(6조 2,468억원)에 달했다. 4분기 매출(한화 4조 1,812억원)이 1년 전보다 46% 급증하긴 했지만 경쟁사인 아마존과 마이크로소프트의 벽을 넘기엔 역부족이었다. 사실상 광고 수익이 구글 전체를 먹여 살린 셈이다.

e커머스 강자 아마존, 온라인 광고 '깜짝 질주' - 한국일보 2022.8.4 -

CNBC는 아마존이 온라인 광고시장에서 구글과 메타를 앞지르고 있다고 보도했다...(중략)... 시장조사업체 인사이더 인텔리전스에 따르면 지난해 미국 온라인 광고시장에서 아마존의 시장점유율은 14.6%로 3위에 그쳤다. 구글이 26.4%로 1위를 차지했고 메타가 24.1%로 뒤를 이었다. 아마존은 구글, 메타와 비교해 10% 포인트가량 격차가 벌어진 상황이었다. 하지만 올해 상황이 달라졌다. 아마존은 지난달 28일 2분기 광고 부문 매출이 지난해 같은 기간보다 18% 증가한 87억 6,000만달러(약 11조 4,900억원)를 기록했다고 발표했다. 경쟁사들을 앞서는 수치다. 같은 기간 SNS 업체 스냅의 2분기 광고 매출은 작년보다 13% 증가했고, 구글은 12% 늘었다. 핀터레스트와 트위터는 각각 9%, 2% 증가에 그쳤다. 메타는 1.5% 감소하며 역성장을 보였다.

(...) 지난해 SNS 업체들의 광고 사업은 약점을 드러냈다. 애플이 운영체제(iOS) 개인정보 보호 정책을 강화하기 시작하면서부터다. 애플은 광고를 제공하는 플랫폼이 아이폰 사용자를 추적할 수 없게 정책을 바꿨다. 사용자를 식별할 수 없게 되자 SNS의 개인 타깃 마케팅 효과가 떨어졌다. 광고주를 끌어들일 요인이 사라진 셈이다. 메타가 직격탄을 맞았다. 지난 2월 데이브 웨너 메타 최고재무책임자(CFO)는 "지난해 애플이 정책을 변경한 탓에 광고 수익 100억달러를 잃은 것으로 추산된다"고 밝혔다. 하지만 광고주가 직접 소비자를 특정할 수 있는 아마존에는 큰 영향을 주지 않았다. 순풍을 탄 아마존은 6월에 광고주를 위한 실시간 소비자 분석 서비스인 '마케팅 스트림'을 선보였다. 립스먼 애널리스트는 "경기 침체를 우려하는 기업들이 다른 곳보다 비용 대비 효과가 큰 아마존에 광고 예산을 더 많이 할당하고 있다"며 "아마존의 광고 사업은 e커머스와 시너지 효과를 일으키며 성장하고 있다"고 분석했다.[14]

두 기사에서 구글, 메타, 아마존과 같은 글로벌 빅 테크 기업들이 이익의 상당 부분을 온라인 광고에 의존하고 있음을 알 수 있다. 특히, 애플의 새로운 개인정보 보호시스템으로 인하여 구글과 메타의 온라인 광고 사업이 축소된 반면 이러한 제약을 받지 않은 아마존의 영업실적이 개선된 모습은 흥미롭다. 플랫폼 사용자들의 트래픽을 수익으로 연결하는 온라인 광고가 세계적 테크 기업의 이익공식에서 핵심을 차지하고 있음을 증명해주는 사례다.

위 기사는 고객 활동을 이익으로 환원하는 광고마저 살아남기 위해서는 새로운 가치를 계속 제안해야 함을 보여준다. 아마존의 온라인 광고 서비스가 광고주의 사랑을 받으며 성장 동력으로 자리 잡은 이유는, 광고가 플랫폼 소비자에게 가치를 제공하고 이에 따라 플랫폼 생산자들이 수혜를 입으면서 효과가 입증되었기 때문이다. 수익 창출을 위해 무작정 광고를 하는 대신, 고객에게 유의미한 광고를 제공할 수 있는 플랫폼을 설계하고 그에 맞는 맞춤형 광고를 제공함으로써 아마존은 온라인 광고에서 1위를 달성할 수 있었다.

결국 이익공식은 고객가치제안과 밀접하게 연결하여 설계해야 한다는 뜻이다. 예컨대 광고에 대한 거부반응은 또 다른 유형의 이익공식을 만들어 냈는데 "구독형 모델(subscription model)"이 바로 그것이다. 넷플릭스(Netflix)와 유튜브(YouTube)를 비롯한 OTT(Over-the-top) 플랫폼은 영상물 시청 전후 혹은 중간에 등장하는 광고를 시청자들이 싫어한다는 것을 알고 광고를 없앤 구독형 모델을 제시했다. 이는 매달 일정 비용을 지불하는 대신 광고 없는 양질의 컨텐츠를 소비하고 싶다는 고객 가치를 반영한 이익공식이다.

디지털 시대의 이익공식은 다양한 원천에서 만들 수 있는데 이때 중요한 것이 데이터다. 국내 카드사들이 구글과 같은 대형기업에 데이터를 판매하여 이익을 창출하는 것은 데이터를 이익공식의 원천으로 삼은 좋은 사례이다.[15] 데이터는 인공지능 시대에 더욱 중요해지는데 인공지능의 학습이 데이터를 기반으로 이뤄지기 때문이다. 인공지능을 개발하는 기업이 무료로, 심지어 할인상품권을 제공하면서 이용자에게 자사의 인공지능을 사용해보라고 권하는 이유도 모두 데이터를 확보하기 위함이다.

이익공식은 비즈니스 모델의 다른 구성요소와 밀접하게 연결하여 균형을 맞춰야 한다. 비즈니스 모델의 전략적 활용에서 이익공식이 비즈니스 모델을 구성하는 다른 요소들과 진한 선으로 연결되어 있는 이유다. 가치창출과 가치획득을 의미하는 구역이 지속적으로 순환하는 모습을 띠는 것도 비즈니스 모델을 구성하는 요소들 간의 상호의존성과 순환성을 표현하기 위해서다.

이익공식을 통한 비즈니스 모델 혁신이 항상 최첨단 기술과 플랫폼만을 의미하지는 않는다. 오히려 고객의 심리를 활용하는 경우가 많다. 2003년, 애플이 iPod

를 출시하면서 iTunes에서 음원을 낮은 이윤에 제공한 것이 대표적 사례이다(M. W. Johnson et al., 2008a). 이는 질레트의 "면도기와 면도날" 모델을 뒤집은 것이다. "면도기와 면도날" 모델의 핵심은 교체주기가 긴 면도기 본체 값은 낮추는 대신 소모성 제품인 면도날 가격을 높여 수익을 극대화하는 것이다. 반면 애플의 iPod는 면도날에 해당하는 iTunes의 음악을 저렴하게 제공하는 대신 면도기에 해당하는 iPod를 높은 이윤에 판매하여 이익을 극대화한 사례이다. 이는 고객들이 특정 브랜드에 접근하는 진입장벽을 낮춰 묶어(Lock-in)두고, 상품에 익숙해지면 지속적으로 고수익을 창출하는 방식으로 고객의 가치와 심리 반응을 치밀하게 계산하여 설계한 이익공식이다.

이익공식은 비즈니스 모델을 대표하는 획기적 장치로 다른 요소에 비해 가시적이며 도식화하기 쉽다. 반복적으로 관찰되는 이익공식을 유형화하여 DBM으로 개념화하기 쉬우며, 경쟁사를 벤치마킹하기도 쉽다. 그러나 특정 기업의 이익공식을 무비판적으로 모방하는 것은 오히려 경쟁력을 약화시킬 수 있다. 따라서 이익공식은 반드시 기업이 설계한 SBM의 다른 요소인 고객가치제안, 핵심자원 및 핵심 프로세스와 유기적으로 결합하여 시너지를 낼 수 있어야 한다.

핵심자원: 자원을 어떻게 활용하는가?

1991년 제이 바니(Jay Barney)는 '기업이 환경에 대응하여 내부 강점을 활용하는 전략을 구현함으로써 지속적 경쟁우위를 확보할 수 있다'는 내용의 논문을 발표하였다(Barney, 1991). 자원기반이론의 토대가 된 이 논문에서 그는 자원을 물리적 자본 자원(physical capital resources), 인적 자본 자원(human capital resources), 조직적 자본 자원(organizational capital resources)으로 구분한 다음, 지속가능한 경쟁우위를 가능하게 하는 자원의 특성을 가치(Value), 희소성(Rareness), 모방 불가능성(Inimitability), 대체 불가능성(Non-substitutable)이라는 4가지 척도로 평가할 수 있다고 주장하였다. 나중에 대체 불가능성을 조직 역량(Organization)으로 대체하면서 VRIO라는 분석도구를 완성하였다(Barney, 1995; Barney & Wright, 1998).

그러나 시간이 지나며 자원기반이론 역시 한계를 보였다. 일례로 크라이젠브

링크(Jeroen Kraaijenbrink)와 스펜더(J.C. Spender) 그리고 그로엔(Aard J. Groen)은 자원기반이론에 대한 평가와 비판을 다룬 논문에서 자원준거관점은 "실용 측면에서 경영자에게 시사하는 바가 적고 이론을 적용할 수 있는 범주가 지나치게 제한적"이라고 지적하였다(Kraaijenbrink et al., 2010). 또한, 라도(Augustine A. Lado)는 보이드(Nancy G. Boyd), 라이트(Peter Wright) 및 크롤(Mark Kroll)과 함께 저술한 논문에서 자원준거관점에 대한 다양한 패러독스(paradox)를 언급하며 자원준거관점은 "학문적 엄격함을 요구하는 규범(prescriptive) 시각과 실질적 성과 창출을 요구하는 서술(descriptive) 시각 사이에서 갈등을 겪고 있다"고 주장했다(Lado et al., 2006).

이러한 갈등은 학계 연구자와 실무 경영자 사이에서도 흔히 나타난다. 규범적 이론을 강조하는 연구자는 실무를 개선하고 성과를 창출하리라 기대되는 규칙을 만드는 데 치중한다. 하지만 성과 창출이 중요한 실무 경영자는 그러한 규칙을 따르지 않을 가능성이 높다. 만약 성과를 창출하는 규칙이 있다면, 경쟁자도 전략적 이익을 얻기 위해 그러한 규칙을 동일하게 사용할 수 있으므로 현명한 경영자라면 규칙을 알고 난 후에는 그 규칙과 다르게 행동할 것이기 때문이다(A. M. Brandenburger & Nalebuff, 1995). 톰 코너(Tom Connor)는 자원준거관점이 시장을 일정 수준 이상 점유한 대기업에는 적용 가능하지만 스타트업과 같이 작은 회사는 자원의 안정적 확보가 어렵기 때문에 자원을 기반으로 지속 가능한 경쟁우위를 확보하기 어렵다고 주장했다. 그는 자원준거관점이 실무에서 활용할 수 있는 도구가 되려면 더 많은 연구가 진행되어야 하며, 전통 전략이 제시한 방법을 그대로 활용하여 전략을 수립하는 것은 불가능하다고 강조했다(Connor, 2002).

자원준거관점은 이론의 핵심인 평가 기준에 대해서도 비판을 받았다. VRIO만으로 지속 가능한 경쟁우위의 가능성을 판단하는 것은 논리적 비약이라는 것이다. 4가지 기준이 반드시 중심이 되어야 한다는 증거가 불충분할 뿐만 아니라, 자원과 함께 시너지를 내는 시장, 조직, 개인의 특성을 반영하지 못하고 척도가 명시적으로 정해져 있어 오히려 경영자의 시각을 좁힌다는 지적이다(Kraaijenbrink et al., 2010). VRIO의 의미가 분명하지 않다는 비판도 있다. 예컨대 가치에 담긴 뜻이 장마철에 비 오고 겨울에 눈 내리는 것처럼 뻔하고 당연한 것(경쟁사와 차별화할 수 있을 만큼 다른 기업이 가질 수 없으면서 동시에 가격에 영향을 주지 않도록 비용을 축소할 수 있는 자원)이어서 실무에 기여하는 바가 없다는 지적이다(Wernerfelt, 1995).

정리하자면 자원기반이론은 (1) 전략의 결과물을 측정하는 척도이며 (2) 적용 가능 대상이 자원이 풍부한 대기업 중심이라는 점에서 활용범위가 제한적이고 (3) 이론의 핵심인 평가 기준마저 때에 따라 적합하지 않을 수 있다는 한계가 있다. 이러한 논의들은 자원기반이론의 실무 활용도가 낮은 이유를 설명해준다. 즉, 자원기반이론이 전략을 실행하고 있는 기업의 성과 설명에는 유용하지만 새로운 전략 수립 도구로 활용하기는 어려울 수 있다는 말이다.

비즈니스 모델은 이와 같은 한계를 극복하는 데 도움이 된다. 존슨(Johnson)과 크리슨텐슨(Christensen) 및 카거만(Kagermann)은 비즈니스 모델의 구성 요소인 핵심자원을 "목표 고객에게 가치를 전달하기 위해 필요한 사람, 기술, 상품, 설비, 장비, 채널, 브랜드와 같은 자산"으로 정의했다(M. W. Johnson et al., 2008a). 이러한 핵심자원은 일반 자원과 구별되는 차별화의 원천이다. 비즈니스 모델은 핵심자원을 경쟁우위의 원동력으로 꼽았다는 점에서 자원기반이론과 연결된다. 그러나 비즈니스 모델은 자원을 평가할 특정 척도를 강조하지 않는다는 점에서 자원기반이론과 다르다. 자원기반이론이 받아온 비판의 대부분이 자원을 평가하는 척도에서 비롯되었다는 점을 생각할 때 이는 중요한 차별점이다. 자원기반이론은 어떤 자원이 핵심자원인가를 밝히는 데 집착한 나머지 실무적 의미와 적용 가능성을 잃어버렸고 평가 기준마저 과도하게 단순하고 한정적이어서 폭 넓은 시각을 저해한다는 비판을 받았다. 이에 비해 비즈니스 모델은 어떤 자원이 핵심자원인지 평가하는 데 집착하기 보다 고객과 기업의 가치라는 궁극적 목표 달성의 수단으로 자원을 정의함으로써 어떤 자원을 어떻게 사용할 것인가라는 실용 관점을 중시한다. 그렇다 보니 VRIO에 비해 평가기준이 실용적이며 자원기반이론에 비해 유연하면서도 분명한 목적성을 지닌다.

비즈니스 모델의 실무적 유용성은 디지털 시대에 더욱 빛을 발한다. 디지털 기술의 활용으로 상품 개발 비용이 축소되고 신속한 벤치마킹이 가능해지면서 경쟁은 더욱 심화되고 있다. 그렇다 보니 희소성(Rarity)과 모방 불가능성(Inimitability)을 지닌 자원 확보가 더욱 어려워졌다. 이러한 상황에서 희소성과 모방 불가능성이 높은 자원이 바로 '사람'이다. 다음 사례를 살펴보자.

방탄소년단, 콘서트로 상반기에만 7,540만 달러 수익[16]

방탄소년단은 지난 4월 8~9일, 15~16일(현지시간) 미국 라스베이거스에서 펼친 'BTS PERMISSION TO DANCE ON STAGE - LAS VEGAS'에서 4일간 약 20만 명의 관객과 호흡, 총 3,590만 달러의 티켓 판매액으로 4월 월간 차트의 '톱 투어'와 '톱 박스스코어' 부문을 석권했다. 빌보드는 연간 반기 보고서를 바탕으로 "방탄소년단은 로스앤젤레스 소파이 스타디움(SoFi Stadium)과 라스베이거스 얼리전트 스타디움(Allegiant Stadium)에서 개최된 콘서트 등을 통해 올 상반기 약 7,540만 달러를 벌어들였다. 방탄소년단은 배드 버니(Bad Bunny)와 함께 영어 이외의 언어로 펼쳐진 콘서트로 '톱 투어' 차트 톱 5에 들었는데, '톱 투어' 연간 반기 차트, 혹은 연간 차트 톱 5에 두 명(팀)의 아티스트가 동시에 이름을 올린 것은 역대 최초"라고 설명했다. 방탄소년단은 앞서 'BTS PERMISSION TO DANCE ON STAGE - LA'로 미국 공연 전문 매거진 폴스타(Pollstar) 선정 'LIVE75' 차트에서도 1위를 차지한 바 있다. 빌보드는 당시 방탄소년단의 투어 성과를 집중 조명하며 "빌보드 박스스코어 역사상 여섯 번째로 큰 수익을 올렸다. 방탄소년단은 소파이 스타디움이 올해 재개장한 이래 가장 큰 수익을 올린 아티스트"라고 소개했다.

자원기반이론으로 평가하면 "방탄소년단"이라는 인적 자원은 높은 점수를 받을 것이다. 그룹의 구성원은 희소하며, 완벽한 복제인간을 탄생시키지 않는 한 모방이 어려운 자원이다. 하이브(HYBE)는 방탄소년단의 지적재산권을 활용하여 팬덤을 만들고, 한국 엔터테인먼트 사상 전례 없는 매출기록을 경신했다.

하지만 위와 같이 자원을 평가한다고 해서 전략이 저절로 수립되지는 않는다. 자원을 활용하여 전략을 수립하는 것은 완성된 작품을 보고 감탄하는 것과는 다르다. 방탄소년단도 데뷔할 때부터 매력적인 자원은 아니었다. 목표 고객이 누구이고, 그들에게 전달하려는 가치와 메시지는 무엇인지, 어떤 매체와 수단을 통해 지적재산을 만들고, 어떤 방식으로 수익을 창출하며, 어떤 프로세스로 팀을 유지하고 발전시킬지를 지속적으로 재정의하고 개발하였기에 지금의 방탄소년단이 존재할 수 있었다.

비즈니스 모델은 완성된 전략을 평가하는 데 그치지 않고, 직접 전략 프로세스에 개입하여 자원을 활용하는 방법을 다룬다. 그런 면에서 자원의 특성에만 초점을 맞추어 그 속성을 파헤치는 데 급급했던 자원기반이론의 시각을 넓혀주는 실용도구라 할 수 있다. 고객에게 제공할 가치에 집중하여, 어떻게 이익을 창출하고, 이를 위한 프로세스를 어떻게 설계할지에 대한 전략적 청사진을 그리고 이를 구현하기 위해 어떤 자원을 어떻게 활용해야 할지를 다룬다. 이렇게 함으로써 핵심자원은 비즈니스 모델의 다른 구성요소들과 유기적으로 연결된다.

비즈니스 모델은 전통 전략을 부정하는 대신 전략의 부족한 부분을 보완하고 쓰임새를 분명하게 해주는 도구이다. 비즈니스 모델은 조직역량과 가치라는 모호한 평가기준을 보완하여 VRIO를 전략수립 도구로 전환해준다는 점에서도 의의가 있다. 자원준거관점에서 '자원을 다룰 수 있는 역량' 정도의 의미였던 조직요소가, 비즈니스 모델에서는 자원과 핵심 프로세스의 결합, 자원과 이익공식의 결합으로 '핵심 프로세스를 통해 자원을 활용하는 역량', '자원을 통해 독창적 이익공식을 설계하는 역량' 등으로 구체화되기 때문이다.

크리스텐슨은 핵심자원과 핵심 프로세스의 밀접한 결합뿐만 아니라, 비즈니스 모델의 모든 구성요소가 지속적으로 상호작용해야 함을 강조했다(Christensen & Johnson, 2009). 관련해서 아래 두 기사를 살펴보자.

실적 먹구름 낀 네이버·카카오... 개발자 확보 전쟁 '후유증' 온다[17]

네이버 카카오 등 주요 테크기업이 시장 기대에 못 미치는 2분기 실적을 발표할 것으로 예상된다. 실적 부진의 주요 원인으로는 급증한 인건비가 꼽힌다. 최근 1~2년간 이어진 개발자 스카우트 경쟁과 직원 잡아두기용 연봉 인상이 부메랑이 됐다는 얘기다. (..중략..) 엔데믹으로 비대면 경제 수요가 위축되고 글로벌 경기 둔화로 기업들의 지출이 줄면서 테크기업이 늘려 놓은 인건비는 수익성에 부담 요인이 되고 있다. 네이버의 2분기 영업이익 컨센서스는 3,503억원, 카카오는 1,762억원이다. 전년 동기 대비 증가율은 네이버 4.4%, 카카오 8.4%다. 20%를 웃도는 두 회사의 매출 증가율 추정치에 크게 못 미친다.

韓 개발자 연봉 1억 vs 인도 3,000만원… 해외 인재 모시는 스타트업[18]

여행 스타트업 A사는 1년 동안 개발자를 구하다가 결국 실패했다. 하지만 동남아시아로 눈을 돌려 해외 인력관리 업체를 통하자 1주일 만에 10년 차 베트남 개발자를 찾았다. 연봉은 6,000만원. A사 관계자는 "말레이시아 출신 베테랑도 비슷한 연봉으로 뽑았다"며 "국내에서 비슷한 경력을 가진 사람을 뽑으려 했다면 1억원으로도 쉽지 않았을 것"이라고 했다. 설립 20년 차가 넘은 보안업체 B사는 최근 해외 개발자 5명을 뽑았다. 삼성전자 인도법인에서 풀스택(단독 웹 개발이 가능한 직무) 업무를 맡았던 11년 차 인도인 개발자와 5년 차 백엔드 개발자인 베트남인을 현지 근무자로 채용했다. 이들은 각각 6,000만원대 초반과 3,000만원대 중반 수준의 연봉을 받는다. 개발자 몸값이 치솟으며 스타트업과 테크기업의 해외 개발자 채용이 급증하고 있다. 주로 인도와 베트남 말레이시아 파키스탄 방글라데시 등 동남아 지역 프로그래머를 계약직으로 뽑는 사례가 많다. 현지에 근무시키면서 화상 회의 등을 통해 업무를 지시하거나 업무 능력이 검증된 베테랑들은 직접 국내 본사에 채용하기도 한다. 7일 한국무역협회에 따르면 최근 국내 236개 스타트업을 대상으로 한 조사에서 114곳(48%)이 외국인을 채용했다고 답했다. 이 중 절반 이상인 78개 기업이 현지에서 일하도록 계약을 맺었다. 또 전체 조사 대상 기업의 78%(185개 기업)가 "앞으로 외국인을 채용할 의향이 있다"고 했다.

팬데믹(Pandemic)과 엔데믹(Endemic)이라는 환경변화로 기업의 이익공식과 자원 조달방법이 달라지는 것에 관한 기사다. 비즈니스 모델 관점에서 보면 디지털 기업의 이익공식과 핵심자원이 긴밀하게 연결되어 유연하게 움직인다고 해석할 수 있다. 팬데믹으로 증가한 디지털 기술 수요에 맞추어 인적 자원을 확보했지만, 엔데믹으로 그 수요가 감소하면서 인건비 부담이 늘어나는 환경에서, 대체 자원 확보로 안정적인 이익공식을 유지하려는 모습이다.

비즈니스 모델의 변화 속에서 자원기반이론은 확보한 자원과 대체할 자원을 비교하는 척도로 활용할 수 있다(Kraaijenbrink et al., 2010). 확보한 자원이 얼마나 희소하고 모방이 어려운지, 기업과 고객의 가치 실현에 얼마나 영향을 주는지 판단하고, 대체 자원이 그 기준을 충분히 만족시킨다면 핵심자원 조달 방법을 조정할 수 있다는 뜻이다. 물론, 거래 비용 경제학(TCE: Transaction-cost economy)이 이러한 내용을 다루지만, 크라이젠브링크는 자원준거관점이 해당 경제학의 내용을 보완하는 이론이 될 수 있다고 주장한다. 결론적으로 비즈니스 모델에서 다루는 핵심자원은 가치창출과 가치획득 과정에서 자원을 어떻게 활용해야 하는지를 알려주는 가이드 라인으로 자원기반이론의 한계를 넘어 유연한 전략적 대처를 가능하게 해주는 장치이다.

핵심 프로세스: 유연함과 간결함

마이클 포터는 전략 운영 프로세스가 경쟁우위가 될 수 있다며 주요 활동(Primary Activities)과 지원 활동(Supporting activities)으로 구분되는 가치사슬 분석(Value Chain Analysis)을 제안했다. [그림 4-6]에서 보듯이 주요 활동은 상품을 생산하고 고객에게 전달하기 위한 물류투입(Inbound Logistics), 운영(Operation), 물류산출(Outbound Logistics), 마케팅과 판매(Marketing and Sales), 서비스(Service) 같은 활동으로 구성된다. 지원 활동은 주요 활동을 지원하는 활동으로 기업 설비(Firm Infrastructure), 인적자원 관리(Human Resource Management), 기술개발(Technology Development), 조달(Procurement)로 이루어진다(Porter, 2008, pp. 69-103).

포터는 가치사슬 분석에 기반한 원가우위 또는 차별화 전략을 통해 경쟁우위를 확보할 수 있다고 주장했다. 그러나 디지털 기술에 기반한 플랫폼 경제의 출현으로 이러한 주장은 도전을 받았다. 닐로퍼 머천트(Nilofer Merchant)는 가치사슬 분석은 가격 경쟁에 좌우되는 대량 판매 시장(Mass Market)에나 적용 가능하다고 주장했다(Merchant, 2012). 기업을 가치사슬의 처음에, 고객을 가치사슬의 끝에 배치하는 형태는 파이프라인 경제에서나 적합한 모델이라는 뜻이다. 플랫폼 경제에서는 고객이 가치사슬의 출발점이 되기도 하고, 가운데 위치하기도 한다. 예컨대, 기업이 맞춤 서비스를 제공할 때 고객은 가치사슬의 가운데에 위치한다. 만약 단일 고객이 아닌 수많은 고객을 대상으로 온-디맨드 서비스를 제공한다면 가치사슬의 가짓수는 걷잡을 수 없이 많아질 것이다(Bashir & Verma, 2017).

[그림 4-6] 가치사슬

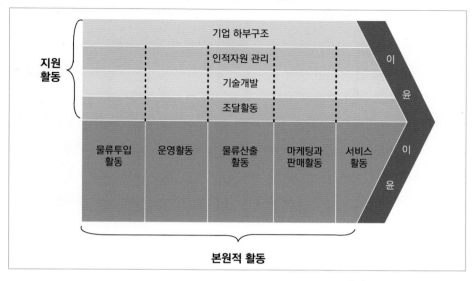

출처: Porter, 2008. p. 73

　가치사슬 분석만으로 시대 변화를 반영하기 어렵다는 평가는 비즈니스 모델의 활용 가능성을 높여준다. 이에 대해 포터는 그가 만든 활동 시스템 지도(Activity System Map)가 비즈니스 모델과 별반 다를 것이 없다고 반박했다. 활동 시스템 지도는 [그림 4-7]에 있는 사우스웨스트 항공 사례에서 보듯이 기업이 제공하는 가치가 기업 활동을 통해 어떻게 구현되는지를 표현한 지도로 상위 가치를 하위 기업활동과 연결한 것이다(Porter, 1996).

　그러나 포터가 제시한 활동 시스템 지도는 실무에서 전략을 수립할 때 사용하기에는 과도하게 복잡하다. 사우스웨스트 항공의 활동 시스템 지도의 경우 6개의 핵심 가치와 12개의 하위활동이 그물망처럼 연결되어 있는데 항공산업에 처음 진입하는 기업이 운영 경험도 없이 이 같은 수준의 복잡한 분석을 거쳐 전략을 수립하기란 쉬운 일이 아니다. 설사 그릴 수 있다 한들 이러한 분석을 통해 일선 실무자가 고객 가치 실현을 위해 어떤 프로세스로 일해야 하는지를 정리하고 설명하기는 어렵다. 따라서 일선 경영 현장의 현실을 고려할 때 활동 시스템 지도는 기업의 현황을 기록하는 DBM으로로 활용할 수는 있지만, 무에서 유를 창조해야 하는 SBM

에 적용하기는 어렵다.

　반면, 비즈니스 모델의 핵심 프로세스는 가치사슬보다 유연하고 활동 시스템 지도보다는 간결한 틀을 제시한다. 고객의 위치와 활동 순서를 고정하지 않으며, 기업이 지향하는 모든 가치와 활동의 연관성을 표시하지도 않는다. 크리스텐슨은 핵심 프로세스를 '반복적으로 규모를 확장하며 가치를 실현하게 하는 운영 및 관리 과정'이라고 정의했다(Christensen & Johnson, 2009). 그는 핵심 프로세스에 훈련, 개발, 생산, 예산, 계획, 판매와 서비스가 모두 포함될 수 있으며, 조직의 규칙, 평가척도, 규범이 반영되어야 한다고 주장했다. 결국 핵심 프로세스란 성과 창출에 초점을 두고 다른 기업과 차별화된 가치 실현을 위해 해야 할 일을 정리한 것이라 할 수 있다.

[그림 4-7] 사우스웨스트 항공의 활동 시스템(Activity System)

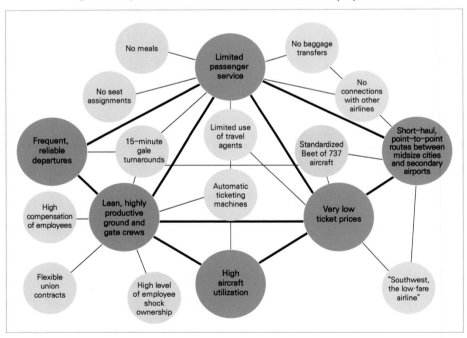

출처: Porter, 1996, p. 73

비즈니스 모델은 고객가치제안, 이익공식, 핵심자원과 핵심 프로세스 간의 상호작용을 중요시한다. 크리스텐슨은 핵심자원과 핵심 프로세스는 사실상 분리하기 어렵다고 할 정도로 두 요소의 결합을 강조했다. 이 두 요소는 제안 가치를 분명히 하고, 가치획득을 위한 이익공식 설정을 전제로 실행방안을 계획한다. 물론 핵심 자원과 프로세스가 역으로 고객가치제안과 이익공식을 수정할 수도 있다. 이렇듯 비즈니스 모델의 핵심 프로세스는 산업구조분석에서 내부자원과 역량 분석으로 이어지는 전통 전략의 단방향 프로세스와 달리 쌍방향 프로세스이다.

비즈니스 모델에서 핵심 프로세스는 경쟁력 강화와 이익 극대화를 목적으로 가치를 전달하고 획득하는 과정을 구체화하는 데 중점을 둔다. 독특하고 매력적인 목표를 세우는 것만으로 성과를 창출할 수는 없기 때문에 시장을 발굴하고 독창적 가치를 구현하여 경쟁우위를 얻으려면 그에 맞는 프로세스를 만들어야 한다. 핵심 프로세스를 통한 차별화 사례로 바이오 산업의 신흥 강자가 된 플래그십 파이어니어링(Flagship Pioneering)과 CEO 누바 아페얀(Noubar Apeyan)에 대해 살펴보자.

80여 개 바이오 벤처의 '아버지'... 모더나를 '백신왕국'으로 키우다[19]

모더나가 코로나19 백신을 내놓으면서 유전물질인 메신저리보핵산(mRNA)을 약으로 만드는 시대가 열렸다. 스테판 방셀 모더나 최고경영자(CEO)는 이 신약 개발을 주도한 것으로 유명하다. 하지만 모더나라는 기업을 만든 인물은 따로 있다. 모더나 회장을 맡고 있는 미국 바이오 전문 벤처캐피털(VC) 플래그십 파이어니어링 CEO 누바 아페얀이다. 모더나는 플래그십 파이어니어링이 키운 80여 개 기업 중 하나다. 그는 2011년 프랑스 대형 진단업체 비오메리의 CEO였던 방셀을 설득해 모더나 경영을 맡도록 했다.
(...중략..)플래그십 파이어니어링은 초기 투자에 방점을 둔 일반적인 VC와는 사업모델이 조금 다르다. 아페얀 회장은 사업화 할 만한 아이디어를 직접 뽑아낸다. 이후 자체 연구 인력을 통해 이 발상의 사업화 가능성을 검토한 뒤 관련 지식재산권을 확보하고 인재를 영입한다. 창업을 주도할 뿐 아니라 모든 투자 단계에서 자금 조달을 자체적으로 진행하고 있다. 이렇다 보니 투자 기업이 기업공개(IPO)를 할 때 플래그십 파이어니어링 지분율이 50~60%에 달한다. (...중략..) 아페얀 회장은 플랫폼 형태의 사업모델을 갖춘 바이오 기업을 육성하는 데 승부를 걸었다. 지금이야 플랫폼 경제가 익숙해진 시기지만 플래그십 파이어니어링 사업 초기인 2000년대 초

반만 해도 mRNA 같은 플랫폼보다는 특정 소수 약물을 상업화하는 사업모델이 대세였다. 여기에 닷컴 버블로 바이오 산업에 대한 관심도 시들했던 상황이었다. 그럼에도 그는 '플랫폼 바이오'에 대한 고집을 버리지 않았다. 실패를 우려하는 그에게 "완전히 새로운 분야라면 그 어떤 혁신이라도 가치가 있다"는 팩커드의 조언이 힘이 됐다.

지난달 기준 모더나가 개발 중인 신약후보물질 수는 46개에 이른다. mRNA를 처음부터 신약 개발플랫폼으로 고려하지 않았다면 창업 13년 차 기업이 이렇게 많은 후보물질을 갖는 건 불가능했다는 평가다. 오미크론 변이 대응용 백신을 포함해 임상 마지막 단계인 3상에 이른 백신만 4개. 아페얀 회장은 "모더나의 가치는 백신이 아니라 플랫폼에 있다"며 "46개 약물 후보 중 일부는 성공할 것"이라고 강조했다.

"우리는 인류의 건강과 지속가능성을 혁신하고 바이오 플랫폼 회사를 건설한다(We create breakthroughs in human health and sustainability and build bio−platform companies)."[20]

이는 플래그십 파이어니어링의 기업 미션이다. 바이오 플랫폼이란 복수의 의약품, 농업 혹은 지속가능성과 관련된 제품 생산의 기반이 되는 바이오 공학 기술을 뜻한다.[21] 예전의 제약 산업은 질병의 원인을 추적한 후 관련 치료법을 개발하는 사업모델을 고수했다. 이 때문에 개발할 수 있는 약품 수가 한정되었다. 새로운 질병에 관한 프로젝트에 착수하지 않으면 개발 투자도 하지 않았기 때문에 신약이 필요한 경우 신속하게 대응하기 어려웠다. 하지만 바이오 플랫폼은 신약 개발의 핵심 원리(예: DNA, mRNA 등)를 연구하여 관련 바이오 기술을 확보한 후 연관된 새로운 질병이 발견되면 이를 즉각 적용하여 신약 공급 시간을 단축하는 사업모델이다. 마치 네이버가 검색 플랫폼을 기반으로 온라인 리테일, 미디어 컨텐츠, 금융업 같은 새로운 산업에 빠르게 침투하면서 범위를 확장한 것과 비슷한 원리다.

코로나 바이러스로 인한 팬데믹 이후 일반인에게도 유명해진 모더나(Moderna)는 플래그십 파이어니어링이 육성한 바이오 기업으로, 백신 개발의 주요 단서인 메신저리보핵산(mRNA) 관련 기술을 미리 개발하고 바이러스가 공격을 시작하면 최단 시간에 백신을 개발할 수 있는 바이오 플랫폼 사업모델을 가지고 있다. 2000

년대 초반 플래그십 파이어니어링의 창립자 누바 아페얀 회장이 바이오 플랫폼을 기업의 핵심 가치로 설정했을 때엔 회의적 시각이 팽배했다. 복수의 약품에 적용 가능한 인체의 핵심을 연구하는 것은 막대한 투자를 필요로 할 뿐만 아니라, 명확한 목적이 없는 연구는 헛수고라는 입장이 지배적이었기 때문이다. 하지만 시간이 지나, 전염병에 대한 경각심이 높아지고, 백신의 빠른 조달이 결정적 사안이 되자 바이오 플랫폼 사업은 탁월한 비즈니스 모델 혁신이었음이 입증되었다.

플래그십 파이어니어링은 바이오 관련 사업을 지원하는 벤처 캐피탈이다. 누바 아페얀 창립자가 바이오 플랫폼 같은 미래지향적 비즈니스 모델을 추구한 탓에 플래그십 파이어니어링은 벤처 캐피탈로서 전례 없는 성과를 자랑하고 있다. 통상 벤처 캐피탈은 유망 스타트업을 발굴하고 초기 자본을 투자한 다음, 투자한 기업이 성장하여 인수 합병되거나, 주식시장에 상장할 때 이익을 회수한다. 하지만 아페얀 회장은 방식을 달리했다. 플래그십 파이어니어링 자체적으로 사업 아이디어와 관련된 기술자를 선임하고, 스타트업을 구상하여 자금을 지원하는 방식으로 기업을 육성했다. 자연스레 플래그십 파이어니어링의 지분이 증가하고, 기업공개 때 차지하는 비중과 이익을 극대화할 수 있었다.

플래그십 파이어니어링이 주도한 바이오 플랫폼 사업과 스타트업 육성 방법은 기업 철학 실현을 위해 비즈니스 모델 구성요소 중에서 핵심 프로세스를 차별화한 것이다. 기업이 추구하는 가치가 핵심 프로세스(바이오 플랫폼과 벤처 투자)에 담겨 있으며, 이를 실현하기 위해 전략수립자와 이행자가 긴밀하게 상호작용했다. 전략가가 바이오 플랫폼과 각 벤처의 사업 방향을 명확히 인지하고 이에 따른 인적, 물적 자원을 전폭적으로 지원했다. 이를 통해 핵심 프로세스가 성공적으로 이행될 경우 타 기업에 비해 압도적 수익을 획득할 수 있는 구조를 만들었다. 이는 비즈니스 모델의 각 요소가 분리되지 않고 핵심 프로세스 안에 잘 녹아 있는 사례이다.

전통 전략은 전략수립에 비해 실행과 운영을 소홀히 다룬 면이 있다. 가치를 창출하면 가치획득은 자연스레 따라오는 것으로 여길 만큼 가치획득을 위한 이익공식과 핵심 프로세스에 대해 구체적이지 못했다. 하지만 플래그십 파이어니어링의 사례는 가치획득 과정 자체가 기업의 주요 목표이자, 지속적인 경쟁우위를 달성하는 핵심전략이 될 수 있을 보여준다.

비즈니스 모델의 변화관리

전통 전략이 전략수립 과정에서 산업, 자원, 역량의 순차 분석에 주목하였다면 비즈니스 모델은 고객가치제안, 이익공식, 핵심자원, 핵심 프로세스 사이의 연결을 더 중시한다. 파이프라인 경제에서는 순차 분석이 자연스러웠지만 플랫폼 경제에서는 요소 간 상호의존성을 반영한 네트워크 분석이 필요하다.

일반적으로 전통 전략은 연역적 사고에 기반하여 다음과 같은 순서로 전략을 수립한다. 중장기 관점에서 (1) 산업구조분석을 통해 산업 매력도를 확인하고 이를 기준으로 진입 대상 시장을 정하며, (2) 보유 자원과 역량 분석을 통해 자원의 준비상황을 점검한 뒤 (3) 차별화 혹은 원가우위 중 어느 방향을 전략의 지향점으로 삼을지를 결정하고 (4) 실행 차원의 기업 활동을 정리한다. 하지만 플랫폼 경제에서는 고객이 가치사슬의 끝에 위치하는 선형 모델이 적합하지 않은 시장이 나타난다. 디지털 기술의 발달에 따른 산업구조의 변화로 환경의 불확실성도 갈수록 심화되고 있다. 이러한 상황에서 비즈니스 모델이 전략의 새로운 도구로 고려되는 것은 자연스러운 현상이다.

비즈니스 모델은 전략에 비해 역동적인데 이러한 역동성을 생애주기로 정리한 학자들이 있다. 카발칸테(Cavalcante)는 기업이 상황에 따라 비즈니스 모델을 창조(Creation), 확대(Extension), 개혁(Revision), 종료(Termination)해야 한다고 주장했다(Cavalcante et al., 2011). 비즈니스 모델이 경영전략의 뼈대가 되는 만큼, 수립된 전략의 원형을 고수하는 데 집착하지 말고 전략 이행 과정에서 나타나는 환경변화에 맞춰 유동적으로 변경해야 한다.

[그림 4−8]에서 I, II, III, IV는 각각 창조, 확장, 개혁, 종료 단계를 나타낸다. 창조 단계에서는 아이디어를 구체화하여 새로운 사업을 시작하기 위한 모델이 필요하다. 이 때는 아직 충분한 정보와 경험이 축적되지 않았기 때문에 고객, 공급자, 경쟁자 등에 관한 분석과 그에 따른 비즈니스 모델이 아이디어나 가설로 남아있으며 실제 현장에서 부딪히며 조정된다(Harper, 2002). 이 시기에 구성원의 사기와 열

정이 가장 높지만 그만큼 불확실성이 높고 애매한 기간이 얼마나 지속될지 알 수 없다는 위험이 있다. 이처럼 무에서 유를 창조하는 단계에서 비즈니스 모델은 중추적 역할을 한다. 특히 DBM을 활용한 경쟁자 분석은 시장 흐름을 파악하고 차별화 전략을 수립하는 데 유용한 데이터를 제공한다. 경쟁기업의 전략을 완벽하게 파악할 수 있는 것은 아니지만 DBM 분석을 통해 경쟁기업의 사업유형을 파악하고 이를 자신만의 독창적이고 차별화된 SBM 수립을 위한 통찰력으로 활용할 수 있다.

[그림 4-8] 비즈니스 모델의 변화

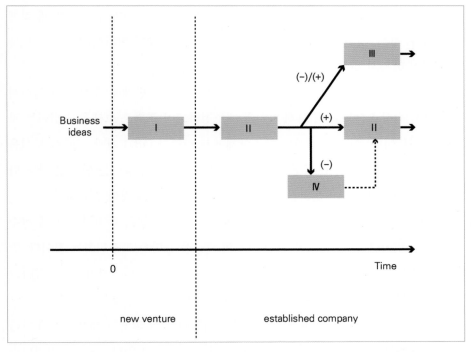

출처: Cavalcante et al., 2011

창조 다음은 확장이다. 이 단계는 사업 확대를 위해 기능이나 활동을 추가하는 시기이다. 현장에서 발견한 정보에 기반하여 비즈니스 모델의 한계를 보완하는 단계이다. 이때 완전히 새로운 비즈니스 모델을 재정립하기보다는 고객가치제안 단계에서 목표 고객을 추가하거나, 상품 라인을 추가하는 방식으로 진행하는 것이 바람직하다. 이 단계에서는 중간관리자를 비롯한 일선 직원의 역할이 중요하다. 그들은 현장의 전술이 SBM에서 의도한 대로 이행되는지, 고객이 다른 가치를 요구하지 않는지 등을 파악할 수 있기 때문이다. 또한 현장에서 맞닥뜨리는 경쟁사들의 전략을 DBM으로 정리할 수도 있고 이렇게 수집한 인사이트(insight)를 다시 SBM 확장에 활용할 수도 있다.

세 번째는 개혁단계이다. 개혁은 기존 것을 삭제하고 새로운 대안을 찾는 과정이다. 창조가 무에서 유를 만들고, 확장이 기존의 흐름에 추가 요소를 더한다면, 개혁은 기존 흐름을 완전히 바꾼다. 이러한 형태의 비즈니스 모델 혁신은 상당한 비용과 노력이 요구되므로 쉽게 이행해서는 안 되며 근본적 변화가 필요할 때 진행해야 한다. 사회, 정치적 이슈로 외부환경 및 대중의 잣대가 변하여 비즈니스 모델의 개혁이 반드시 필요할 때 진행한다.

개혁 단계에서 DBM과 SBM을 활용하는 방법은 확장단계와 유사하다. 일선현장과 본사의 상호작용 속에 고객 가치를 재조정하고 비즈니스 모델을 수정하는 과정이기 때문이다. 이 과정에서는 창조단계에서 정리한 DBM 기반 경쟁자 분석을 유용하게 활용할 수 있다. 급진적으로 비즈니스 모델을 수정하는 단계인 만큼 다양한 데이터에 기반하여 성과를 만들 수 있는 모델을 찾는 것이 중요하다.

마지막 단계인 종료는 성공적이지 못한 비즈니스 모델을 적절한 시기에 철수하는 것을 의미한다. 사업 혹은 기업 전체의 활동을 중단하고 정리하는 것이다. 만약 특정 사업의 폐지가 기업 전체 활동의 중단이나 파산을 의미하지 않는다면 [그림 4-8]에서 확인할 수 있듯이 다시 두 번째 확장단계로 돌아가게 된다.

DBM과 SBM의 개념은 비즈니스 모델을 기업이 처한 환경과 생애주기에 따라 어떻게 활용할 지를 명확히 구분해 준다는 점에서 의의가 있다. 동시에 비즈니스 모델이 단순히 전략을 생산하는 도구에 그치지 않고 구성원들이 각자의 위치에서 전략에 대해 이해한 바를 설명하고 솔루션을 모색하는 기본 틀을 제공하는 커뮤니케이션 도구가 된다는 면에서도 중요하다.

비즈니스 모델은 멈추면 죽는다. 영원히 지속가능한 경쟁우위는 존재하지 않기 때문이다. 계속해서 혁신과 진화를 거듭해온 후지필름 이노베이션과 정통 비즈니스를 고집했던 코닥의 상반된 결말은 이러한 주장을 뒷받침한다.

필카는 잊어라... 후지필름은 이제 바이오 반도체 社[22]

2012년 미국 코닥이 파산했다. 필름 카메라의 종말을 알리는 소식이었다. 업계 2위였던 후지필름의 운명도 크게 다르지 않을 것이라고들 했다. 그로부터 약 10년 후. 예상은 틀렸다. 후지필름은 사상 최대 실적 행진을 이어가고 있다. 주가도 상승세다. 후지필름은 축적된 기술을 신사업에 접목해 위기를 벗어났다.

(..중략..) 본업을 버린 게 약이 됐다. 후지필름은 2006년 헬스케어·화장품 시장에 뛰어드는 등 신사업에 나섰다. 지난 3월 말 기준 후지필름 매출에서 헬스케어와 머티리얼즈(반도체 소재 등)가 차지하는 비중은 48.01%에 이른다. 카메라 관련 사업(이미징 부문)의 매출 비중은 13.01%에 불과하다. 2000년만 해도 60% 이상의 매출이 카메라 관련 사업에서 나왔다. 완벽한 변신에 성공했다.

필름 기술을 활용해 그 영역을 넓혔다. 2006년 시작한 화장품 사업이 대표적이다. 후지필름은 필름과 피부의 주성분이 콜라겐으로 같다는 점에 착안해 화장품 사업에 뛰어들었다. 사진이 노랗게 바래는 것을 막는 기술을 활용하면 피부의 주름 등 노화를 억제할 수 있다는 아이디어였다. 이후 바이오 사업에도 진출했다. 가장 쉬운 건 진단용 의료기기 사업이었다. 엑스레이 필름과 초소형 내시경 등은 기존 카메라와 필름 기술을 활용해 따라잡을 수 있었다. 여기에 신약개발 부문까지 발을 들여놓았다.

(...중략...) 최근엔 반도체 소재 사업도 주목받고 있다. 후지필름은 포토레지스트 분야에서 세계 시장 점유율 5위를 기록 중이다. 포토레지스트란 반도체 원판인 웨이퍼 위에 회로 패턴을 형성하는 데 꼭 필요한 기술인데, 사진 인화 기술과 비슷하다. 후지필름의 실적은 사업의 무게추를 신사업으로 옮겨갈 때마다 개선됐다. (...중략...) 후지필름은 올해 매출과 영업이익이 전년 대비 각각 14%, 2% 증가한 2조 5,000억엔과 2,000억엔이 될 것으로 보고 있다. 후지필름 측은 "CDMO에 더해 반도체 관련 소재, 디스플레이 재료 등의 매출 증가가 실적 개선에 기여했다"고 밝혔다. 일본 증권가에선 이마저 '보수적'이라는 평가가 나온다.

2021년 4월 1일, 후지필름 Xerox(Fujifilm Xerox)는 후지필름 비즈니스 이노베이션(Fujifilm Business Innovation)으로 사명을 변경했다. "혁신에서 비롯한 가치(Value from Innovation)"를 추구하고 비즈니스 모델 혁신을 지속해 더 넓은 비즈니스 영역으로 뻗어가겠다는 의지를 담은 결정이었다.[23] 비즈니스 모델의 역동적 변화는 후지필름이 환경 변화에 맞서 성과를 창출하는 데 기여했다.

코닥과 후지필름은 모두 필름 생산자로 시작했다. 한때 필름시장의 80퍼센트를 코닥이 장악한 반면, 후지필름은 17퍼센트에 불과할 정도로 뒤져 있었다.[24] 하지만 2012년 코닥은 파산 신청서를 제출한 반면 후지필름은 여전히 성공가도를 달리고 있다. 코닥과 후지필름 모두 디지털 시대의 도래를 가늠하고 있었다. 하지만 두 기업이 디지털 시대를 맞이하는 방법에 차이가 있었다. 사진 산업의 디지털 전환을 상징하는 상품이 디지털 카메라다. 1990년대 등장한 디지털 카메라는 1975년에 코닥의 연구원 스티브 새슨(Steve Sasson)에 의해 '필름 없는' 카메라로 개발되었다.[25] 하지만 당시의 코닥 경영진은 "그거 귀엽네, 그런데 그 누구에게도 말하지 마(That's cure — don't tell anyone about it)"라고 할 정도로 냉랭한 반응을 보였다.[26]

1970년대, 코닥은 필름산업에 주력하고 있었다. '면도기 – 면도기날' 비즈니스 모델을 활용하여 카메라 본체를 저렴하게 제공하는 대신 교체주기가 짧은 필름 가격을 높여 수익을 창출하고 있었다. 그런 상황에서 필름이 필요 없는 카메라는 위협으로 느껴질 수밖에 없었다. 필름이 필요 없다면 '면도기 – 면도날' 비즈니스 모델이 유지될 수 없기 때문이다(Bereznoi, 2015). 과거의 비즈니스 모델 유지를 위해 코닥은 스티브 새슨에게 당분간 디지털 카메라에 대해 함구할 것을 지시한다. 디지털이라는 새로운 환경이 도래했음에도 기존 비즈니스 모델을 확장하거나 개선하지 않았다. 자연스레 소니, 캐논을 비롯한 경쟁기업은 코닥이 점유했던 시장을 갉아먹기 시작했고, 2012년 눈부신 역사를 자랑하던 코닥은 결국 파산했다.

코닥과 달리 후지필름은 디지털 시대의 도래에 민첩하게 반응했다. "우리는 어떤 사업에 종사하는가? 카메라 필름 사업인가, 이미징(Imaging) 사업인가?"라는 질문을 통해 자신을 이미징과 디지털 기술 사업을 하는 회사로 재정의하였다. 그 결과 1983년, 최초로 디지털 엑스레이 진단 기계를 개발했다.[27] 더 나아가 이미징, 정보, 문서의 3가지 솔루션을 추구하는 회사로 변신했다. 보유한 기술과 자원으로 제안할 수 있는 새로운 가치를 발굴하고 비즈니스 모델 개선을 통해 회사를 혁신했다. 그 결과 2006년에는 화장품 산업에까지 진출하여 세상을 놀라게 했다. 사진의 품질 유지에 사용하던 콜라겐을 스킨케어 제품으로 발전시켜 새로운 고객가치와 핵심자원에 기반한 새로운 비즈니스 모델을 만들었다.[28] 이후에도 후지필름은 헬스케어와 의료 산업에 공격적으로 진입하며 비즈니스를 끊임없이 확장해가고 있다.

출발점은 동일했지만 기존 비즈니스 모델에 안주하려는 태도와 끊임없이 혁신과 변화를 추구하는 태도의 차이가 도착점을 다르게 만들었다. 후지필름은 새로운 고객 가치를 발견하고 이를 충족시키기 위해 비즈니스 모델을 혁신했다. 비즈니스 모델의 지속적인 개선과 확장이야말로 후지필름의 현재를 가능하게 만든 경쟁력이다. 한편, 코닥은 최초의 디지털 카메라 기술을 보유했지만, 당시의 비즈니스 모델에 적용할 수 없다는 안일한 이유로 황금알을 낳는 오리를 제 발로 걷어찼다.

'지속가능한 경쟁우위'라는 말은 어찌 보면 모순적 표현이다. 말렌 피올(C. Marlene Fiol)은 "역량과 자원, 그리고 조직이 이를 활용하는 방법은 지속적으로 변화해야 하며, 이는 계속해서 변화하는 일시적 경쟁우위를 만들어낸다"고 주장했다(Fiol, 2001). 따라서 지속가능한 경쟁우위란 하나의 경쟁우위를 지속적으로 유지하는 것이 아니라 새로운 경쟁우위를 지속적으로 만들어 내는 것을 의미하며 그렇게 확보한 일시적 경쟁우위의 연속으로만 확보가 가능하다.

유연한 변화가 가능한 비즈니스 모델은 지속가능한 경쟁우위 확보에 필요한 도구를 제공한다. 영원한 경쟁우위가 없듯, 영원한 비즈니스 모델도 없다. 비즈니스 모델이 경쟁력이 되기 위해서는 후지 필름과 코닥의 사례에서 보듯, 작은 단서에도 민첩하게 반응하여 비즈니스 모델을 혁신해야 한다. 비즈니스 모델이 혁신을 멈추면 비즈니스 모델을 기반으로 한 경쟁우위도 그 생명력을 다하기 때문이다.

지금까지 IMPECS의 세 번째 구성요소인 비즈니스 모델 수립(Establish business model)에 대해 살펴보았다. 우선 성과 창출 전략을 위해 비즈니스 모델이 필요한 이유를 살펴보고 비즈니스 모델 논쟁사를 통해 서술적 비즈니스 모델(DBM)과 전략적 비즈니스 모델(SBM)을 설명하였다. 마지막으로 비즈니스 모델을 활용하여 어떻게 성과 창출 전략을 만들 수 있는지를 비즈니스 모델의 구성요소별로 다루었다. 지금까지의 논의를 토대로 비즈니스 모델을 활용한 성과 창출 전략의 비밀을 정리하면 [그림 4-9]와 같다.

[그림 4-9] 비즈니스 모델과 전략의 통합 프레임워크

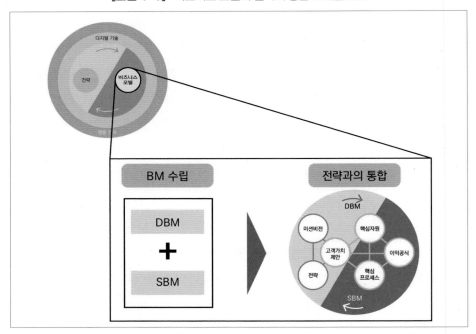

DBM: Descriptive Business Model, SBM: Strategic Business Model

05

디지털 기술로 혁신하라

인질 중 한 명이 총상을 당하자 경찰은 치료를 핑계로 간호사로 변장한 경찰을 들여보낸다. 동시에 최근에 만들어 도면에 표시되지 않은 비밀 환풍구를 통해 무장경찰을 투입한다. 지휘본부와 무장경찰은 강도 일행이 모르는 주파수를 통해 교신을 하며 진입작전을 펼친다. 무장경찰이 진입 목표지점에 거의 다다랐을 즈음에 주파수 교란이 발생해 지휘본부와 진입경찰 사이의 교신이 두절된다. 간호사로 변장해 들어갔던 경찰이 지휘본부로 돌아와 계획이 틀어졌음을 알리고 지휘를 맡은 경감은 다급하게 철수할 것을 명하지만 교신 두절로 진입경찰에게 내용이 전달되지 않는다. 진입작전이 실패로 끝나려는 찰나, 무전기를 통해 "함정"이라는 단어가 가까스로 전달되고 이를 들은 무장경찰은 진입을 포기한 채 서둘러 철수한다.

(『종이의 집』 파트1, 제5화)

❶ 디지털 기술 활용의 필요성

전략과 기술 맞추기

지휘본부와 진입경찰은 교신을 위해 서로 주파수를 맞춘다. 그래야 의사소통을 할 수 있기 때문이다. 하지만 주파수 교란으로 교신이 두절되자 서로 상황을 알 수 없게 된다. 함정인 줄 모른 채 작전을 진행했더라면 참사를 당할 뻔했다. 성과 창출을 위한 통합전략모델 IMPECS에서 디지털 기술을 활용하는 것도 이와 마찬가지이다. 전략과 디지털 기술이 서로 맞지 않아 의사소통이 되지 않으면 전략의 효율성이 떨어지고 성과를 거두기 어렵다.

'맞추다'는 단어를 사전에서 찾아보면 "틀리거나 어긋남이 없이 서로 일치되어 꼭 맞도록 하다"(새 우리말 큰사전) 또는 "서로 어긋남이 없이 조화를 이루다"(표준국어대사전)로 뜻을 풀이하고 있다. 따라서 전략과 디지털 기술을 맞춘다는 것은 전략과 디지털 기술이 서로 일치되어 어긋남이 없이 조화를 이루는 것을 말한다. 여기서 중요한 것은 "서로"라는 말이다. 이 말은 짝을 이루거나 관계를 맺고 있는 상대를 모두 지칭할 때 쓰는 단어이다. 그러므로 전략과 디지털 기술을 맞춘다는 말은 어느 하나가 다른 것을 일방적으로 따라가는 것이 아니라 전략에 맞도록 디지털 기술을 활용하는 것과 디지털 기술에 맞게 전략을 조절하는 것 모두를 뜻한다. 이처럼 전략과 디지털 기술을 서로 맞추는 일은 한 번에 되지 않고 [그림 5-1]에서 보듯이 전략에서 디지털 기술로, 다시 디지털 기술에서 전략으로 오가며 이루어진다.

[그림 5-1] 전략과 디지털 기술 맞추기

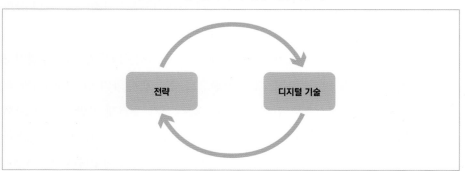

이제 전략과 디지털 기술을 왜, 그리고 어떻게 맞추어야 하는지 살펴보자.

디지털 시대의 도래

"전략과 디지털 기술을 왜 맞추어야 하는가?(Why do we need to align digital technology with strategy?)"에 대한 즉각적인 답은 "원가우위나 차별화를 통한 경쟁우위 확보"일 수 있지만 이는 근접원인에 불과하다. 이는 마치 "인간은 왜 물을 마시는가?"에 대해 "목이 말라서"라고 답하는 것과 유사하다. 하지만 사람이 물을 마시는 진짜 이유는 물이 영양소와 미네랄을 분해해 인체 구석구석으로 전달하는 과정을 촉진하기 때문이다. 몸 안에 들어온 물은 체온을 조절하고 장기를 보호한다. 이 때문에 물을 마시지 못하면 인체는 빠르게 손상된다. 결론은 살기 위해 물을 마셔야 한다(Yu, 2021, p. 57).

전략과 디지털 기술을 서로 맞춰야 하는 진짜 이유는 미래 환경이 디지털 기술기반 사회로 변하고 있기 때문이다. 이미 대부분의 환경이 디지털 기술을 기반으로 설계, 운영되고 있으며 이러한 현상은 시간이 지날수록 가속화될 전망이다. 하워드 유(Howard Yu)는 18세기 증기기관, 19세기 전기처럼 모든 기업을 21세기 후반으로 밀어 넣을 두 가지 트렌드가 바로 인공지능의 대두와 유비쿼터스 연결성의 출현이라 했는데 이는 모두 디지털 기술을 기반으로 하고 있다(Yu, 2021, p. 32). 소비자들도 디지털 환경에서 태어난 디지털 네이티브(digital native)가 중심이 되고 있다. 따라서 앞으로 디지털 기술을 제대로 활용하지 않는 기업은 빠르게 도태될 것이다. 결론은 생존을 위해 디지털 기술을 이해하고 활용해야 하며 이것이 전략과 디지털 기술을 서로 맞춰야 하는 근본 이유이다. 이를 역사적 관점에서 좀 더 살펴보자.

흑사병(黑死病, Black Death)으로 불리는 페스트(Plague)는 14세기 중세 유럽인구의 1/4이 넘는 인명을 앗아갔지만 다른 한편으로 유럽 근대화의 인큐베이터가 되었다(조지무쇼, 2021). 페스트로 인해 일손이 부족해지자 봉건제 기반의 계급 사회가 무너지면서 소작농이 자영농이 되고 노동자가 자유민이 되었다. 자본을 축적한 노동자와 중산층은 부르주아(Bourgeois)라는 새로운 계급을 형성했다(윤지호, 2020).

부르주아, 중산층, 자영농의 확장은 자유와 평등에 기반한 근대사회 등장의 계기가 되었다. 종교에 의지하던 사람들은 인간을 지켜주지 못하는 신에 대해 의문을 던지기 시작했고 자연과 신에 대한 질문은 과학과 기술의 발전으로 이어졌다.

18세기 말, 증기기관과 방적기의 발명은 대량 생산 시대를 열었고 이에 따른 경제적 부흥은 사회구조에 영향을 미쳤다. 부를 축적한 부르주아는 자본가 계급이 된 반면 기술의 발달로 노동 가치가 하락하여 생계가 어려워진 노동자들은 러다이트(Luddite)운동을 벌였다.[1] 노동자들은 자신들의 일자리를 뺏은 기계를 부수었다. 이러한 행위는 기술이 불가침의 인간 영역에 끼어들었다는 생각에서 비롯되었다. 만약 기술의 발달에 따른 변화가 불가피함을 깨달았더라면 러다이트 운동은 일어나지 않았을지 모른다. 당시 사람들은 기계를 통한 대량 생산을 "할 수 있는(Can) 또는 해도 되는(May)"것으로 인식했던 것 같다. 그러나 21세기 들어 기술이 "반드시 해야만 하는(Must)"영역으로 자리 잡는 사건이 일어났다. 닷컴 버블 전후로 인터넷과 디지털 기술이 급속히 발전했지만 그것이 캐즘(chasm)을 넘어 일상으로 정착되기까지는 시간이 필요했다.[2] 그러던 중 2019년 말 COVID-19가 발생하였다.

코로나 바이러스는 삽시간에 전 세계를 마비시켰다. 유럽에 국한되었던 흑사병과 달리 전 세계가 연결된 21세기에 발생한 코로나는 특정 지역의 문제가 아니었다. 글로벌 팬데믹 속에 인류의 생존이 위협받았고 경제도 타격을 입었다. 그러나 흑사병이 유럽 근대화의 인큐베이터가 되었듯이, 코로나 팬데믹은 디지털 기술 확산과 그로 인한 대전환의 인큐베이터가 되어 현대사회의 러다이트 세력이 디지털 기술을 사용할 수밖에 없는 상황을 만들었다. 팬데믹 직후 생겨난 밈(Meme)은 이러한 현실을 반영한다.[3] "디지털 대전환을 가져온 것은(Who led the digital transformation of your company?)" CTO나 CIO가 아니라 코로나 바이러스라고 말하는 것이 그 증거이다(Papagiannidis et al., 2020).

코로나 팬데믹 이전까지 디지털 기술은 뛰어난 경쟁우위 확보의 가능성에도 불구하고 필수가 아닌 선택의 영역에 머물러 있었다. 많은 전문가들이 디지털 혁신(Digital Transformation)을 역설했지만 대부분의 경영자들은 빠른 이행의 필요성을 절감하지 못했다. 하면 좋겠지만 투자비용을 고려할 때 반드시 해야만 하는지에 대해 의구심이 있었기 때문이다. "불쾌한 골짜기(Uncanny Valley)"를 넘기에는 디지털 기술이 충분한 설득력을 지니지 못했던 탓이다.4 그러나 코로나 팬데믹 이후 2년 동안 거의 강제로 유용성과 편리함을 경험하자 디지털 기술은 마침내 필수 영역으로 떠올랐다. 증기기관과 방적기를 통한 대량 생산을 체험한 기업이 인력기반 생산체제로 돌아갈 수 없듯이 디지털 기술의 효율성을 경험한 기업이 그 이전으로 돌아가기는 어렵기 때문이다.

플랫폼 기업의 폭발적 증가는 디지털 기술의 필요성을 더욱 확대시켰다(Parker et al., 2017). 이들은 기존 기업 대부분이 채택하고 있던 파이프라인(pipeline) 시스템과는 다른 비즈니스 모델을 가졌다. 파이프라인 시스템에서는 한쪽 끝에 생산자가, 반대편 끝에 소비자가 위치하며 가치의 창출과 이동이 단계적으로 일어난다. 기업이 먼저 제품과 서비스를 디자인, 생산, 판매하면 고객이 마지막에 등장해서 구매하는 단방향 형태이다(N. L. Johnson, n.d.). 마이클 포터는 이와 같은 파이프라인 비즈니스 모델의 가치 제공 과정을 가치사슬 개념으로 설명했다(Porter, 2008). 가치사슬이란 원재료 구매와 제품 생산, 마케팅, 판매, 사후 서비스 등 비즈니스의 모든 단계가 마치 사슬처럼 연결되어 가치가 증가하는 것을 나타낸다.

가치사슬을 중심으로 기업은 제공하고, 고객은 소비하는 단순 메커니즘이 파이프라인 비즈니스 모델이라면 플랫폼 비즈니스 모델은 이보다 훨씬 복잡하다. 플랫폼 비즈니스 모델에서는 다수의 공급자와 소비자가 플랫폼 위에서 각자 얻으려는 가치를 공정한 거래를 통해 교환하고 참여자들의 연결과 상호작용을 통해 진화하면서 모두에게 새로운 가치와 혜택을 창출한다(노규성, 2014). 이러한 플랫폼 비즈니스는 다수의 공급자와 소비자를 대상으로 참여와 동의를 얻어야 존재할 수 있으므로 자연스레 시공간의 제약 없이 무한히 확장할 수 있는 디지털 기술을 필요로 한다.

포브스(Forbes)지의 피터 하이(Peter High)는 "팬데믹이 디지털 대전환을 이끌었다"라는 주장은 "아주 좁은 시각이고, 아주 늦은 것(It is too little, too late)"이라고 반박한다(High, 2020). 그는 만약 팬데믹이 10여 년 전에 발생했다면 결코 4차 산업혁명 수준의 기술 전환이 가능하지 않았을 것이라고 말한다. 화상 회의 서비스, 소셜 네트워크 서비스, OTT서비스, 온라인 쇼핑몰 등은 모두 난이도가 높은 서비스로서 전염병 확산 방지를 위해 비대면 서비스가 필요하다고 해서 바로 개발하기 어려운 기술에 기반하고 있다. 따라서 이미 실재하던 디지털 기술이 코로나 팬데믹을 계기로 디지털 대전환을 촉발한 것이라고 보는 것이 합리적이다. 이 때문에 피터 하이는 디지털 기술을 준비하고 있던 경영자라면 "누가 디지털 변혁을 이끌었는가?"라는 질문에 망설임 없이 "CIO"를 꼽았을 것이라고 말한다. 그의 말이 맞다면 코로나 팬데믹은 아직 디지털 기술의 가치를 알아보지 못한 경영자들에게 "디지털 혁신은 이제 필수이니 더 이상 늦기 전에 변하라"는 경고일 수 있다.

전략과 디지털 기술의 거리두기

플랫폼 비즈니스의 확산과 코로나 팬데믹으로 디지털 기술은 인류의 삶에 훨씬 가까워졌다. 하지만 여전히 많은 경영자들이 디지털 기술을 전문가의 영역으로 미루는 경향이 있다. 디지털 기술의 활용능력 여부가 기업의 생존과 성패를 가르는 요인임을 알려주는 사례가 숱하게 많음에도 불구하고 전략과 디지털 기술의 거리두기가 계속되는 이유는 무엇일까?

우선 생각할 수 있는 원인은 전통 전략이론이 안고 있는 문제이다. 기존 연구의 검증이나 새로운 관점 제시에 급급했던 연구자들은 전략의 본질인 성과 창출을 위해 다양한 관점을 통합하는 데에는 소홀했다. 연역적이고 규범적인 전략연구의 대표격인 산업구조분석과 자원기반이론을 예로 들어보자.

대형 항공사와 저비용 항공사처럼 동일 산업에 존재하는 두 개의 기업이 각자 산업구조분석을 할 경우 그 결과가 각 기업의 전략에 큰 차이를 가져올 만큼 다를까? 가정 자체가 동일 산업이었음을 감안하면 두 기업이 수행한 산업구조분석의 결과는 유사할 가능성이 높다. 외부 환경인 산업의 매력도는 두 기업에게 유사하게 작용하므로 이것만으로는 차별화된 전략 수립이 어렵다. 이러한 문제 극복을 위해 자원기반이론은 각 기업의 핵심자원에 기반한 전략 수립이 필요하다고 주장한다. 하지만 핵심자원으로 진입할 수 있는 산업이 모두 매력도가 떨어진다면 어떻게 해야 하는가? 포지셔닝 이론은 초과수익을 누릴 수 있는 매력적 산업을 먼저 선택하라 하고 자원기반이론은 핵심자원으로 진입할 수 있는 산업이 무엇인지, 보유한 자원이 핵심자원인지부터 검증하라고 하면 도대체 어느 이론을 따라야 하는가? 결론은 어느 하나의 관점이 아니라 통합적으로 접근해야 한다. 그럼에도 불구하고 처음 이론이 등장한 이후 지금까지 어느 이론이 전략의 본질을 더 잘 설명하는가에 대한 논쟁이 전략연구의 주류를 이루고 있다(Mintzberg et al., 2012; Scheuss, 2010; 고토사까 마사히로, 2020; 미타니 고지, 2013).

이러한 현상은 귀납적 연구 방법을 사용한 파괴적 혁신과 블루오션 전략에서도 동일하게 나타난다(Christensen, 2020; 김위찬 & 르네 마보안, 2005). 각각의 이론은 파괴적 혁신이나 블루오션을 찾지 않는 전략은 전략이 아니라는 인상마저 풍긴다. 하지만 이론의 형성에 기여했던 사례를 제외하면 현실에서 두 이론을 적용하여 성과를 창출한 사례를 새로 만들기란 말처럼 쉽지 않다. 만약 두 이론이 주장한 만큼의 혁신적 성과 창출이 모든 기업에서 가능했더라면 아마 모든 전략이론은 이 두 이론으로 평정되었을 지 모른다. 하지만 헨리 민쯔버그가 『전략 사파리』에서 언급했듯이 변수 사이의 상관관계를 확인하는 일과, 인과관계를 추정한 다음 그것을 규칙으로 치환하는 일은 전혀 다른 문제이다(Mintzberg et al., 2012). 치열한 경쟁을 승리로 이끌었던 전략의 일부분을 규칙화하여 모든 성과가 그것 때문이며 누구나 그렇게 해야 성과를 창출할 수 있다고 주장하는 것은 현실 세계의 복잡성을 지나치게 단순화하여 모델로 만드는 과정에서 발생하는 오류이다.

전략이론들이 정립되던 시점과 디지털 기술이 본격적으로 발전하기 시작한 시점의 차이는 전략이 디지털 기술과 거리두기를 할 수밖에 없었던 또 다른 빌미를 제공한다. 지금도 여전히 전략이론의 주류를 형성하며 실무와 학계에서 위력을 발휘하고 있는 포지셔닝 학파나 자원준거관점은, 오늘날 거의 모든 사람들이 일상적으로 사용하는 휴대폰보다도 낮은 성능의 컴퓨터를 사용하던 1980년대에 개발되었다. 그러니 그 당시 정립된 이론이 전략의 주요 구성 요소로 메타버스, 인공지능, 빅데이터, 클라우드와 같이 지금 디지털 혁신을 이끌고 있는 기술을 고려하지 못한 것은 어쩌면 당연한 일이다.

전략을 구현할 디지털 기술이 없었을 뿐만 아니라 그나마 있던 디지털 기술조차 사용자 친화적이지 못했다. 1980년대 초의 메인프레임 컴퓨터는 오늘날에 비하면 그저 커다란 계산기에 가까웠다. 데이터 분석이나 시각화 작업이 어려웠으며 비용마저 높아 여러 사람이 시분할 방식으로 공유하며 사용해야 했다. 오늘날 기업이나 가정에서 필수품이 된 개인용 컴퓨터(PC: Personal Computer)는 1981년 IBM이, 지금은 사라진 플로피 디스크 기반의 PC를 만들면서 보급되기 시작했다. 초기의 PC는 성능이 낮았을 뿐만 아니라 운영체제 또한 명령어를 직접 입력하여 작동시키는 텍스트(text) 인터페이스여서 지금의 그래픽 유저 인터페이스(GUI: Graphic User Interface)에 비하면 불편했다. 이 때문에 1991년 마이크로소프트가 윈도우 3.0을 출시하기 전까지는 메인프레임이 전산화의 중심이었고 컴퓨터는 전문가의 영역을 벗어나기 어려웠다. 이 같은 상황에서 경영자가 굳이 디지털 기술을 고려하여 전략을 수립하리라 기대하는 것은 어려운 일이다. 전략 연구자들도 기술에 대해 깊은 이해가 없기는 마찬가지였으므로 새롭게 부상하는 정보기술(IT: Information Technology)이 중요하다는 원론적인 이야기 외에 구체적 가이드를 제시하지 못했다.[5]

실제로 헨더슨과 벤카트라만은 IT를 통해 전략을 구성하는 것이 얼마나 어려운 일인지를 보여주었다. 전략은 비전을 제시하고 그에 따른 조직구조를 만드는 것이므로 IT가 전문가의 영역에 머물러서는 안 된다고 생각한 그들은 IT를 전략에 접목하는 방법으로 전략실행모델(SEM: Strategy Execution Model)을 제시했다(Henderson & Venkatraman, 1993). 전략실행모델이란 전략으로 비전과 기능 및 운영 프로세스를 정의하고 이러한 프로세스를 대체 또는 보완하는 수단으로 IT를 활용하는 것을 말한다. 이 모델은 전략과 IT를 연결하려는 시도였다는 점에서는 인정할 만하나, IT를 전략의 실행 도구로만 보았다는 점에서 진정한 의미의 통합모델이라 부르기 어렵다.

오늘날 인터넷과 통신망으로 전 세계가 연결되고 인공지능과 메타버스가 일상화되고 있는 상황에서 디지털 기술을 고려하지 않은 전략이 실행력과 경쟁우위를 갖기란 어려운 일이다. 전략의 도구로 디지털 기술을 고려하는 단계를 넘어 디지털 기술을 토대로 새로운 전략을 구상할 수 있어야 한다. 전략을 구현할 기술이 없던 시대에 디지털 기술을 고려하지 않은 것은 이해할 수 있다. 하지만 눈부시게 발달한 기술을 도외시한 채 30년도 더 된 전략이론을 그대로 사용하려는 태도는 문제가 있다. 이제야말로 디지털 기술의 잠재력을 제대로 이해하고 성과 창출을 위해 전략과의 통합관점에서 디지털 혁신을 적극 추진해야 할 때이다.

디지털 기술과 경쟁우위

디지털 기술은 전략에서 추구하는 지속적 경쟁우위를 창출할 수 있는가? 이에 대한 답으로 FAANG과 MAMAA의 사례를 살펴보자.

FAANG은 페이스북(Facebook), 애플(Apple), 아마존(Amazon), 넷플릭스(Netflix), 구글(Google)을 뜻하는 말이고 MAMAA는 마이크로소프트(Microsoft), 애플(Apple), 메타(Meta: 기존의 페이스북), 알파벳(Alphabet: 구글의 모회사), 아마존(Amazon)을 일컫는 말로, 미국의 거대 IT기업들을 표현하기 위해 짐 크래머(Jim Cramer)가 고안한 단어다(Quiroz-Gutierres, 2021). 이와 관련하여 포브스(Forbes)가 2020년에 발간한 "세계에서 가장 가치 있는 브랜드 리스트(The world's most valuable brands list)"를 보면 MAMAA 기업들이 1위부터 5위를 모두 차지하고 있음을 확인할 수 있다(Swant, 2020).

[표 5-1] 세계에서 가장 가치 있는 브랜드 리스트

Rank	Brand	Brand Value	1-Yr Value Change	Brand Revenue	Industry
1	Apple	$241.2 B	17%	$260.2 B	Technology
2	Google	$207.5 B	24%	$154.6 B	Technology
3	Microsoft	$162.0 B	30%	$125.8 B	Technology
4	Amazon	$135.4 B	40%	$260.2 B	Technology
5	Facebook	$70.3 B	-21%	$49.7 B	Technology
6	Coca-Cola	$64.4 B	9%	$25.2 B	Beverages
7	Disney	$61.3 B	18%	$38.7 B	Leisure
8	Samsung	$50.4 B	-5%	$209.5 B	Technology
9	Louis Vuitton	$47.2 B	20%	$15 B	Luxury
10	McDonald's	$46.1 B	5%	$100.2 B	Restaurants

출처: https://www.forbes.com/the-worlds-most-valuable-brands/#6a56bbbb119c (22.10.29 검색)

기준을 달리하면 미세하게 조정되는 부분도 있다. 예를 들어 포브스가 2022년 5월에 발간한 "글로벌 2000(The Global 2000)"은 자산, 영업이익, 매출, 시장 가치로 기업을 평가한다. 하지만 평가항목에 재무 요소를 추가하는 등, 몇몇 변수를 조정했음에도 불구하고 MAMAA 기업 중 아마존, 애플, 알파벳, 마이크로소프트는 세계에서 가장 큰 기업 목록에서 여전히 상위를 지켰다. 메타 플랫폼(Meta Platforms)으로 바뀐 페이스북이 메타버스 구현을 위한 대규모 투자로 영업이익이 감소하여 34위에 머무르게 된 것을 제외하면 MAMAA의 위치는 확고하다(Murphy & Contreras, 2022).

[표 5-2] 세계에서 가장 큰 기업

(단위: Billion Dollar)

Rank	Name	Country	Sales	Profit	Assets	Market Value
1	Berkshire Hathaway	United States	$276.09	$89.9	$958.78	$741.48
2	ICBC	China	$208.13	$54.03	$5,518.51	$214.43
3	Saudi Arabian Oil Company (Saudi Aramco)	Saudi Arabia	$400.38	$105.36	$576.04	$2,292.08
4	JPMorgan Chase	United States	$124.54	$42.12	$3,951.69	$374.45
5	China Construction Bank	China	$202.07	$46.89	$4,746.95	$181.32
6	Amazon	United States	$469.82	$33.36	$420.55	$1,468.4
7	Apple	United States	$378.7	$100.56	$381.19	$2,640.32
8	Agricultural Bank of China	China	$181.42	$37.38	$4,561.05	$133.38
9	Bank of America	United States	$96.83	$31	$3,238.22	$303.1
10	Toyota Motor	Japan	$281.75	$28.15	$552,46	$237.73
11	Alphabet	United States	$257.49	$76.03	$359,27	$1,581.72
12	Microsoft	United States	$184.9	$71.79	$340,39	$2,054.37

출처: https://www.forbes.com/lists/global2000/?sh=2f6ef0785ac0 (22.10.29 검색)

　　이처럼 현재 또는 미래가치 중 어떤 기준으로 평가해도 거대 IT기업들은 글로벌 경쟁환경에서 높은 가치를 나타낸다. 주목할 점은 "가장 가치 있는 기업" 순위가 현재시점의 재무 상태를 반영한 "글로벌 2000" 순위보다 높은 것이다. 이는 이들이 지닌 디지털 기술 역량과 그로 인한 경쟁우위의 가치가 시간이 지날수록 더 높아지리라는 기대감을 반영한 것이라 할 수 있다.

　　기술과 경쟁우위의 관계에 대해 포터는 "기술의 변화가 모두 전략적으로 기업에 기여하는 것은 아니다. 기술 변화는 오히려 기업의 경쟁적 위치나 산업의 매력도를 악화시킬 수도 있다. 첨단 기술이 반드시 높은 수익성을 보장하지는 않는다"고 하였다(Porter, 2008, p. 240). 클레몬과 로우(Clemons & Row, 1991)는 "IT가 지속가능한 경쟁우위를 위한 자원준거관점의 기준을 충족시키는가?"라는 질문에 대해 "경쟁적 모방(Competitive Imitation)은 결국 IT기반의 우위를 없앤다. 모방하지 않는 기업은 산업에서 제거되며, IT에 의한 초과수익은 결국 사라진다"고 주장했다.

　　이러한 주장은 IT에 대한 이해 부족에서 비롯되었다. IT는 겉모습이 같다고 해서 같은 자원이라 할 수 없다. 공장에서 출시될 때 같은 모습인 휴대폰이 사용자의 손을 거치면 대체할 수 없는 차별화를 갖는 것을 생각해보면 쉽게 이해할 수 있다. 최신 휴대폰이 기존 휴대폰보다 성능이 우수해도 그 안에 담긴 개인 정보의 이전 없이 기기만 바꾸려는 사용자는 없을 것이다. 수많은 데이터를 가지고 있는 기업의 경우는 더더욱 모방과 대체가 쉽지 않다.

　　IT자원은 단순히 알고리즘이나 하드웨어를 의미하기보다는 IT로 가능해진 무형의 특성을 모두 포함하므로 모방이 어렵고 희소한 가치를 지닌다(Bharadwaj, 2000). 포웰과 덴트 ─ 미칼레프(Powell & Dent ─ Micallef, 1997)는 IT가 그 자체로 차별화를 제공하지 않을 경우 조직 리더십, 문화 및 비즈니스 프로세스와 같은 무형 자원의 활용을 위해 IT를 사용해야 한다고 주장했다. 또한 전략이 지속가능한 경쟁우위가 되려면 (1) 지속적으로 산업을 선도하는 경쟁력 있는 IT를 개발하거나 (2) 먼저 움직여 따라잡을 수 없는 선발주자가 되거나 (3) IT가 가치 있고, 지속가능한 자원이 될 수 있게 조직 차원에서 IT를 인프라로 설계할 수 있어야 한다고 주장했다. 이는 IT가 전략과 결합될 때 경쟁우위의 원천이 될 수 있음을 강조한 것이라 하겠다.

다양한 고객의 요구에 맞춤 서비스로 대응하는 온-디맨드(On-demand) 비즈니스가 가능한 시대에 경쟁자의 디지털 기술을 완전히 모방하는 것은 생각처럼 쉬운 일이 아니다(김용진, 2020). 설령, 모방이 가능해도 네트워크 효과로 인해 최초 개발자와 모방자의 디지털 기술 효력이 동일하다는 보장이 없다. 예를 들어 일론 머스크(Elon Musk)의 트위터(Twitter) 인수 사례를 살펴보자.

머스크 손에 들어간 트위터는 어떻게 달라질까[6]

일론 머스크 테슬라 최고경영자(CEO)가 440억 달러(한화 54조원)에 트위터를 인수하는 최종 계약서에 서명하면서 트위터는 머스크의 개인 소유 회사로 바뀌게 됐다. 트위터를 주된 소통 루트로 사용해온 머스크의 그간 행보와 발언에 비춰보면 그는 트위터의 핵심 기능을 대대적으로 손볼 것이라는 전망이 제기된다.

(...) 머스크는 콘텐츠 조정에 대한 트위터의 검열 방식을 재검토할 가능성이 높다. 게시물 정책에 있어 검열을 완화하는 방향으로 변할 것이란 설명이다. 앞서 그는 성명을 통해 "표현의 자유는 제대로 작동하는 민주주의의 기반이며 트위터는 인류의 미래에 필수적 문제들이 논의되는 디지털 광장"이라고 강조하기도 했다. 지난 3월 말 머스크는 트위터가 언론의 자유를 보호한다고 믿는지에 대한 설문을 자신의 트위터 계정에 올린 바 있다. 또 트위터가 2016년 미국 대선에서 허위 정보 확산이 문제가 되면서 최근에는 부적절한 게시물을 삭제하고 도널드 트럼프 당시 미국 대통령 등 일부 계정 정지 등의 조치를 취하자 이에 대해 "더 신중해야 한다"는 의견을 내기도 했다.

(...) 많은 이들이 문제를 제기해온 트위터의 알고리즘 공개 여부도 머스크의 의사에 따라 결정될 가능성이 높다. 머스크는 테드 강연에서 트위터의 알고리즘(프로그램규칙)을 오픈소스(무상설계도)화해서 개발자들이 자료를 공유하는 '깃허브'에 공개할 것임을 시사했다. 월스트리트저널(WSJ)은 트위터 알고리즘을 오픈소스로 만든다는 것은 외부인들이 이를 보고 문제점을 제안해 변화를 가미할 수 있다는 의미라고 설명했다.

트위터 알고리즘을 오픈소스화한다는 것은 경쟁사를 비롯한 모든 기업이 트위터의 핵심 기술을 파악할 수 있다는 말이다. 이는 클레몬과 로우가 IT를 지속가능한 경쟁우위의 원천으로 인정하지 않게 된 핵심 이유인 모방의 용이성을 높이는 효과를 낳는다. 하지만 사람들이 염려한 것은 모방의 용이성이 아니라 "트위터의 검열 장치 무력화"였다. 오픈소스에 대한 우려보다 검열되지 않은 부적절한 컨텐츠의 상용화에 대한 우려가 더 컸다.

일반 상황에서는 모방용이성을 높이고 희소성을 저해하는 오픈소스화는 입 밖으로 꺼내지도 말아야 한다. 그럼에도 전문가들이 "시스템 복제가 문제가 아니다"라는 반응을 보인 이유는 디지털 기술의 특성 때문이다. 예컨대 알고리즘을 오픈소스화해서 버드(Bird)라는 이름으로 트위터와 동일한 웹사이트를 만든다고 가정해보자. 그렇다고 트위터 이용자들이 바로 버드의 이용자가 될 가능성은 높지 않다. 그 이유는 플랫폼의 네트워크 효과 때문이다. 대부분의 트위터리안(Twitterian)들은 좋아하는 셀럽이나 관심 주제에 대한 반응을 살피고 소통하기 위해 트위터를 사용한다. 버드가 트위터를 완벽히 복제하더라도 트위터의 기존 사용자들은 그들이 축적해온 팔로워 수, 트윗, 밈(Meme) 때문에 선뜻 버드로 옮기려 하지 않을 것이다. 이와 같은 네트워크 효과는 디지털 기술을 먼저 활용한 선발주자가 누릴 수 있는 복제 불가능한 무형의 경쟁우위다.

FAANG 또는 MAMAA 기업의 성과가 단순히 그들이 개발한 프로그램이나 알고리즘 때문이라고 말하기 어려운 이유가 바로 여기에 있다. 그들은 디지털 기술에 인적 자원과 비즈니스 모델을 결합해 견고한 경쟁우위를 만들었다. 이처럼 다양한 비즈니스 요소들이 조화를 이루도록 하는 것을 "맞춤" 또는 "정렬(alignment)"이라고 부르며 이것이 통합전략모델에서 디지털 혁신을 고려하는 방법의 핵심이다. 이에 대해 자세히 살펴보도록 하자.

얼라인먼트(alignment): 전략의 핵심

컴퓨터의 등장 이후 기업은 업무 효율화를 위한 시스템 개발에 많은 투자를 하였고 수작업으로 처리하던 문서와 업무가 디지털화되었다. 하지만 업무의 디지털화 만으로는 전략적 활용이라 말하기 어렵다. 전략과 운영의 효율성은 다른 개념이기 때문이다(Porter, 1996).

IT의 가능성에 주목한 학자들은 "전략적 맞춤(strategic alignment)"을 통해 IT를 전문가의 영역으로 한정 짓던 관점에서 벗어나 전략과 IT의 연결을 시도했다

(Henderson & Venkatraman, 1989). 전략을 통한 경쟁우위 확보를 실질적으로 지원하기 위해 전략과 IT의 통합이라는 개념을 제안했다. 이러한 시도는 IT를 통해 민첩성과 효율성이 증대되고 IT에 맞춰 새롭게 설계한 프로세스가 고객에게 가치를 제공하는 경쟁우위의 원천이 될 수 있다는 사례들이 등장하면서 더욱 탄력을 받았다(Hammer, 1990). 우리말로 '정렬,' '일치' 또는 '맞춤'이라는 의미의 '얼라인먼트'는 비단 IT에 국한된 개념은 아니다. 전략의 의미가 경영의 불일치 상태(misalignment)를 일치 상태(alignment)로 만드는 것이라고 할 정도로, '얼라인먼트'는 전략의 핵심 가치관을 담은 용어이다(Boar, 1994, p. 15). 따라서 영업, 마케팅, 인사, 재무와 같은 기능들이 전략과 서로 일치해야 하듯이 IT도 전략과 일치해야 함은 당연한 이치이다.

전략적 맞춤을 통해 IT를 전략적으로 활용한다는 말은 전략에 맞춘 IT의 활용과 IT에 맞춘 전략의 수립 모두를 포함하는 쌍방향 접근을 뜻한다. 전략적 IT 맞춤(Strategic IT alignment)에 대한 연구는 스캇 모튼(Michael Scott Morton)이 이끈 MIT의 정보시스템 연구 센터(CISR: Center for Information Systems Research)가 1984년부터 1992년에 걸쳐 미국과 유럽에서 가장 대표적인 IT사용기업7을 대상으로 수행한 MIT90s(Management in the 90s) 연구에서 처음 등장하였다(Coltman et al., 2015). 이후 전략과 IT의 맞춤에 대해 여러 연구가 진행되었는데 그중에서도 헨더슨과 벤카트라만의 "전략적 맞춤 모델(SAM: Strategic Alignment Model)"이 가장 널리 알려졌다(Henderson & Venkatraman, 1993). 그들이 제안한 SAM은 비즈니스 전략(Business Strategy), 정보기술 전략(IT Strategy), 조직 구조와 프로세스(Organizational Infrastructure and processes), 정보 시스템 구조와 프로세스(Information System Infrastructure and processes)라는 4가지 영역 사이의 전략적 통합(strategic integration)과 운영적 통합(operational integration)을 통한 전략과 IT의 맞춤을 다룬 것으로 디지털 기술이 지금처럼 무르익지 않은 당시로서는 선구적 시도였다. 그들의 연구는 1993년 『IBM Systems Journal』에 처음 발표된 이후 2014년까지 3,200회 이상 인용되었으며(Coltman et al., 2015) 이 때문에 그들의 연구는 MIT90s 프로그램 중에서 의심의 여지없는 '왕관의 보석(Jewel in the crown)'으로 불렸다(MacDonald & Yapp, 1992, p. 256). 이하에서는 헨더슨과 벤카트라만의 전략적 맞춤 모델을 중심으로 전략과 디지털 기술 맞추기를 살펴보기로 한다.

헨더슨과 벤카트라만은 전략과 IT의 맞춤을 논의하기 위해 몇 가지 새로운 개념을 도입했는데 그중 하나는 IT의 내부영역과 외부영역의 구분이다. 이는 전략에서 가져온 개념으로 비즈니스에서 성과를 창출하려면 외부 시장에서의 포지셔닝과 내부 조직 및 프로세스가 일치해야 하듯이 IT도 성과를 내기 위해서는 운영 차원의 내부영역과 전략 차원의 외부영역이 조화를 이루어야 한다는 개념이다. 이때 전략차원의 외부영역이란 비즈니스 전략에서 어떤 산업에 진입할 것인가, 어떤 제품과 서비스를 생산할 것인가를 정하는 것과 마찬가지로 어떤 IT를 쓸지, 그것을 자체적으로 개발할지 아니면 외부에서 조달할지를 결정하는 것을 의미한다. 이에 더해 그들은 전략적 맞춤을 이루기 위해서는 두 가지 유형의 통합이 이루어져야 한다고 주장했다. 첫째는 전략적 통합(strategic integration)으로 이는 비즈니스 전략과 IT전략 간의 통합을 의미한다. 둘째는 운영적 통합(operational integration)으로 이는 조직 구조 및 프로세스와 정보시스템 구조 및 프로세스 사이의 통합을 의미한다.

그들은 효과적인 IT관리를 위해서는 비즈니스 전략, IT전략, 조직 구조와 프로세스, 정보시스템 구조와 프로세스 4가지 영역이 균형과 조화를 이루어야 한다는 전제하에 이를 달성하기 위한 방법으로 [그림 5-2]와 같은 4가지 유형의 맞춤 모델을 제시했는데 이는 "디지털 기술을 어떻게 전략적으로 활용할 것인가"라는 질문에 대한 해답의 틀을 제공한다는 면에서 살펴볼 가치가 있다.

[유형 A]는 전략실행(strategy execution) 모델로 사업전략에 따라 조직과 정보시스템의 구조와 프로세스가 결정되는 형태이다. 이 유형은 예전이나 지금이나 전략과 IT 간의 가장 흔한 맞춤 형태이다. [유형 A]에서 IT는 사업전략을 실행하는 도구로서 기능한다. [유형 B]는 기술혁신(technology transformation) 모델로 사업전략 수행을 목적으로 하되 내부자원이 아니라 외부 IT마켓플레이스에서 최선의 IT를 찾아 연계하는 형태이다. 오프라인 중심의 기존 산업이 온라인 진출 전략을 세우고 이에 따라 IT인프라를 구축하는 경우가 이에 해당한다. [유형 C]는 경쟁 잠재력(competitive potential) 모델로 IT전략이 기업의 제품이나 기술에 영향을 미치는 형

[그림 5-2] 헨더슨과 벤카트라만의 전략적 맞춤 모델(SAM)

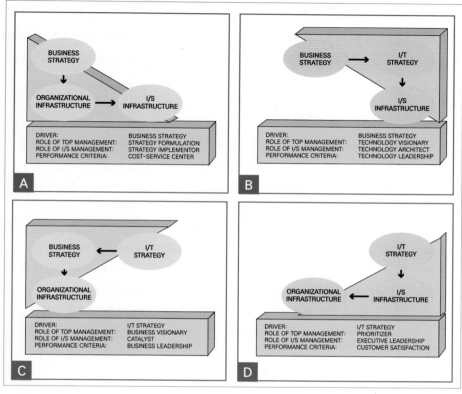

출처: Henderson & Venkatraman, 1993

태이다. 이는 오늘날의 관점에서 보면 플랫폼 기업처럼 IT를 기반으로 새로운 사업을 창출하는 비즈니스 모델이나 IT에 따라 기업의 전략과 조직을 모두 변화시키는 디지털 혁신(Digital Transformation)의 모습과 유사하다. 마지막으로 [유형 D]는 서비스 단계(service level) 모델로 이는 정보시스템 사용자들에게 최고의 서비스를 제공하는 것을 목표로 하는 유형이다. 그러기 위해서는 외부의 기술동향을 잘 알아야 하고 이를 내부 사용자들의 요구사항과 잘 접목시켜야 하는데 이는 IT서비스 기업이 IT수요기업에게 시스템 개발 및 운영 서비스를 제공하는 모습과 유사하다.

SAM은 사업전략과 IT전략 간의 맞춤이라는 측면에서 혁신적인 개념이지만 디지털 기술의 중요성이 더욱 커진 오늘날의 관점에서 보면 개선해야 할 부분이 있다. 우선 [유형 A]는 가장 흔한 유형이지만 IT를 사업전략의 실행도구로만 보고 IT 전략을 사업전략의 일환으로 고려하지 않은 점에서 진정한 의미의 맞춤이라 보기 어렵다. 마찬가지 이유로 [유형 D]도 바람직하지 않다. [유형 D]에서 사업전략의 역할은 간접적으로 고객의 요구사항을 전달하는 데 그치는데 이는 전략의 성과 창출 측면에서 디지털 기술의 잠재력을 충분히 활용하지 못하는 결과를 초래할 수 있다. 일례로 나이키의 사례를 살펴보자.

> 2001년 나이키는 i2 Technologies[8]가 제공하는 SCM을 통해 공급망을 자동화하려 했다. 하지만 프로그램을 본격 가동했을 때 나이키는 상품의 수량을 고객의 수요에 맞추지 못했다. 유명 상품은 재고가 부족했고, 인기 없는 제품은 과잉 공급되었다(Arora & Aggarwal, 2012). 그 결과 나이키는 4억 달러 이상의 출혈을 내며 실적이 악화되었고 i2의 주가는 22퍼센트 하락했다. 실패의 원인에 대해 의견이 분분했지만 빌 바우만(Bill Bauman)은 산업의 복잡성을 충분히 고려하지 못한 것을 패인으로 꼽았다(Baumann, 2022). 나이키의 다양한 재고를 충분히 고려하지 못했다는 것이다. 설상가상으로 당시 나이키는 ERP와 CRM 프로젝트를 동시에 진행하고 있어서 충분한 인력도 제공하지 못했다. 이는 전문 IT서비스기업에 맡기더라도 조직 내부에 사업전략과 IT전략을 일치시키는 조직과 인력이 필요함을 보여주는 사례이다.

다음으로 [유형 B]와 [유형 C]는 사업전략과 IT전략을 모두 고려하지만 순서에 차이가 있다. 찬과 레이(Chan & Reich, 2007)는 기술자의 전략에 대한 이해부족과 전략가의 기술에 대한 이해부족을 디지털 기술과 전략의 맞춤을 방해하는 가장 큰 요인으로 꼽았다. 이렇게 보면 비즈니스 전략과 IT전략 사이의 경계는 최소화할 필요가 있다. 만약 SAM처럼 비즈니스 전략과 IT전략이 전후관계로 구분된다면, 전략이 기술을, 또는 기술이 전략을 충분히 학습하지 않은 상태에서 서로 상대방이 자신에게 맞출 것을 요구할 수 있다. 그렇게 되면 [유형 B]에서는 디지털 기술을 활용한 블루오션을 놓칠 가능성이 있고 [유형 C]에서는 매력적으로 보이는 신기술 사용을 위해 비즈니스 전략을 왜곡하는 부작용이 생길 수 있다. 따라서 SAM에서 제시한 순서와 방향성을 절대적이고 불가역적인 것으로 인식하기보다 "IT 전략과 비즈니스 전략 중 무엇을 시작점으로 할 것인가"의 관점에서 보아야 한다. 대신 전략의 수립과 이행은 비즈니스 전략과 IT전략을 동시에 고려해야 한다. 이를 반영하면 [유형 B]와 [유형 C]는 [그림 5−3]과 같이 합친 모습으로 수정하는 것이 바람직하다.

[그림 5−3] 비즈니스 전략과 IT전략의 맞춤

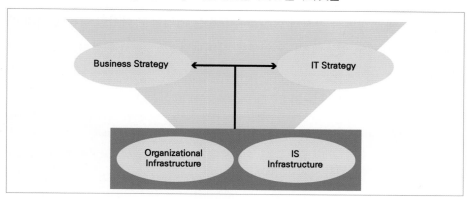

지금까지 헨더슨과 벤카트라만의 SAM을 중심으로 전략과 디지털 기술의 맞춤에 대해 살펴보았다. 결론적으로 전략과 디지털 기술은 성과 창출을 위해 전략의 수립 및 실행 단계에서 서로 일치해야 한다. 더욱이 디지털 기술이 경쟁우위의 원천이 되고 있는 오늘날에는 전략에 맞게 디지털 기술을 활용하는 것 못지않게 디지털 기술을 활용하여 전략을 재정비해야 함을 알 수 있다.

디지털 혁신의 정의와 추진 방향

2016년 다보스 포럼에서 '4차 산업혁명'이 화두로 등장한 이래 디지털 혁신이 4차 산업혁명의 핵심으로 주목받고 있다.[9] 디지털 경제 시대에 ICT기술을 활용한 제품과 비즈니스 모델 개발로 경쟁력을 갖추는 것이 필수 과제가 되었다(이장균, 2018). 조사에 따르면 2019년 기준, 디지털 혁신 관련 리스크가 경영자들의 관심사 1위를 차지하였다(Tabrizi et al., 2019). 하지만 이러한 관심에 비해 디지털 혁신이 무엇이고 어떻게 해야 하는지에 대해서는 의견이 분분하다.

학계에서는 디지털 혁신을 "기업이 디지털과 물리적 요소를 통합하여 비즈니스 모델을 바꾸고, 산업에 새로운 방향을 정리하는 것(Berman & Bell, 2011)"이나 "디지털 기술을 통해 고객 경험 향상과 새로운 비즈니스 모델 창조와 같은 중요한 비즈니스 개선을 하는 것(Piccinini et al., 2015)" 또는 "디지털 기술이 비즈니스 모델에 가져올 변화와 관련 있으며, 제품이나 조직 구조를 변경하거나 프로세스를 자동화하는 것(Hess et al., 2016)"이라고 정의한다.

한편, 실제 현장에서 디지털 혁신을 주도하는 기업들도 디지털 혁신에 대해 다양한 정의를 내리고 있는데 이 중 일부를 살펴보면 [표 5-3]과 같다.

[표 5-3] 디지털 혁신에 대한 다양한 정의

구분	정의
WORLD ECONOMIC FORUM	디지털 기술 및 성과를 향상시킬 수 있는 비즈니스 모델을 활용하여 조직을 변화시키는 것임
IDC	고객 및 마켓(외부환경)의 변화에 따라 디지털 능력을 기반으로 새로운 비즈니스 모델, 제품 서비스를 만들어 경영에 적용하고 주도하여 지속가능하게 만드는 것임
IBM	기업이 디지털과 물리적 요소를 통합하여 비즈니스 모델을 변화시키고 산업에 새로운 방향을 정립하는 것임
Microsoft	고객을 위한 새로운 가치를 창출하기 위해 지능형 시스템을 통해 기존의 비즈니스 모델을 새롭게 구상하고 사람과 데이터, 프로세스를 결합하는 새로운 방안을 수용하는 것임
BAIN & COMPANY	디지털 엔터프라이즈 산업을 디지털 기반으로 재정의하고 게임의 법칙을 근본적으로 뒤집음으로써 변화를 일으키는 것임
AT Kearney	모바일, 클라우드, 빅데이터, 인공지능(AI), 사물인터넷(IOT) 등 디지털 신기술로 촉발되는 경영 환경상의 변화에 선제적으로 대응하고 현재 비즈니스의 경쟁력을 획기적으로 높이거나 새로운 비즈니스를 통한 신규 성장을 추구하는 기업 활동임
pwc	기업경영에서 디지털 소비자 및 에코시스템이 기대하는 것들을 비즈니스 모델 및 운영에 적용시키는 일련의 과정임

출처: 김진영 et al., 2017를 일부 수정함

학계와 실무의 여러 정의를 종합해보면 디지털 혁신이란 디지털 기술을 기반으로 기업의 전략, 조직, 프로세스, 비즈니스 모델, 문화, 커뮤니케이션, 시스템 등 모든 것을 근본적으로 변혁시키는 경영전략이라 할 수 있다(김진영 et al., 2017). 이러한 정의에 따르면 디지털 혁신을 추진하는 방향에는 [그림 5-4]와 같이 크게 두 가지가 있을 수 있는데 하나는 일하는 방법을 바꾸는 것이고 다른 하나는 제품과 서비스 등 사업 자체를 바꾸는 것이다(주호재, 2020).

[그림 5-4] 기업의 디지털 혁신 추진 방향

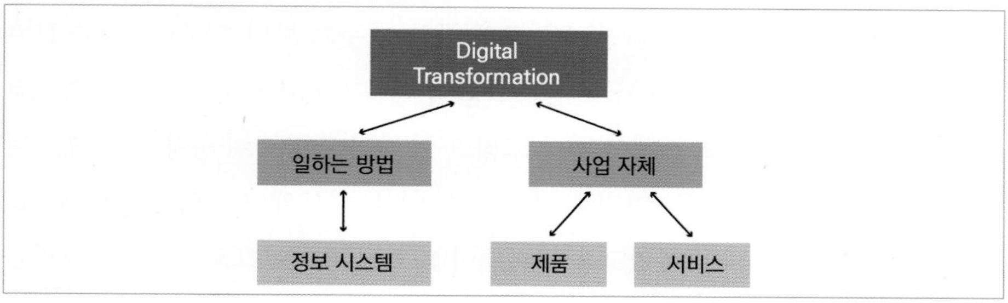

출처: 주호재, 2020, p. 95

디지털 혁신의 추진 방향이 일하는 방법과 사업자체를 바꾸는 것이라는 주장을 조금 더 자세히 들여다보면 디지털 혁신이 기업의 본질적 목표와 맥락이 닿아 있음을 알 수 있다. 최근 들어 ESG경영이 대두되면서 다소간의 논란이 있기는 하지만 이윤 극대화는 여전히 기업 경영의 본질로서 자리 잡고 있다(조신, 2021). 여기서 기업의 이윤을 간단히 정의하면 수익에서 비용을 뺀 것이다. 그렇다면 기업의 목적인 이윤 극대화의 방향은 크게 두 가지이다. 하나는 수익을 높이는 것이고 다른 하나는 비용을 낮추는 것이다. 따라서 기업의 모든 활동은 수익을 높이고 비용을 낮추는 방향으로 이루어진다. 이제 디지털 혁신의 추진 방향을 다시 들여다보면 일하는 방법의 변화는 디지털 기술을 통한 비용절감에 맞닿아 있고, 사업자체의 변화는 디지털 기술을 통한 수익창출과 연결되어 있음을 알 수 있다. 결론적으로 디지털 혁신이란 기업 경영의 본질인 이윤극대화를 위해 비용을 낮추고 수익을 높이는 방향으로 디지털 기술을 활용하는 활동이다. 이처럼 디지털 혁신이 기업

경영의 본질과 맞닿아 있기에 많은 학자들이 디지털 혁신은 기술이 아닌 전략의 문제라고 역설했다(Fitzgerald et al., 2014; Frankiewicz & Chamorro−Premuzic, 2020; Kane et al., 2015; Tabrizi et al., 2019). 그러면 전략 관점에서 디지털 혁신을 어떻게 다뤄야 하는가? 이에 대해 기업의 디지털 기술 활용 역사를 통해 살펴보자.

2 디지털 기술의 활용 방법

서로 다른 이해관계

수요와 공급을 기준으로 IT산업을 크게 둘로 나누어 보면 IT공급기업과 IT수요기업으로 나눌 수 있다. IT공급기업은 IT관련 제품과 서비스를 만드는 기업으로 다시 하드웨어 제조, 소프트웨어 개발 그리고 이 둘을 활용하여 응용 시스템을 만들고 운영해주는 IT서비스 3가지로 분류할 수 있다. 하드웨어 기업에는 IBM, HP 또는 삼성전자 같은 기업이 있고 소프트웨어 기업에는 마이크로소프트나 오라클 또는 한글과 컴퓨터 같은 회사가 있으며 IT서비스 기업에는 Accenture, EDS, 삼성 SDS, LG CNS, SK C&C 같은 기업이 있다. IT수요기업은 IT공급기업으로부터 제품과 서비스를 사서 자신의 업무를 효율화하려는 기업으로 현대자동차, 삼성생명 같은 기업을 말한다. IT시장이 이처럼 나누어져 있을 때 IT공급기업에 속하는 기업은 생존을 위해 어떻게 해야 할까?

IT산업은 B2B시장의 규모와 수익률이 더 크므로 IT공급기업은 IT수요기업의 수요창출을 유도해야 한다. 이 때문에 IT공급기업은 계속 새로운 기술과 개념을 만들고 자신들의 상품인 IT의 생산성과 효율성을 마케팅 한다. 요즈음 뜨고 있는 기술인 인공지능, 빅데이터, 클라우드, 심지어 메타버스에 이르는 수많은 전문 용어들도 같은 맥락에서 이해할 수 있다. 이러한 새로운 기술과 개념들은 IT공급기업이 자신의 사업 확대를 위해 만들어 낸 것이라 볼 수 있다.

따라서 IT수요기업의 경영자는 IT공급기업의 마케팅에 현혹되지 말고 현명하게 자신의 비즈니스에 무엇이 도움이 되는지를 면밀하게 분석하고 판단해야 한다. 자동차를 구매하는 사람이 시승을 해보고 사양도 비교하면서 자신에게 가장 잘 맞는 차를 고르는 것과 같은 이치다. 많은 경영자들이 디지털 혁신에 대해 강조만 할 뿐 실제 추진은 전문가가 알아서 할 일로 치부해버리지만 디지털 혁신은 기술의 문제가 아니라 전략의 문제이다(Kane et al., 2015; Tabrizi et al., 2019). 디지털 기술을 전략적으로 활용하는 기업은 그에 따른 선발주자효과(First Mover Advantage)를 누릴 수 있고 이로 인한 경쟁우위는 후발주자가 따라가기 매우 힘들기 때문이다.

IT서비스 기업의 등장

IT수요기업은 회계, 재무, 인사 같은 기본 업무를 우선 디지털화했다. 초기에는 이러한 정보시스템을 자체적으로 개발했다. 당시에는 하드웨어나 소프트웨어가 그리 복잡하지 않았고 정보시스템 개발 서비스를 제공하는 회사도 많지 않았기 때문이다.[10] 또한 IT수요기업마다 독특한 프로세스를 가지고 있어서 이를 반영하기 위해 독자적으로 시스템을 개발하는 경우가 많았다.

1980년대 후반에서 90년대 초반을 거치며 IT의 전성시대라고 할 만큼 정보통신기술의 발전이 이루어졌고 그로 인해 IT수요기업이 자체적으로 정보시스템을 개발하기가 어려워졌다. IT공급기업들이 판매를 위해 계속 새로운 상품을 출시하다 보니 IT수요기업의 입장에서 어떤 IT상품을 구매해야 원하는 효과를 얻을 수 있을지 알기 어려운 상황이 되어버렸기 때문이다. 기술 발전에 따라 하드웨어와 소프트웨어, 통신 기술이 얽히고설키면서 IT가 엄청나게 복잡해져서 전산 담당자조차 날마다 새롭게 쏟아져 나오는 기술을 다 이해하고 적용하기 힘들어 자체 개발방식으로는 발전속도를 따라가기 어려웠다. 이 때문에 마치 변호사나 회계사가 전문 지식을 토대로 의뢰인을 돕는 것처럼 수많은 IT 중에서 가장 적합한 솔루션을 찾아 자문해주고 필요한 정보시스템을 구축, 운영해주는 전문가 집단이 필요해졌고 그러한 기능을 수행하게 된 기업들을 IT서비스 기업이라 부르게 되었다.

이는 자동차를 구매할 때 직면하는 상황과 유사하다. 포드사가 초기 제품인 모델 T를 생산하던 시절에는 자동차 종류가 하나였으므로 소비자가 해야 할 의사 결정은 구매를 할지 말지 뿐이었다. 그러나 오늘날 제조사마다 다양한 종류의 차를 여러 조건에 제공하는 상황에서 차를 구매하려면 고려해야 할 항목이 많아 전문가 조언을 듣는 편이 유리하다. IT도 하드웨어, 소프트웨어, 통신 등 각 분야에서 다양한 신기술이 쏟아져 나오는 상황에서 어떤 기술을 어떻게 활용해야 하는지에 대해 IT수요기업에게 자문, 구축 및 운영 서비스를 제공하는 전문가가 필요하다. IT서비스 기업은 IT수요기업의 이러한 요구사항을 잘 이해하고 그에 가장 잘 맞는 기술을 찾아 이들이 최적의 성능을 발휘하여 경쟁우위를 달성할 수 있도록 조합하고 연결하는 전문 서비스를 제공한다.

IT서비스 기업의 역할과 관련하여 IT소믈리에라는 말을 눈여겨볼 필요가 있다. 이는 IT를 와인에 빗댄 말로 와인을 제대로 즐기기 위해서는 전문가인 소믈리에로부터 추천을 받는 방법이 좋듯이 IT수요기업도 IT전문가로부터 조언을 받는 것이 좋은 방법임을 시사한다.

IT소믈리에(IT Sommelier) - 전자신문 2007.6.20 -

와인에 대한 관심이 높아지면서 '소믈리에'라는 직업이 주목을 받고 있다. 영어로 와인캡틴, 와인웨이터로 불리는 소믈리에는 호텔이나 레스토랑에서 포도주를 전문적으로 관리하고 서비스하는 사람으로 중세 유럽에서 식품보관을 담당하는 '솜(somme)'이라는 직책에서 유래했다고 한다.

와인은 원재료가 되는 포도의 품종, 숙성 방법, 원산지, 수확연도의 일조량 등에 따라 다양하게 나뉜다. 따라서 고객의 입맛에 맞고 식사에 어울리는 와인을 추천해야 하는 소믈리에는 원산지별 와인의 특성과 각 와인에 어울리는 요리 등을 폭넓게 알아야 한다.

이처럼 풍부한 지식과 경험을 바탕으로 손님에게 맞는 와인을 골라주는 소믈리에는 IT전문가와 유사한 면이 많다. IT전문가 역시 하루가 다르게 쏟아져 나오는 수많은 정보기술의 특징과 사용법, 문제점들에 해박해야 한다. 고객의 문제를 해결할 수 있는 정보기술을 추천하고 고객이 원할 경우 컨설팅에서부터 구축, 운영에 이르는 다양한 IT서비스를 제공할 수 있어야 한다. 유능한 소믈리에가 서비스맨으로서의 인격과 기획 및 경영능력이 있고 다른 사람에게 와인과 서비스 교육을 하듯, 유능한 IT전문가는 고객 선도 능력과 사업 발굴 능력이 있고 변화를 주도할 수 있어야 한다. 이런 면에서 고객 선도 능력을 기반으로 통합 IT서비스를 제공하는 IT전문가를 IT소믈리에라고 부를 수 있다.

고객의 마음을 사로잡는 유능한 IT소믈리에가 되기 위해서는 우선, 전문가로서의 품위와 역량을 유지할 수 있도록 늘 자기관리를 철저히 해야 한다. 실제로 유능한 소믈리에는 와인을 감별할 수 있는 후각과 미각을 유지하기 위해 술이나 담배, 심지어는 커피까지도 멀리한다. 또 소믈리에협회가 정한 복장규정에 따라 흰색 와이셔츠에 검정색 상·하의, 조끼, 넥타이와 앞치마를 두르는 등 전문직업인으로서 자신을 차별화하기 위해 꾸준히 노력한다. 마찬가지로 IT소믈리에를 꿈꾸는 사람이라면 현실의 어려움을 이겨내고 자신을 연마하는 노력을 게을리하지 말아야 할 것이다.

다음으로는 풍부한 업무경험을 쌓아야 한다. 진정한 소믈리에는 자격증 시험의 합격 여부만으로는 가를 수 없다고 한다. 그래서 어느 나라든 국가공인 자격제도라는 것이 없고 경험이 많은 사람을 주변에서 소믈리에라고 불러주거나, 시험을 본다 해도 소믈리에협회에서 실시하며 그것도 현업에서 수년간 종사한 사람에게만 시험 볼 자격을 준다. IT소믈리에 역시 풍부한 업무경험이 바탕이 돼야 전문가로서 빛을 발할 수 있다.

소믈리에는 또한 세일즈맨이 되어야 한다. 소믈리에의 능력은 경험과 지식을 바탕으로 자신이 일하는 레스토랑에서 와인을 얼마나 많이 파느냐에 달렸다고 한다. 즉, 음식으로 인한 매출보다 와인으로 인한 매출이 더 많아야 유능한 소믈리에라고 불릴 수 있다는 말이다. 아무리 와인에 대해 풍부한 지식이 있더라도 그 지식이 매출로 연결되지 않는다면 레스토랑의 경영에 보탬이 되지 않기 때문이다. 마찬가지로 유능한 IT소믈리에는 자신의 전문지식을 적극적으로 회사의 매출과 연결시킬 수 있어야 한다. 그러기 위해서는 자신이 제공하는 IT서비스에 대해 고객이 기꺼이 대가를 지급할 수 있도록 고객이 가진 문제를 정확히 알고 고객이 가장 이해하기 쉬운 방법으로, 또 가장 원하는 수단을 통해 그 문제를 해결해 줄 수 있어야 한다. 아무리 좋은 와인이라도 팔리지 않는 와인은 창고에서 썩는 것처럼 팔리지 않는 지식은 개인 취미와 자기만족에 불과하기 때문이다.

제대로 된 레스토랑에서 제대로 된 서비스를 받아본 사람이라면 유능한 소믈리에가 깊은 와인의 맛과 향만큼이나 와인을 즐기는 사람의 마음속에 오랫동안 기억된다는 사실에 동의할 것이다. IT소믈리에로서 고객에게 제대로 된 서비스를 제공함으로써 고객의 마음 속에 감동을 전하는 IT전문가가 더 많이 탄생하기를 바라는 바이다. (신재훈, 2007)

투자 의사결정의 원리

디지털 혁신을 위한 투자결정은 어떻게 내려야 할까? 일반적으로 투자에 관한 의사결정은 투자수익률(ROI: Return On Investment)을 기준으로 사용한다. 투자로부터 벌어들일 수익과 그 수익을 만들기 위해 투입할 비용을 비교하는 것이다. IT투자에 따른 수익은 IT투자로 절감한 비용의 크기로 측정하는 경우가 많으므로 IT투자 관련 ROI는 IT투자액과 이를 통해 절감할 비용을 비교하여 측정한다. 예를 들어 10명이 하던 일을 IT를 통해 5명이 할 경우, 투자액과 줄어들 5명의 인건비를 비교해서 인건비 절감이 IT투자액보다 크면 투자 효율이 있다고 보는 식이다.

그런데 여기서 생각해볼 점은 "비용을 줄이면 최대한 얼마까지 줄일 수 있는가?" 하는 것이다. 예를 들어 월급 100만원을 받아 20만원은 저축을 하고 80만원은 생활비로 쓰는 사람이 있다고 하자. 갑자기 몸이 아파 예기치 않은 지출을 하게 될 경우 이 사람이 줄일 수 있는 금액의 최대치는 얼마일까? 극단적 상황을 가정하여 모든 지출을 줄이고 저축만 유지한다면 80만원이고 저축까지 포기한다면 100만원이다. 비용을 0 미만으로 줄일 수는 없기 때문이다.

여기서 비용을 0 미만으로 줄일 수 없다는 말에 주목할 필요가 있다. IT공급기업의 입장에서 IT는 판매 상품이다. 그들은 자신들의 상품을 팔기 위해 IT수요기업에게 "우리 IT를 쓰면 생산성을 높여 비용절감을 할 수 있으니 투자를 하라"고 마케팅 한다. 이때 경영자는 IT투자에 드는 비용과 IT투자로 인해 절감할 수 있는 비용을 비교하여 절감효과가 더 커야 투자를 결심할 수 있다.

문제는 IT투자를 처음 할 때에는 비용절감 효과가 크게 나타지만 비용을 줄이는 데에는 한계가 있으므로 IT투자에 따른 비용절감효과가 점차 줄어들 수밖에 없다는 데 있다. 반면에 IT투자 비용은 두 가지 이유로 점차 증가한다. 하나는 디지털화 대상 업무가 단순 반복 업무에서 복잡한 업무로 바뀜에 따라 투자규모가 커지는 것이고 다른 하나는 이미 개발된 시스템에 대한 유지보수 비용이 늘어나는 것이다. 이렇게 되면 IT투자규모가 커도 대부분의 비용이 이미 개발된 시스템의 유지보수에 사용되어 초기투자 때와는 달리 신규시스템 개발에 사용될 투자가 줄어들어 비용절감효과는 더욱 줄어든다. 이러한 상황에 직면한 경영자는 더 이상 IT에 투자할 동인을 찾지 못하게 된다.

IT수요기업이 투자에 따른 비용절감 효과를 더 이상 볼 수 없어 신규 IT투자를 외면하게 되면 어떤 일이 벌어질까? IT공급기업은 더 이상 제품과 서비스를 판매할 수 없으므로 다른 접근법을 생각할 수밖에 없다. 줄어드는 비용절감효과에 기대어 마케팅을 해서는 한계에 부딪히기 때문이다. 이에 대한 해결책을 찾기 위해 IT투자 비용을 A, IT투자로 인해 절감되는 총 비용을 B, IT투자 비용 A를 초과하는 비용절감분을 C로 가정하고 분석해보자. 새로운 투자가 이루어지기 위해서는 A, B, C, 사이에 다음의 등식이 성립해야 한다.

$$B = A + C(C > 0)$$

여기서 주목해야 할 부분은 C가 0보다 커야 한다는 것이다. 만약 C가 0 이하라면 이는 투자에 따른 비용절감이 투자에 비해 같거나 적다는 의미이다. 통상의 경우라면 IT에 대한 투자는 A와 B가 같게 되는 수준에서 멈춘다. IT투자로 인해 얻을 수 있는 비용절감이 IT투자에 드는 비용과 같다면 더 이상 새로운 투자를 할 이유가 없기 때문이다.

이에 대해 IT투자를 옹호하는 입장이라면 다음과 같이 주장할 수도 있다. IT투자는 그 효과가 장기에 걸쳐 나타나므로 투자시점의 비용절감 효과가 크지 않더라도 IT가 활용되는 전 생애주기를 고려하면 투자 효과가 더 크다고 말이다. 뿐만 아니라 세금을 고려하면 IT투자로 절세 효과까지 누릴 수 있어 투자가 유리하다고 주장할 수도 있다. 문제는 설령 이러한 주장이 사실이더라도 그 효과가 영원할 수 없다는 데 있다. 비용은 극단적으로 절감해도 최대치가 0이기 때문이다. 게다가 IT는 운영 및 유지보수비용이 시간이 지날수록 증가하는 경향이 있다. 이 때문에 초기에는 IT투자액 전부를 신규 시스템 개발에 쓸 수 있어서 투자 효율성이 높지만 나중에는 투자의 많은 부분이 기존 시스템의 유지보수에 쓰이고 신규 시스템 개발에는 일부분만 쓰이는 형국이 벌어진다.

이러한 상황에서 IT공급기업은 어떻게 해야 할까? 당연히 원가를 낮춰 저렴하게 공급할 방법을 찾아야 한다. 예를 들어 가격이 높을 경우 처음에는 부담 여력이 있는 대기업만 투자를 할 수 있지만 가격이 낮아지면 규모가 작은 기업도 투자할 가능성이 높아진다. 따라서 IT공급기업은 판매하는 IT의 가성비를 높이는 노력을 계속하게 된다. IT의 발전을 기술 측면이 아니라 경제적 측면에서 보면 이러한 기제가 작동된다고 할 수 있다. 즉, 투자에 대한 ROI를 높여서 IT수요기업이 계속 IT 를 구매해야 IT공급기업이 먹고살 수 있으니 하드웨어와 소프트웨어의 성능과 서 비스의 질을 더 높이게 된다.

이처럼 IT의 성능 개선은 기술 발전만이 아니라 투자비용을 낮춰 새로운 고객 을 확보하려는 IT공급기업의 전략 측면에서도 고려할 필요가 있다. 하지만 IT수요 기업에서 IT투자를 통한 비용절감의 한계가 0이듯이 성능 개선을 통한 IT공급기 업의 제품가격 인하에는 한계가 있을 수밖에 없다. 구글이나 네이버가 메일 서비 스를 무료로 제공하는 것이 하나의 예인데 최대로 인하하여 공급하면 가격이 0이 지만 0보다 낮은 가격으로 제공할 수는 없다.[11]

비용절감형 IT

IT수요기업은 ROI가 높은 업무부터 디지털화한다. 이 때문에 초기에는 재무, 회계, 인사와 같은 비용절감형 IT 구축이 대세를 이뤘고 이를 경영정보시스템(MIS: Management Information System)이라 불렀다. 1990년 중반까지 MIS는 거의 모든 기 업의 화두였으며 조금 더 의욕적인 기업은 경영자의 의사결정 지원을 위한 임원정보시 스템(EIS: Executive Information System)이나 전략정보시스템(SIS: Strategic Information System) 등을 구축하기도 하였다.

1990년대에 접어들며 마이클 해머(Michael Hammer)가 비즈니스 프로세스 재설 계(BPR: Business Process Reengineering)라는 개념을 주창하기 시작했다(Hammer, 1990). BPR의 핵심은 기존 업무를 혁신하지 않고 그대로 자동화해서는 경쟁우위를 달성할 수 없으므로 우선 기존 업무 프로세스를 혁신한 다음에 정보시스템을 만들 어야 진정한 경쟁우위를 달성할 수 있다는 것이다. 기존 비용절감형 IT투자에서 기대했던 만큼의 효과를 보지 못했던 기업들은 BPR의 주장에 매료되었고 이는 전 세계적인 BPR 광풍으로 이어졌다. 그도 그럴 것이 기존 프로세스를 그대로 전산 화하는 것으로는 업무처리 속도를 높여 약간의 효율성을 얻을 수 있을지 몰라도 근본적인 업무혁신을 이루기 어려웠다. 그런데 BPR은 이 같은 어려움을 파고 들 어 먼저 업무를 근본적으로 혁신하고 이렇게 혁신한 업무 프로세스를 지원하는 정보시스템을 개발해야 한다고 주장함으로써 기업 내 IT활용을 기술 차원에서 전략 차원으로 승화시켰고 이점이 경영자들의 마음을 사로잡았다.

그러나 BPR도 본질적으로는 비효율 프로세스 제거에 초점을 맞추었기 때문에 포터의 주장에 비춰 보면 전략보다 운영효율성(operational efficiency)에 가까운 혁신이었다. 문제는 운영의 효율성은 한계가 있다는 것이다. 운영효율성은 비용절감이 목표인데 비용을 0 미만으로 줄일 수는 없으므로 프로세스 재설계와 정보시스템 구축 및 그로 인한 투자효율도 한계가 있을 수밖에 없다. 이 때문에 광풍처럼 휘몰아쳤던 BPR과 정보시스템 개발에 대한 수요는 점차 줄어든 반면 BPR 과정에서 개발된 정보시스템을 유지하고 운영하기 위한 비용은 계속 증가하는 현상이 나타났다. 그러자 호황을 구가하던 IT공급기업들은 또다시 새로운 먹거리를 발굴해야 하는 처지가 되었다.

IT수요기업이 새로운 IT투자에 흥미를 잃게 된 또다른 요인에는 패키지로 공급된 전사적 자원관리 시스템(ERP: Enterprise Resources Planning)이 있다. 1972년 독일 만하임에서 IBM출신 엔지니어 5인이 설립한 SAP은 업무용 응용시스템 소프트웨어 분야 시장 점유율 1위의 회사이다.[12] SAP의 창업자들은 정보시스템 구축 자문 경험을 바탕으로 대부분의 기업에서 사용할 수 있는 통합 업무용 응용시스템을 개발하였는데 1998년에 출시된 R/3 버전이 공전의 히트를 치면서 SAP은 ERP분야에서 업계 1위 회사가 되었다. SAP R/3가 많은 기업이 앞다투어 도입한 히트상품이 된 이유는 선진기업의 노하우(know-how)가 담긴 프로세스를 시스템으로 구현하였기 때문이다.

BPR은 기존 업무 프로세스에서 비효율을 제거하여 새로운 프로세스로 혁신하는 것이 목표인데 이를 달성하려면 선진기업의 노하우를 배우는 벤치마킹이 필수였다. 자사의 비효율적 프로세스를 벤치마킹을 통해 배운 선진기업의 효율적 프로세스로 대체하는 것이 BPR의 중요한 방법론이었기 때문이다. 그런데 SAP R/3는 여러 선진기업의 효율적 프로세스 중에서 대다수 기업에 적용할 수 있는 공통 부분을 모아 시스템으로 구현한 것이기 때문에 논리적으로 볼 때 SAP R/3를 도입하면 선진 기업의 업무프로세스는 물론 그 업무 프로세스를 구현한 시스템까지 한

번에 활용할 수 있게 된다. 이는 단기간에 투자에 대한 효과를 얻고자 하는 IT수요 기업에게 굉장한 매력 포인트였다. 이 때문에 너도 나도 앞다투어 SAP R/3를 도입 하면서 많은 기업들이 자사의 업무 프로세스를 단기간에 선진기업 수준으로 끌어 올렸으며 이는 IT공급기업에게 새로운 먹거리가 되었다.

하지만 모든 것에 동전의 양면이 있듯이 BPR과 패키지형 ERP인 SAP R/3로 촉 발된 IT투자 수요 확대는 비용절감을 위한 IT수요가 점차 줄어들고 있다는 의미도 되었다. 물론 패키지 소프트웨어는 버전 업(version up) 전략을 통해 신규 수요를 창 출할 수도 있지만 모든 기업이 대규모 투자를 통해 버전 업을 하지는 않으므로 ERP 도입 기업이 늘어날수록 신규 투자수요는 줄어들었다. 윈도우가 버전 11까지 나왔 지만 많은 기업이 마이크로소프트에서 기술지원을 중단하기 전까지 윈도우 7 버 전을 계속 사용하고 있던 것을 생각해보면 쉽게 이해할 수 있다. 결국 대부분의 IT 수요기업이 BPR과 SAP R/3기반의 ERP구축을 마치고 나자 IT공급기업은 그동안 의 잔치를 끝내고 또다시 새로운 먹거리를 발굴해야 하는 상황에 직면하게 되었 다. 이는 마치 COVID−19로 인해 바깥 활동보다 실내 활동이 증가하자 넷플릭스 같은 OTT기업들이 호황을 누리다가 COVID−19가 약해지면서 가입자 증가세가 주춤해지자 매출 증가가 둔화되고 주가가 떨어지게 된 상황과 유사하다고 할 수 있다(정민경, 2022).

수익창출형 IT

이러한 상황을 벗어나게 해준 것이 인터넷과 비즈니스 모델의 등장이었다. 이 른바 닷컴 열풍으로 알려진 인터넷 비즈니스는 이전 시대에 없던 새로운 유형의 기업을 만들어냈고 이들의 사업 성과를 설명하기 위해 비즈니스 모델이 광범위하 게 논의되었다. 이러한 논의들은 IT공급기업, 그중에서도 IT서비스 기업이 IT수요 기업을 대상으로 새로운 먹거리를 발굴할 수 있게 해주는 계기가 되었다. IT공급 기업 중에서 하드웨어와 소프트웨어 공급기업은 기존 시스템에 대한 유지보수 비 용만으로도 어느 정도 매출을 확보할 수 있었다. 하지만 인력 기반의 시스템 개발 과 운영이 주요 수입원이던 IT서비스 기업은 새로운 대규모 시스템 개발수요를 이끌어 내는 것이 중요했기 때문에 새로운 먹거리 발굴에 더 적극적일 수밖에 없었다. 이러한 상황을 반영하여 IT서비스 기업은 새로운 형태의 IT투자를 IT서비스 2.0이라 부르며 기존 IT투자와의 차별화를 시도하였다. IT서비스 2.0의 핵심은 기존 IT투자가 비용절감에 초점을 맞추었던 것과 달리 수익창출에 초점을 맞춘 것이다(아래 기사 참조).

IT서비스 2.0시대 - 전자신문 2008.07.28 -

'IT서비스 2.0' 시대가 도래하고 있다. 과거 IT서비스는 기업과 공공기관에 컴퓨터 기반 정보시스템을 구축하고 운영하는 업무를 의미했다. 이는 IT가 곧 컴퓨터를 의미하고, 컴퓨터의 주요 사용자가 기업과 공공기관인 시대에 적합한 개념이었다. 하지만 이처럼 좁은 정의로는 산업의 외연이 계속 넓어지는 IT서비스를 제대로 규정하기 어렵다. 실제로 모바일 환경이 일반화되고 모든 기기에 소프트웨어가 내장되면서 컴퓨터와 일반기기의 구분이 무의미해졌다. 그런가 하면 애플이 '아이튠스' 서비스를 '아이팟'과 연결해 성공한 예에서 보듯이 제품과 서비스의 경계도 모호해졌다. 또 개인을 대상으로 한 정보서비스가 보편화되면서 IT서비스는 개인 생활에까지 깊은 영향을 미치는 기간산업으로 자리 잡았다. 일례로 지난해 개봉한 영화 '다이하드 4.0'를 보면 IT서비스가 얼마나 깊숙이 우리 삶에 들어와 있는지를 쉽게 알 수 있다. 영화에서 범죄자들은 '파이어 세일(Fire Sale)'이라는 방법을 동원해 사회 인프라를 공격한다. 이것이 가능한 이유는 모든 사회 인프라가 IT서비스를 통해 구축됐기 때문이다.

이렇듯 IT서비스가 단순한 정보시스템 구축을 넘어 개인의 삶의 질을 향상시키고 기업에 성장동력을 제공하는 수단으로 자리매김함에 따라 개념을 새롭게 정의하고 이를 더 효과적으로 활용하려는 노력이 IT서비스 기업과 고객 모두에게 절실해졌다. 우선 IT서비스 기업은 고객의 요구를 분석해서 시스템을 구축하던 수동적인 자세에서 벗어나 고객이 생각하지 못했던 문제를 일깨워 주고, 그러한 문제를 네트워크, 엔지니어링 서비스를 포함한 확장된 개념의 IT를 활용해 해결하는 능동성과 적극성을 가져야 한다. 아울러 수익창출형 서비스로 고객의 수익 극대화에 직접적으로 기여해야 한다. 고객도 IT서비스를 비용절감 도구로만 인식하는 좁은 시각에서 벗어나 본원적 경쟁력을 높이고 신규 성장동력을 찾는 필수요소로 받아들여야 한다. 정부도 새로운 개념의 IT서비스 활성화에 장애가 되는 제도를 개선해야 한다. 이처럼 IT서비스 기업과 정부 및 고객의 노력이 조화를 이룬다면 IT서비스2.0은 한국의 새로운 성장동력으로 자리 잡을 것이다. (신재훈, 2008)

비용절감형 IT와 달리 수익창출형 IT는 새로 만들어진 수익이 투자 비용보다 크기만 하면 얼마든지 새로운 IT투자 수요를 만들 수 있다는 점에서 IT서비스 기업에게 IT서비스 2.0은 매력적인 사업 기회였다. 우리나라에서 삼성SDS, LG-CNS, SK C&C와 같은 대형 IT서비스 기업은 이러한 시대 변화에 가장 많은 영향을 받았다. 이들 IT서비스 기업들이 가장 높은 성장률을 구가했던 시기는 1990년대였다. 이 시기는 IMF와 외환위기 대응을 위한 정책으로 정부에서 벤처와 IT투자를 장려하던 때로 민간투자 활성화를 위해 정부 스스로 전자정부 구현을 목표로 한 대형 프로젝트를 다수 발주하였다. 이 시기에 "산업화는 늦었지만 정보화는 앞서야 한다"는 공감대를 바탕으로 본격 추진한 국가정보화가 지금 우리나라 국민들이 전 세계 어느 나라보다 앞선 전자정부서비스를 누릴 수 있는 초석을 놓았다(정충식, 2021). 이러한 일들을 하면서 국내 IT서비스 기업들은 양적, 질적으로 성장하였고 그 과정에서 많은 IT개발자들이 양성되었다. 양성된 개발자들이 계속 일하기 위해서는 대규모 IT개발수요가 지속적으로 나와야 하는데 이를 위해 IT서비스 기업들이 주장한 것이 비용절감보다는 수익창출에 초점을 맞춘 IT서비스 2.0이었다.

IT서비스 2.0이 수익창출에 초점을 맞췄다는 것은 기업 내부 관리보다 외부 시장, 고객과의 관계 확대에 초점을 맞춘 것이라 볼 수 있다. IT서비스 1.0이 재무, 회계, 인사와 같은 내부 운영관리 업무의 효율화를 위한 정보시스템 개발에 중점을 두었다면, IT서비스 2.0은 비즈니스 모델과 결합하여 새로운 비즈니스를 실행하기 위한 정보 인프라 구현에 중점을 두었다. 이렇게 볼 때 IT서비스 2.0시대의 정보시스템은 크게 두 가지로 나눌 수 있다. 하나는 전통산업이 수익창출에 필요한 프로세스를 디지털화하는 것이고 다른 하나는 신규산업이 디지털 기술을 기반으로 새로운 비즈니스 모델을 만들고 그에 필요한 시스템을 개발하는 것이다. 앞의 사례로는 보안회사가 비전(vision) 인식 기술로 무인 경비 시스템을 만드는 것을 들 수 있다. 이 시스템은 본업인 경비 업무의 경쟁력을 높이면서 새로운 수익을 만들어 낼 수 있다. 사람이 경비를 할 경우 24시간 감시가 어렵지만 비전 인식 기술 기반의 무인 경비 시스템은 24시간 경비가 가능하고 이는 새로운 매출로 이어지므로 비용절감형 정보시스템과는 다른 기준으로 투자를 평가할 수 있게 된다.

한편, 디지털 기술을 기반으로 새로운 비즈니스 모델을 만드는 것의 사례로는 국민 메신저 시스템으로 자리 잡은 카카오톡을 들 수 있다. 2010년 3월 18일에 공식 서비스를 시작한 카카오톡은 이제 우리나라 국민 대다수가 매일 사용하는 메신저 서비스가 되었다.[13] 이러한 서비스를 위한 투자는 IT서비스 1.0에 해당하는 비용절감형 시스템과는 전혀 다른 성격의 투자다. 늘어나는 수요를 감당하기 위해 ㈜카카오가 시스템에 들이는 투자는 새로운 비즈니스 모델의 구현과 유지에 필요한 것으로 비용절감형 IT와는 차원이 다르다. 심지어 카카오톡은 출시 후 10년이 넘도록 무료 서비스를 제공하고 있다. 만약 비용절감을 위한 시스템이라면 가능하지 않을 투자이다. 우버나 에어비엔비처럼 전 세계에 널리 알려진 디지털 기반의 새로운 비즈니스 모델도 모두 이와 같은 유형의 투자라 할 수 있다.

이상의 논의를 정리하면 다음과 같다. IT서비스 기업이 IT수요기업에게 제공하는 서비스 가운데 비용절감에 해당하는 부분은 대체로 내부 운영관리의 효율화를 위한 정보시스템과 관련이 있다. 대표적으로 재무, 회계, 인사시스템이 포함된다. 반면 수익창출형 서비스는 해당 기업의 수익에 직접 영향을 주는 시스템으로 IT수요기업의 매출과 연관된다. 앞서 설명한 바와 같이 보안관리 기업에게는 무인경비 시스템이 그러한 시스템이다. 또 다른 예로 일반 기업에서는 비용절감형 서비스인 물류관리 시스템이 물류관리 전문기업에게는 수익창출형 서비스가 된다. 따라서 수익창출형 서비스는 해당 기업의 비즈니스 모델과 밀접한 관련이 있음을 알 수 있다.

비용절감형 IT와 수익창출형 IT는 디지털 기술을 필요로 한다는 측면에서는 유사하지만 지향하는 목표와 결과에는 큰 차이가 있다. 비용절감형 IT는 새로운 투자를 이끌어 내는 데 한계가 있지만 수익창출형 IT는 비즈니스 확대와 맞물려 새로운 투자를 지속적으로 확대할 수 있다. 또한 수익창출형 IT는 해당기업의 비즈니스 모델 중에서 고객가치제안과 밀접하게 연관되기 때문에 전략과의 연계가 강하고 표준화가 쉽지 않다. 나아가 수익의 본질에 닿아 있는 시스템이므로 경쟁우위 유지를 위해 핵심 프로세스를 계속 효율화해야 하고 이는 다시 비용절감형 IT로 이어진다. 이러한 연결고리는 궁극적으로 조직의 모든 부분을 디지털 기반으로 변혁시키는 디지털 혁신으로 이어진다.

IT서비스 1.0과 2.0의 구분은 이미 하고 있던 내부 관리 업무 효율화가 목적인지 아니면 새로운 고객가치제안을 찾아내고 이 제안을 효율적으로 구현하는 것이 목적인지에 달려 있다. 이를 비즈니스 모델과 연결하면 IT서비스 1.0은 운영 중인 비즈니스 모델의 효율적 관리를 위한 시스템으로 DBM과 연관성이 높은 반면 IT서비스 2.0은 새로운 비즈니스 모델인 SBM과의 연관성이 높다고 하겠다.

디지털 혁신

기업은 생존을 위하여 시장 가격보다 낮은 원가에 생산을 하고 이렇게 생산한 상품을 가격보다 높은 가치로 고객에게 제공해야 한다. 즉, 가치는 가격보다 높아야 하고 가격은 원가보다 높아야 하는데 가치, 가격, 원가 사이에 존재하는 이러한 관계를 기업의 생존 부등식이라 한다(윤석철, 1991). 기업의 생존 부등식에 따르면 기업은 생존을 위해 창조성을 발휘하여 가치를 높이거나 생산성을 높여 원가를 낮춰야 한다. 이를 IT관점에서 보면 가치를 높이는 것은 수익창출형 IT이고 원가를 낮추는 것은 비용절감형 IT이다.

비용절감의 이론적 한계에 부딪히면 IT수요기업은 더 이상 투자를 안 하게 되고 IT공급기업은 고객을 잃게 된다. 이러한 상황을 타개하기 위해 IT공급기업이 찾은 블루오션이 수익창출형 IT다. 비용절감형 IT와 달리 수익창출형 IT는 IT투자를 통해 추가 수익을 창출하는 것이므로 창출되는 수익이 그 수익을 만들기 위한 IT투자보다 크기만 하면 이론적으로는 영원한 수요를 만들 수 있다. 이 때문에 IT공급기업은 비용절감형 IT 대신 수익창출형 IT를 전략상품으로 마케팅하기 시작하였다.

이런 관점에서 기업의 정보시스템 구축 역사를 살펴보면 MIS, EIS, SIS, ERP, MES, SCM 등은 비용절감형 IT에 가깝다.[14] 비용절감형 IT에 대한 수요는 1980년대부터 시작해서 1990년대에 호황을 이뤘고 2000년대 중반까지 이어졌다. 2000년대 중반에 접어들어 가치사슬을 이루는 활동 대부분을 정보시스템으로 구현하고 나자 더 이상 비용절감형 IT로 효율화할 활동이 없어지게 되었다. 일선 관리자뿐만 아니라 중간 및 최고경영자들의 정보요구까지 모두 디지털화하고 나니 더 이상 개발할 시스템이 없어졌다. 전사적으로 자원을 관리해주는 ERP, 생산현장을 통제하는 MES, 여기에 공급망을 관리해주는 SCM까지 구축하면 큰 차원의 비용절감형 IT는 거의 다 구축한 셈이기 때문이다.

판매할 상품이 없어진 IT공급기업이 수익창출형으로 방향을 바꿔 IT수요 확대를 위해 만든 것이 CRM(Customer Relationship Management)이다. CRM은 오늘날 빅데이터 분석의 원형이라 할 수 있는데 데이터 분석으로 고객이 원하는 바를 찾아내고 고객 관계를 밀접하게 관리해 새로운 판매 기회를 발굴하는 것을 목표로 하는 시스템이다. 고객 관계에 대한 통찰을 토대로 신제품을 만들려면 제품관리를 제대로 해야 하기 때문에 제품의 수명주기를 관리해주는 PLM(Product Lifecycle Management)이 각광받기 시작한 것도 이즈음이다.

지금까지의 논의로 기업의 디지털 기술 활용은 비용절감형에서 수익창출형으로 발전해 왔음을 알 수 있다. 디지털 혁신은 여기서 한 걸음 더 나아가 비용절감과 수익창출을 동시에 추구하는 것이 목표이며 이는 기업의 영원한 고민인 가치 – 원가 딜레마(value cost dilemma) 해결에 초점을 둔다(김용진, 2020). 가치 – 원가 딜레마를 이해하기 위해 경쟁전략을 다시 살펴보자. 마이클 포터에 따르면 본원적 전략은 원가우위, 차별화, 집중화 3가지밖에 없다(Porter, 1985). 이 중 집중화는 전략 대상을 한정 짓는 것이므로 대상이 정해진 다음에 기업이 선택할 수 있는 전략은 원가우위와 차별화밖에 없다. 포터는 이 두가지가 서로 상반(trade – off)관계에 있으므로 기업은 어느 전략을 선택할지 결정해야 하고 어느 하나를 선택하면 다른 하나는 포기해야 한다고 했다. 이렇게 놓고 보면 IT로 인한 비용절감은 원가우위 전략에 부합하고 IT를 활용한 수익창출은 차별화 전략에 부합한다고 할 수 있다.

그런데 IT활용 경험이 늘어나면서 기업이 깨닫게 된 것은 원가우위와 차별화가 반드시 상반관계일 필요는 없다는 사실이다. 플랫폼 경제가 활성화되면서 에어비앤비, 우버 같은 회사가 등장하였는데 이들은 기존 기업과는 전혀 다른 비즈니스 모델을 통해 가치를 높이는 동시에 원가를 낮추는 전략을 구사하였다. 디지털 혁신을 통해 가치 – 원가 딜레마를 없애는 파괴적 혁신을 만들어낸 것이다. 디지털 혁신은 결국 디지털 기술을 활용하여 비즈니스 모델을 혁신함으로써 가치 – 원가 딜레마를 없애는 과정이라 할 수 있다. 즉, 디지털 기술을 통해 비용절감과 수익창출을, 아울러 원가우위와 차별화 전략을 동시에 추구하는 것이 진정한 의미의 디지털 혁신이다.

사례분석: 유통 산업의 변화

1단계: 내부 운영관리 효율화를 통한 비용절감

우리나라 유통업이 디지털 기술을 본격적으로 도입하기 시작한 것은 1990년대 말이다. 사람이 하던 복잡한 일을 디지털화하여 간편하게 줄이고, 정보 교환에 필요한 시간을 줄여 비용절감과 효율 극대화를 동시에 실현할 수 있었다. 당시 유통 산업의 선두주자였던 이마트는 점포 운영의 효율화를 위해 바코드 시스템을 도입했으며, 재고와 판매상황을 한눈에 보고 실시간으로 분석할 수 있는 영업정보시스템을 구축하여 5만여 상품을 효율적으로 관리했다. 1998년에는 국내 최초로 EDI(Electronic Data Interchange) 시스템을 도입하여 협력사와의 정보공유를 수월하게 하는 등 국내 유통산업의 정보화에 기여했다(Lee, 2006). 기업 내부에서 발생하는 비효율을 디지털 기술 활용을 통해 최소화하고, 서비스의 신속화를 꾀했다.

2단계: 외부 연결을 통한 수익 창출

인터넷은 IT를 단숨에 비용절감에서 수익창출의 영역으로 끌어올렸다. 온라인 쇼핑 몰이 등장한 것이다. 온라인을 통해 소비자들은 원하는 시간과 장소에서 원하는 상품을 구매할 수 있게 되었다. 온라인 쇼핑몰은 오프라인 매장 보유 업체들이 온라인에 만든 매장이다. 오프라인 매장을 위한 임대료, 기자재, 인건비 같은 비용을 절감할 수 있을 뿐만 아니라, 매장별 상이한 품목, 재고 부족 등의 문제없이 상품을 판매할 수 있는 서비스다.

온라인 쇼핑몰은 '시공간의 제약이 없는 쇼핑'이라는 새로운 고객 가치를 만들었다. 그러나 변화는 여기서 멈추지 않았다. 다수의 판매자와 소비자가 온라인 상에서 상거래를 할 수 있는 가상의 장터인 온라인 오픈마켓이 등장했다.[15] 온라인 쇼핑몰은 판매자가 오프라인 매장을 온라인으로 옮긴 것인 데 비해, 오픈마켓은 서비스 운영사가 거래에 관여하지 않고 플랫폼만 제공하는 중개자 역할을 한다는 점에서 차이가 있다. 온라인 쇼핑몰의 관리자는 일반적으로 오프라인 유통을 하고 있는 사업자다. 하지만 G마켓, 옥션과 같은 온라인 오픈마켓은 플랫폼 설계자와 판매자가 다르다. 온라인 유통기업이 중개자가 되며, 판매자와 소비자가 모두 플랫폼의 고객이다. 고정 판매자가 자신의 상품만을 판매하거나, 고정 공급자로부터 제공받은 상품만을 판매하던 온라인 쇼핑몰과 달리, 오픈마켓은 판매자와 품목에 대한 제약이 거의 없다.

이러한 유형을 "e-커머스 플랫폼"이라 하는데 이는 결국 온라인 유통업에서 "오픈마켓"이라는 신흥 산업을 만들었다. 다양한 집단이 소통할 수 있는 장을 마련하는 플랫폼 사업에서는 네트워크 효과가 중요하다. 네트워크 효과란 같은 상품을 소비하는 사용자 수가 늘어나면 늘어날수록 그 상품의 가치 및 효용이 더욱 높아지는 것을 말한다(Katz & Shapiro, 1985). 유통업에서 네트워크 효과는 공급자 증가에 따라 소비자도 증가하는 양상으로 나타나는데 이는 치열한 가격 경쟁과 관련이 있다. 온라인 쇼핑몰이 "언제, 어디서나 주문할 수 있다"는 고객 가치를 창출했다면, 오픈마켓은 "공급자 간 치열한 가격 경쟁이 소비자의 구매 가격을 낮춘다"는 특성을 토대로 "다양한 상품 가격을 한 화면에 제시하여 최저가 구매를 돕는다"는 새로운 고객 가치를 만들었다.

오픈마켓이 주요 산업으로 안착하는 데는 환경과 기술 요인도 한몫했다. 2007년 아이폰이 출시되고, 대중이 인터넷과 친숙해지면서 상품평을 통한 소비자와의 상호작용이 편리해지고 판매 상품에 대한 신뢰가 높아졌다. 인터넷 결제시스템과 모바일 결제 애플리케이션 등 관련 기술이 안정화되면서 더 많은 사람들이 인터넷 쇼핑을 활용하기 시작했다. 이에 더해 2019년 말 시작된 코로나로 사회적 거리두기가 시행되면서 비대면 쇼핑에 대한 욕구가 폭발적으로 증가하였다. 팬데믹 초반 오픈마켓 시장을 압도적으로 점유하고 있던 쿠팡과 네이버는 더 빠른 배송 서비스로 고객을 선제적으로 확보했다. 소비자가 리뷰를 작성하면 인센티브를 지급하는 방식으로 커뮤니케이션 참여를 유도하고, 배송시간을 단축하면서 온라인 유통시장은 발전을 거듭했다. 지금도 온라인 유통업은 인공지능, 빅데이터 등의 신기술을 도입하며 지속적으로 수익성 극대화에 노력하고 있다. 단순히 비용을 절감하려는 접근이 아니라 고객 가치를 발굴하고 이를 최대한으로 만족시키기 위해 전력을 다하고 있다.

3단계: 새로운 비즈니스 모델, 그에 기반한 수익창출과 비용절감 동시 추구

온라인 시장이 오프라인 시장을 대체하는 기간이 길어지자, 오프라인 유통의 강자들도 온라인 오픈마켓 시장에 뛰어들기 시작했다. 일례로 신세계는 기존 "온라인 쇼핑몰"을 통합하여 오픈마켓으로 변경하고 이베이 코리아를 인수하며 본격적으로 e-커머스 시장에 뛰어들었다. 쿠팡과 네이버에 비해 점유율이 낮지만, 신세계와 이마트 같은 대기업 후발주자들의 온라인 침투에 유통업계는 긴장했다. 그들의 막강한 "자본력" 때문이다.

자본이 전부는 아니지만 디지털 기술로 비즈니스를 혁신하려면 많은 투자가 필요하다. 신세계 그룹 정용진 부회장은 2022년 신년사에서 디지털 대전환을 강조했는데, 이는 사업의 일부를 디지털로 대체하는 수준이 아니다. 그는 2022년을 원년으로 삼으며 "디지털 피보팅(Digital Pivoting)"을 강조했는데, 이는 오프라인 유통업에서 쌓아온 역량과 노하우를 하나의 축으로 하고, 온전히 디지털 기술에 의해 운영되는 미래 사업을 또 다른 축으로 하여 기존 역량과 노하우를 디지털 위에서 재구성하는 것을 의미한다. 단순히 온라인만이 아니라 오프라인에서의 유통 또한 디지털 관점에서 재해석해야 한다고 강조한 것이다. 이를 반영하듯 오프라인 유통업의 강자였던 신세계는 "오프라인도 잘하는 온라인 기업"이 되겠다고 공표했다. 결과적으로 고객의 시공간이라는 핵심 가치를 모두 디지털로 해결하겠다는 것이다.[16]

이러한 발상은 전략 수행의 도구로 디지털 기술을 취사선택하는 것이 아니라 전략의 근간을 디지털에 둔다는 면에서 획기적이다. 신세계 그룹의 디지털 혁신에 대한 집념은 물류센터에 대한 투자에서도 잘 드러난다. SSG의 NEO물류센터는 자동화율이 80퍼센트에 달하는 첨단 물류 창고이다(이지원, 2020). 플랫폼 경제의 특성 상 규모의 경제를 통해 수익을 극대화하므로 판매 품목 수 증가에 따라 관리비도 증가하는 인력 위주의 구조보다, 매출이 증가해도 관리비는 일정수준에서 유지되는 자동화 시스템이 유리하다. SSG의 주요 경쟁 상대인 쿠팡은 여전히 높은 인력 의존도를 보이는데, 이는 물류비의 지속 상승으로 이어져 순이익 극대화에 제약으로 작용한다. 쿠팡의 영업이익과 유사한 비율로 판관비도 함께 증가하고 있다는 사실이 이러한 한계를 잘 보여준다. 온라인 유통 플랫폼과 로켓 배송이라는 획기적 서비스를 기획했던 쿠팡은 사업을 뒷받침하는 주요 인프라를 디지털화하는데 신경 쓰지 못했고, 이로 인해 플랫폼의 특성에 내포된 막대한 수익을 스스로 깎아 먹었다.[17]

인력 중심 구조는 창고 형태에 제약을 만든다. 자동화된 시스템은 기계가 물건을 운반하기 때문에 수직 그리드 구조로 창고를 설계할 수 있지만, 인력 중심의 창고는 사람 눈높이에 맞춘 효율성 극대화를 위해 수평 그리드형 창고를 선호하게 된다(조용현 & 최춘웅, 2020). 결국 제한된 면적에서 활용할 수 있는 창고 용량은 자동화 시스템이 인력 의존 시스템보다 현저히 높다. 외곽의 넓은 부지에 건설하는 물류센터는 이러한 제약이 치명적이지 않을 수 있지만 신속 배송이 경쟁력으로 부상하고 있는 현실에서 도심의 오프라인 매장 일부를 할애하여 설치하는 마이크로 풀필먼트 센터(MFC: Micro Fulfillment Center)는 자동화 시스템을 통한 창고 효율의 극대화가 중요하다.

디지털을 기본 축으로 사업을 확대하겠다는 비전을 가진 신세계 그룹과 SSG는 온라인 환경의 네트워크 효과를 제대로 누릴 수 있도록 기업 전반을 디지털 혁신으로 바꾸고 있다. 치아를 교정할 때는 대부분 치아 전체를 한 번에 교정한다. 못난 치아 하나만 교정하면 주변 치아의 영향으로 교정 효과가 떨어지기 때문이다. 디지털 혁신도 마찬가지다. 수익창출과 비용절감을 동시에 추구할 수 있도록 기업 전체를 디지털 혁신에 맞게 재구성해야 한다.

③ 디지털 기술과 전략의 통합

디지털 기술의 활용방식

초기의 비즈니스 모델은 정보시스템을 모델링하거나 운영하기 위한 밑그림이었다(Wirtz et al., 2016). 하지만 인터넷 확산과 더불어 비즈니스 모델은 기업의 경쟁력을 좌우하는 핵심 요소가 되었다. 이러한 현상을 반영하여 클레이튼 크리스텐슨(Clayton Christenson)과 마틴 리브스(Martin Reeves) 등은 유연한 전략수립과 실행의 도구로 비즈니스 모델을 활용할 것을 적극 제안하였다(M. W. Johnson et al., 2008b; Lindgardt et al., 2009).

디지털 기술(DT: Digital Technology)은 프로세스 간소화와 인건비 절감 등 비용절감에 주안점을 두던 시절(DT 1.0)에서, 혁신 기술을 통해 디지털 상품을 개발하거나 새로운 고객 가치를 제안하는 시절(DT 2.0)을 거쳐, 기업 전반의 혁신을 통해 수익창출과 비용절감을 동시에 추구하는 디지털 혁신(DT 3.0)으로 발전하면서 점점 전략의 핵심이 되고 있다.

디지털 기술의 전략적 활용은 비즈니스 모델과 밀접하게 관련되어 있다. [그림 5-5]에서 보듯이 DT 1.0과 DT 2.0을 비즈니스 모델 위에 그려 보면, 디지털 기술은 비즈니스 모델의 일부와 연결된다. DT 1.0은 비효율 제거와 과도한 자원의 축소에 주안점을 둔다. 이를 비즈니스 모델과 연결하면 핵심자원의 투입은 줄이고 핵심 프로세스의 재설계로 효율성을 높여 이익공식에서 비용을 줄이는 것으로 이해할 수 있다. 이러한 정보시스템은 주로 전략을 이행하는 전술적 요인으로 조직의 일선 현장에서 효과가 나타난다. 이를 통해 DT 1.0은 가치전달과 획득차원에서 비용절감에 중점을 두고 있음을 알 수 있다. 한편, 고객 가치 발굴을 통한 수익 창출을 중심으로 하는 DT 2.0은 디지털 기술을 활용하여 매력적인 시장과 가치를 발굴하고 이를 통해 새로운 가치를 제안하는 것을 다루며 가치창출과 제안의 측면에서 수익극대화에 주안점을 둔다.

[그림 5-5] 디지털 기술 활용방식의 진화

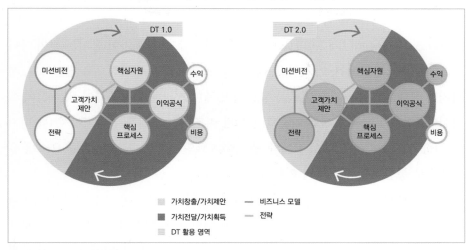

[그림 5-5]에서 DT 1.0과 DT 2.0은 핵심 프로세스를 줄이고 새로운 고객 가치를 제안하는 수단으로 디지털 기술을 활용한다. 하지만 팬데믹 이후 디지털 기술의 전략적 활용은 전략의 일부가 아니라 전략 전반과 연관된다. 디지털 혁신을 통해 비즈니스 모델의 수익창출과 비용축소, 가치창출과 가치획득을 아우르는 통합 체계를 확립해야 한다는 말이다. 비즈니스 모델을 전략과 통합한 것처럼 디지털 기술을 전략과 통합하기 위해서는 가치획득과 가치창출을 동시에 만들 수 있어야 한다. 단순히 DT 1.0과 DT 2.0을 동시에 추진하는 것이 아니라 [그림 5-6]처

[그림 5-6] 디지털 혁신 관점에서 바라본 전략과 비즈니스 모델의 통합

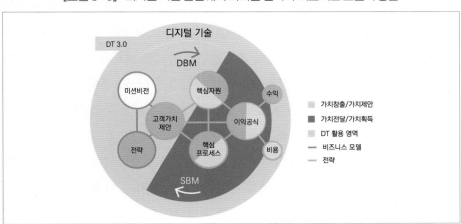

럼 전략과 비즈니스 모델 전반에 디지털 기술을 활용해야 한다. 이러한 이상적 통합이 DT 3.0인 디지털 혁신이다.

DT 3.0은 단순히 DT 1.0과 2.0을 별개로 구성하고 이를 이어 붙이는 것이 아니다. 가치창출, 가치제안, 가치전달, 가치획득 프로세스를 유기적으로 연결하고, 시너지를 극대화하여 디지털 기술을 활용한 비즈니스 자체가 경쟁력이 되는 것이 핵심이다. 그 과정에서 디지털 기술과 통합된 비즈니스 모델을 만들어야 한다. 디지털 기술은 단순히 비즈니스 모델을 구성하는 요인이 아니라 모든 전략 요소를 유기적으로 통합하는 신경망의 역할을 해야 한다.

옷을 만드는 과정을 예로 들어 설명해보자. 원단으로 옷을 만들려면 디자이너가 필요하다. 여기서 원단은 디지털 기술에 해당하고, 디자이너는 비즈니스 모델이며 옷은 전략이다. DT 1.0과 2.0은 일반 원단으로 만든 옷(전략)에 포인트를 주기 위해 고급 원단(디지털 기술)을 덧붙인 것과 유사하다. 이렇게 하면 일반 원단으로 만든 옷을 어느 정도 돋보이게 할 수 있다. 하지만 완전히 차별화된 옷(전략)을 만들려면 디자이너(비즈니스 모델)가 옷 전체를 고급 원단(디지털 기술)을 활용하여 처음부터 다시 디자인해야 한다. 디자이너와 원단이 합쳐져야 옷이 탄생하듯, 비즈니스 모델과 디지털 기술 또한 통합되어야 제대로 된 전략으로 탄생할 수 있다.

디지털 기술 활용을 위한 경영자의 역할

세종대왕은 언어학자이기 이전에 국가 운영에 필요한 중요 의사결정을 해야 하는 왕이었다. 그럼에도 세종대왕은 우리나라의 가장 위대한 유산이라 할 수 있는 훈민정음을 창제했다. 세종대왕이 훈민정음을 창제한 이유는 스스로 밝혔듯이 우리의 말이 사용하는 문자와 달라 백성들이 자유롭게 의사소통하기 어려운 문제를 해결하기 위함이었다. 한 나라의 왕이 국민을 위해 문자를 만든 사실은 전 세계에서 유례를 찾아보기 어려운 위대한 업적이다.

경영자 역시 기업에서 중요한 의사결정을 해야 하는 사람이다. 디지털 기술은 기업의 가치와 목표 이행을 위한 핵심 자원이므로 경영자는 이에 대해 충분히 이해하고 있어야 한다. 디지털 기술의 특성뿐만 아니라 디지털 혁신의 목적과 가치도 분명히 알고 있어야 한다. 세종대왕이 언어만을 연구하는 학자가 아니었음에도 백성들의 자유로운 의사소통을 위해 스스로 연구했듯이 경영자도 경쟁력의 원천이 될 디지털 기술에 대해 공부해야 한다.

이순신 장군 이야기에서 빼 놓을 수 없는 것이 거북선과 판옥선이다. 그러다 보니 거북선을 이순신 장군이 만들었다고 생각하는 사람들이 많지만 이는 사실이 아니다. 거북선은 나대용이라는 사람이 만들었다.[18] 그가 이순신 장군에게 거북선 제조를 건의했고 이순신 장군은 이를 조정에 보고하고 필요성을 인정받아 제조를 지원했다. 당시의 조정을 설득하기 위해서는 거북선에 대해 완벽하게 파악하고 있어야 했을 것이다. 원래 판옥선은 1555년(명종 10년) 남도포 만호였던 정걸 장군이 처음 만들었고 그의 사후에는 나대용이 전선 연구를 계승하였다.[19] 당시의 일본군은 함대를 적군 근처로 몰고 가서 총으로 사격한 뒤 적선에 뛰어드는 단병전술을 구사했다. 이러한 공격을 막는 데는 폐쇄형 구조의 거북선과 방패로 벽을 만든 판옥선이 효과적이었다. 당시 일본의 주력함이던 세키부네는 속도를 높이기 위해 물의 저항을 줄이도록 바닥을 뾰족하게 만든 첨저선(尖底船)[20]이었다. 반면 판옥선은 바닥이 평평한 판상형으로 세키부네에 비해 속도는 느렸지만 좌우 선회능력이 뛰어났고 갑작스러운 해류 변화에도 안정적이었다. 판옥선은 리아스식 해안의 영향을 받아 조수간만의 차가 심하고 섬과 암초가 많은 조선의 바다에 최적화된 배였다. 1592년 임진왜란 발발 이후 7년의 전쟁 중 치러진 총 45번의 해전에서 일본 전함은 700여 척이 격파되었으나 이순신 장군이 전투로 잃은 전함은 단 한 척도 없었다는 사실은 조선의 거대 전투함인 판옥선의 우수성을 여실히 보여준다.[21]

거북선 제조는 시간이 많이 걸려 임진왜란 하루 전에 완성될 만큼 어려운 일이었다. 그럼에도 불구하고 조정을 설득하여 함선을 개발하고 실전에서 쓸 수 있었던 것은 의사결정자가 일본 배와 전장이 위치할 해협의 특성을 모두 파악했기 때문에 가능했다. 실전에서 배를 움직이고 적을 공격하는 방법에 대한 세부 전략이 없었다면 거북선이나 판옥선 같은 형태의 배를 만들 수 없었을 것이다. 거북선은 전장의 현실을 잘 아는 전략가가 배를 잘 아는 기술자와 함께 만들어 낸 걸작이었다.

거북선처럼 디지털 기술은 기업이 전략을 기반으로 경쟁에서 승리하고 성과를 창출하기 위한 무기이다. 따라서 디지털 기술을 어떻게 활용하여 성과를 창출할지를 기술자에게만 맡겨서는 안 되며 전략을 잘 알고 활용할 수 있는 경영자가 직접 참여해야 한다. 경영자가 세부 사항을 모두 알 필요는 없지만 어떤 메커니즘을 통해 가치를 창출하고 구체적 성과를 이룰 수 있는지는 알아야 한다. 세종대왕은 언어학자가 아니었고 이순신은 조선업자가 아니었다. 그들은 중요한 의사결정을 내리고 수많은 인력을 이끌어야 하는 경영자였다. 그럼에도 그들이 언어학자와 조선업자의 모습을 보인 것은 그래야만 조직이 바라는 성과를 창출할 수 있는 무기를 제대로 만들 수 있었기 때문이다.

찬과 레이(Chan & Reich, 2007)는 IT와 전략의 얼라인먼트(Alignment)가 야기한 난관에 대해 다루었다. IT와 전략의 결합을 실행하는 데 있어 가장 큰 걸림돌이 된 것은 지식의 부족이었다. IT관리자는 전략에 익숙하지 못했고, 경영자는 IT에 대한 지식이 부족했다. 상대 분야에 대한 무지는 IT와 전략 결합의 필요성에 대한 의구심만 키웠고 이러한 현상은 지금도 여전히 발견된다.

포브스(Forbes)지에 따르면 2019년 기준, 포춘이 선정한 100명의 최고경영자 중 테크(Tech) 기업에서 활동하는 대부분이 엔지니어링 관련 분야를 공부했다(Whitler, 2019). 애플의 CEO 팀 쿡은 산업공학, 알파벳의 래리 페이지는 컴퓨터 공학, IBM의 버지니아 로메티는 컴퓨터 엔지니어링/공학, 아마존의 제프 베조스는 전기전자공학과 컴퓨터 과학을 전공했다. 또한 페이스북의 마크 저커버그와 델의 마이클 델은 졸업은 하지 않았지만 공학을 공부했다. 디지털 기술을 활용하여 경영전략을 구상하기 위해 반드시 공학을 전공해야 하는 것은 아니다. 포브스도 최고경영자가 일하는 분야는 취득 학위와 무관하다고 이야기했다. 그러나 적어도 디지털 기술을 활용하여 전략을 구상하거나, 전략에 기반하여 디지털 기술을 활용하려면 디지털 기술을 이해하고 활용할 수 있는 능력이 필요한 것은 당연하다고 하겠다.

예를 들어 스테이크 전문 레스토랑에 간다고 상상해보자. 직원이 "고기 두께랑 굽기는 어느 정도로 해드릴까요?"라고 묻는다. 이때 "그냥, 적당히 해주세요"라고 말하는 경우와 "두께는 2센티미터 정도로 하고 굽기는 웰 던(Well-done)과 미디움(Medium)의 중간 정도로 해주세요"라고 구체적으로 주문하는 경우 중 어느 쪽이 만족도 높은 식사를 할 가능성이 있는가? 아마도 후자일 것이다. 스테이크를 주문할 때 충분한 지식이 있어야 재료와 조리 방식에 대해 원하는 바를 명확히 전달할 수 있고 주문과 다르게 나오더라도 제대로 된 피드백을 할 수 있다. 같은 맥락에서 경영자는 디지털 기술을 명확히 이해해야 한다. 온라인과 비대면이 일상화된 상황에서 디지털 기술에 대한 충분한 이해 없이 기업을 운영하는 것이 점점 어려워지고 있기 때문이다.

더 이상 디지털 기술은 전문가에게 일임하는 것으로 끝나는 자원이 아니다. 기술자가 전략을 공부해야 하는 것처럼 경영자도 디지털 기술에 대해 관심을 가지고 배워야 한다. 디지털 기술과 전략이 효율적으로 상호작용해 성과를 창출하려면 서로의 영역을 존중하는 척하며 배우지 않으려는 "게으른 배려심"은 버려야 한다. 경영자는 스테이크에 대한 충분한 지식을 가지고 올바르게 주문하고, 기술자는 이에 화답하듯 매력적인 음식을 제공하여 성과를 창출할 수 있도록 서로가 배워야 한다.

디지털 기술 활용을 위한 고려사항

날씨는 일상 생활에 큰 영향을 미치기 때문에 대부분의 사람이 일기 예보에 관심이 많다. 그러나 누구나 한두 번은 틀린 기상 예보에 짜증을 낸 적이 있을 것이다. 한국경제신문이 기상청 자료를 토대로 분석한 결과에 따르면 일기예보 오보율은 2019년과 2020년에 각각 42%, 40%를 기록했고 2021년에는 45%에 달했다.[22] 우리나라 기상청 예보 시스템의 핵심 기술인 '킴(Kim)'[23]은 성능 면에서 유럽연합 (EU), 영국, 캐나다 등에 이어 세계 6위 수준(2020년 5월~2021년 10월, RMSE 예측성능 기준)이다. 하지만 일각에서는 정부가 킴 고도화 팀을 한시적으로만 운영하는 등 성능 확대를 위한 노력이 부족하다는 지적이 많다. 반면 기상청은 선도 기술을 보유하고도 예측이 어려운 원인을 이상기후로 돌린다. 지구온난화로 기후가 변하면서 기존 데이터에 기반한 예측의 정확성이 떨어진다는 것이다(구민기, 2022).

과학적 설명이 가능한 기상예측도 이렇게 어려운데, 사람은 오죽할까? 2022년 7월 21일, 뉴욕 타임즈(NYT: The New York Times)는 여덟 명의 저명한 학자들이 자신의 예측 오류를 시인하는 글을 실었다. 그중에는 노벨 경제학상을 수상한 폴 크루그먼도 있었다(노유정, 2022). 그는 "내가 인플레이션에 관하여 말한 것은 틀렸다 (I was wrong about the inflation)."라는 내용의 글을 기고했다(Krugman, 2022). 크루그먼은 팬데믹 당시 정부가 국민에게 지급했던 미국 구호 자금(America Rescue Plan)이 인플레이션을 초래하지 않을 것이라고 확신한 것에 대해 사과했다. 그는 2008년 금융위기 당시에 활용했던 공식에 따라 사람들이 구호 자금을 바로 소비하지 않고 저축 후 몇 년에 걸쳐 천천히 사용할 것으로 예측했다. 그러나 코로나 팬데믹이 진행되면서 사람들의 성향이 바뀌어 상품 소비가 늘었고 이는 인플레이션을 야기했다. 크루그먼은 GDP, 고용률, 인플레이션의 상관관계 등에 대해 자세히 분석했지만, 사람들은 그동안 축적된 데이터와 다르게 행동했고, 이러한 변화는 이전과 전혀 다른 결과를 초래했다.

사람들의 행동이 데이터의 예측을 빗나간 사례는 팬데믹에 이은 인플레이션과 경기침체 속 미국 증시의 움직임에서도 찾아볼 수 있다. 22년 7월 말 기준, 월가 추정치를 밑도는 2분기 실적을 공개한 S&P500 기업들의 주가는 최근 5년간의 평균치인 2.4%에 비해 낮은 0.1% 하락에 그쳤다(박주연, 2022). 심지어 실적악화 속에 주가가 오르기도 했다. 뱅크오브아메리카(BoA)는 22년 2분기 순이익이 전년 동기보다 32% 줄었지만 주가는 3.4% 뛰었다. 넷플릭스도 2분기에 가입자 97만 명이 이탈했다고 공개했지만 시장에서는 "예상보다는 덜 줄었다"고 반응하였고, 다음 날 주가는 7.3% 상승했다.

이러한 현상은 열 길 물속은 알아도, 한 길 사람 속은 모른다는 말을 실감나게 한다. 디지털 기술이 아무리 발달해도, 결과 해석과 의사결정은 결국 사람의 몫이다. 새로운 기술에서 새로운 기회를 읽어내는 창의적 눈이 있어야 성과를 창출할 수 있다. 전략과 비즈니스 모델을 통해 가치획득 과정을 설계하고, 이를 실현할 디지털 기술을 확보하는 일도 누가 하는가에 따라 결과는 천차만별로 달라진다. 그렇기에 의사결정권을 지닌 경영자가 디지털 기술에 대해 충분히 알고 있어야 한다. 기술자와 경영자의 관점이 다르므로 서로 대화하고 이해하여 공동 목표를 추구해야 한다.

디지털 기술에 의한 경쟁력 강화는 반드시 인적자원을 통해 보완해야 한다 (Powell & Dent-Micallef, 1997). 따지고 보면 기업의 모든 이해관계자는 사람이기에 이들이 의사 결정하고 행동하는 방식을 완전히 예측하기란 어려운 일이다. 비즈니스 모델과 디지털 기술을 통해 잘 다듬어 놓은 전략도 성공과 실패는 결국 사람에 의해 결정된다. 그렇기 때문에 성과 창출형 전략을 위한 통합모델에서 마지막으로 고려해야 할 부분이 바로 사람이다. 이에 대해서는 다음 장에서 자세히 다루기로 하고 지금까지 살펴본 내용을 토대로 디지털 기술을 활용한 성과 창출 전략의 비밀을 정리하면 [그림 5-7]과 같다.

[그림 5-7] 디지털 기술과 전략의 통합 프레임워크

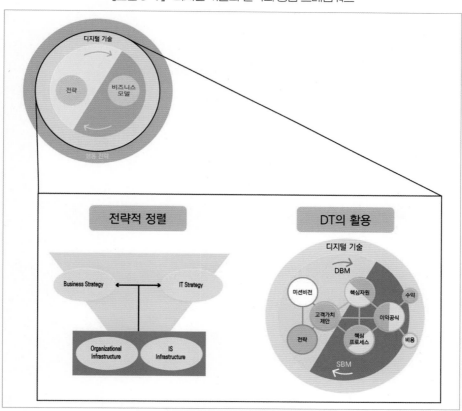

Beyond Strategy

06 | 성과 창출 전략의 마지막 퍼즐, 행동전략

"탕, 탕, 탕"

경찰은 빨간색 작업복과 가면을 쓴 채 엉뚱한 곳을 향해 총을 쏘는 강도 네 명을 향해 총을 겨눴다. 일행 중 한 명이 경찰이 쏜 총에 맞아 쓰러졌다. 두 명은 멈칫하고 물러서는 듯했다. 그러나 나머지 한 명은 쓰러진 동료를 보자 분노하며 필사적으로 경찰을 향해 총격을 시작했다. 엉거주춤 서 있던 두 명의 강도는 총을 난사하는 동료를 허겁지겁 말리며, 파르테논 신전을 닮은 스페인 조폐국 안으로 들어가 문을 닫았다. 그제서야 경찰을 공격한 팀원이 가면을 벗었다.

그녀의 이름은 도쿄다.

"그건 첫 번째 룰이었어. 빌어먹을, 우리의 첫 번째 룰이었다고."
가면을 벗은 또 다른 일당 덴버가 악에 받쳐 소리를 질렀다. 다른 팀원들도 하나둘 가면을 벗고 실망과 원망이 가득한 얼굴로 그녀를 바라보았다.

"(조폐국) 밖으로 나가서 돈을 내려 놓고 경고 없이 사격한 다음 안으로 들어간다."
도쿄는 이 말을 30번도 넘게 들었다. 하지만 그녀와 연인 사이였던 리오가 경찰의 총에 맞아 쓰러지자 그 어떤 것도 그녀의 돌발행동을 막지 못했다. 그녀는 필사적으로 경찰을 공격했다. 그렇게 오랫동안 치밀하게 준비했던 그들의 조폐국 탈취 계획은 도쿄의 예기치 못한 돌발 행동으로 인해 이렇게 시작부터 틀어져 버렸다.

(『종이의 집』 파트1, 제1화)

① 행동전략의 필요성

가상의 세계

여느 때처럼 출근을 위해 집을 나서던 트루먼 버뱅크(Truman Burbank: 짐 캐리 분)의 옆으로 괴상하게 생긴 물체가 떨어진다. 두리번거리며 살펴보지만, 파란 하늘에는 구름 한 점 없고 주변 역시 고요하고 평화롭다. 잠깐의 의아스러움을 뒤로 하고 출근하는 트루먼의 차에서 '때마침' 비행기 사고가 있었다는 라디오 뉴스가 떨어진 물체에 대한 변명처럼 흘러나온다.[1] 트루먼은 반복되는 하루하루를 살아가는 평범한 직장인이다. 출근하려고 집을 나서면 '때마침' 이웃이 나와 기다렸다는 듯이 인사를 건넨다. 차를 타러 마당을 가로질러 갈 때면 '때마침' 이웃 주민과 마주치고 강아지 루돌프가 달려든다. 트루먼은 매일 같은 장소에서 같은 신문을 사고 같은 사람을 '때마침' '우연히' 만난다. 그렇게 '때마침'과 '우연히' 투성이로 하루하루를 살아가던 트루먼에게 어느 날부터 이상한 일이 일어난다.

하늘에서 난데없이 물체가 떨어진 것은 시작에 불과했다. 어느 날은 바닷가에 서 있는데 물뿌리개로 화분에 물을 주듯 그가 있는 곳에만 비가 내렸다. 비를 피해 움직이면 빗줄기도 따라 움직였다. 자신을 따라다니며 내리는 비를 보고 어처구니없다는 표정으로 소리를 지르자 빗줄기는 천둥번개와 함께 폭우로 변해버렸다. 그런가 하면 20여 년 동안 못 만났던 아버지가 갑자기 나타나더니 곧바로 사람들에게 끌려간다. 이를 쫓아 가려는 트루먼 앞으로 마라톤 선수들이 지나가고 교통체증마저 발생해 결국 아버지를 놓치고 만다. 죽은 줄 알았던 아버지를 만난 것에 대해 털어놓자 어머니는 옛일에 대한 죄책감으로 헛것을 본 것이라 말한다. 트루먼이 어릴 적 쓸데없는 모험심으로 섬을 벗어나겠다고 고집을 부린 탓에 아버지가 폭풍우로 목숨을 잃었다는 죄책감 말이다.

영화 『트루먼 쇼』에서 트루먼이 사는 세상은 거대한 인공 스튜디오 안이다. 그가 다니는 회사와 직장동료, 고객, 소꿉친구와 이웃, 심지어 부모와 아내까지 모두 실제 인물이 아닌 연기자다. 30년 동안 그는 자신의 모든 생활이 몰래 촬영되어 전

세계에 생중계되고 있는지도 모른 채 감독이 만들어 놓은 삶을 살고 있었다.

어린 시절엔 탐구심이 강해 여행가를 꿈꾸며 섬을 벗어나려 했다. 하지만 제작진과 배우들은 트루먼에게 더 이상 탐험할 지역이 없다고 가르치고, 비행기 사고에 대한 공포를 심어주었으며, 그가 사는 곳이 최고의 관광지로 선정된 기사를 보여주는 등의 방법으로 트루먼의 모험 욕구를 억제했다. 마음속으로는 항상 첫사랑 실비아 로렌(나타샤 멕켈혼 분)이 있는 피지(Fiji)로 떠나고 싶었지만 아버지의 죽음을 계기로 트라우마가 생긴 트루먼은 인공 세트장인 섬 밖으로 나갈 엄두를 내지 못했다.

대학시절에 만난 실비아는 트루먼이 살고 있는 세상이 거짓이라고 귀띔해준 유일한 사람이다. 마침내 트루먼이 그녀를 찾아 한평생 살아온 섬인 씨헤이븐(Seahaven)을 떠나려 하자 약속이라도 한 듯 도시 전체가 그를 붙잡는다. 처음에는 거리의 행인과 버스가 그의 자동차를 막더니 급기야 방사능 유출을 이유로 경찰이 지역을 봉쇄하기에 이른다. 그들은 모두 트루먼이 누구이고 어디로 향하는지 알고 방해하는 듯했다. 그럼에도 불구하고 트루먼은 인공 폭풍우 속에 보트를 타고 바다를 건너 마침내 평생 현실로 믿고 살아왔던 씨헤이븐이 인공 스튜디오임을 알아낸다.

무려 30년간 "트루먼 쇼(Truman Show)"를 진행해온 크리스토프(에드 헤리스 분) 감독은 스튜디오를 떠나려는 트루먼에게 "당신의 인생은 진짜"라며 씨헤이븐이 현실임을 강력히 주장한다. 사실 트루먼도 평생 씨헤이븐이 현실이라 믿었고 스튜디오 안에서 그는 유일한 진짜였으니 어찌 보면 맞는 주장이다. 하지만 씨헤이븐은 감독이 구상한 세상을 돔형 스튜디오에 구현한 가상 현실이었다.

감독은 자신이 트루먼을 누구보다 잘 안다며 거짓말과 속임수뿐인 세상과 달리 트루먼을 위해 자신이 만든 세상에는 두려울 것이 없다고 말한다. 하지만 만들어진 도시 씨헤이븐의 현실성에 대한 크리스토프의 과신은 진실과 모험을 향한 트루먼의 용기를 이길 수 없었고 결국 트루먼은 그의 명대사인 "못 볼지도 모르니 미리 말해 두죠. 좋은 오후, 좋은 저녁, 좋은 밤 보내세요"라는 인사를 끝으로 평생을 살아왔던 가상의 세계와 만들어진 인생에 작별을 고하고 진정한 세상을 향해 문을 나선다.

기존 전략의 문제점

경영자는 전략수립을 위해 여러 도구를 활용해 내/외부 환경을 분석한다. 그리고 분석 결과에 기반하여 전략 방향을 설정한다. 이러한 과정은 다양한 무대 장치와 조명, 인공 날씨 등을 통해 씨헤이븐을 설계하고, 수백 명의 엑스트라들에게 해야 할 연기를 알려 주는 크리스토프 감독의 모습과 사뭇 비슷하다. "이 세상에는 진실이 없지만 내가 만든 세상은 다르다"며 트루먼이 씨헤이븐을 떠날 수 없을 것이라 말하는 크리스토프의 확신에 찬 모습에서는 원하는 것만 보고 들으며 자아도취에 빠진 고집불통 리더의 모습마저 연상된다.

문제는 스튜디오 속 씨헤이븐과 실제 세상이 다르다는 데 있다. 경영자가 인지한 환경과 조직의 실제 상황 간 차이도 마찬가지다. 그러므로 자신이 인지한 객관성에 과도하게 기대어 수립한 전략은 예측이 어려운 인간이라는 변수 앞에서 무용지물이 될 가능성이 높다. 그럼에도 감독과 경영자는 영화 속 트루먼이나 현실 조직의 구성원은 다 알고 있는 객관성의 허점을 모르거나 인정하려 들지 않는다. 대신 새로운 시도로 스튜디오를 탈출하거나 앞서가는 경쟁자를 보면, 타이밍과 환경을 탓하며 자신들은 그저 운이 없었을 뿐이라고 말한다. "인생은 타이밍이지", "운이 좋았어"라는 말은 현재의 과학으로 증명하기 어려운 무작위적(Random) 현상의 원인을 설명할 때 자주 쓰인다. 하지만 그것은 현재의 과학이 밝히지 못한 것일 뿐, 이 세상에 원인 없는 현상은 없다.

경영에도 지금까지 알려진 이론으로 설명하기 어려운 현상들이 있다. 그러한 사례에서 발견되는 의사결정은 운이 좋았던 도박처럼 보이기도 한다. 예를 들어 스타벅스의 하워드 슐츠는 도대체 무슨 생각으로 불황기에 고급 커피매장을 확장했으며, 마이클 버리는 어떻게 "미국 주택 시장의 붕괴"에 투자할 수 있었을까?[2] 전통 전략이론의 시각에서 보면 슐츠가 스타벅스를 확장할 당시의 커피 산업은 경쟁이 심해 매력도가 낮고 경기마저 불황이라 새로 고급 커피 전문점을 여는 것은 합리적 선택이 아니었다. 또한 마이클 버리는 모두가 신뢰하는 시스템의 안정성에 의문을 제기한 회의주의자였다. 두 사람 모두 합리적인 것과는 다른 선택을 통해 성과를 창출했다. 기존 이론으로 설명이 어려운 이러한 결과를 운으로 설명할 수도 있다. 하지만 성과 창출 전략의 비밀을 찾는데 새로운 통찰을 줄 수 있는 사례에 대해 과학적 설명을 포기하는 것은 전략가다운 자세가 아니다.

행동전략의 시각

전략 분야에서 새롭게 주목받고 있는 행동전략(Behavioral Strategy)은 합리성만으로는 설명하기 어려운 전략적 의사결정과 그에 따른 결과를 인지심리적 요인에 기반하여 설명한다는 점에서 기존 전략이론과 다르다. 행동전략을 알면 "운"이라 여겼던 성공을 인간의 행동 특성으로 설명하는 것이 가능해진다. 또한 "운이 없어서" 일어났던 실패 사례에 대해서도 구체적이고 실질적인 설명을 할 수 있다. 나아가 시너지나 문화와 같은 추상적 표현으로 얼버무렸던 성과 창출의 원인을 구체적이고 반복 가능한 형태로 정리할 수 있다.

행동전략은 왜 기존 전략이론만으로는 모두가 인정할 수 있는 유일한 최상의 전략을 만들기 어려운지, 또한 기존 전략이론은 왜 약속한 성과 창출에 실패하는지에 대한 답을 함에 있어 합리적 인간을 전제로 하지 않는다. 오히려 있는 그대로 사람을 이해하고 특성을 반영하여 전략의 완성도를 높이고 전략 자체보다 전략의 수립과 실행에 영향을 미치는 인간적 요소를 더 많이 고찰함으로써 성과 창출의 가능성을 높인다.

행동전략은 기존 전략이론이 찾으려 했던 "최고의 전략", 즉 이것 하나면 모든 문제가 해결된다는 식의 접근을 하지 않는다. 전략은 이미 정해져 있는 "정답"을 찾아가는 과정이 아니라고 생각하기 때문이다. 또한 의사결정에서 최고의 솔루션이란 존재하지 않으며 여러 차선책(Second-best things) 중 가장 효율적이라 판단되는 대안을 선택하는 의사결정 프로세스가 있을 뿐이라고 본다(March, 1994).

기존 전략이론은 합리성을 기준으로 전략의 적절성을 판단해왔다. 그러나 끝없이 변하는 세상에서 합리성만이 유일한 잣대가 될 수는 없다. 합리성은 전략과 성과의 해석과정에서 고려해야 할 하나의 척도이므로 좋은 전략의 필요조건이지만 충분조건은 아니다. 이 때문에 행동주의는 합리성에 대해 본질적 질문을 던진다. 행동전략을 이끈 카네기 학파는 인간의 선호(Preference)는 모호하고 불안정하며 완벽한 대안과 존재하는 모든 정보에 기반하여 의사결정 하는 것은 탐색 비용(Search Cost)의 한계로 인해 불가능하다고 주장한다(신동엽 & 노그림, 2017). 설사 모든 대안과 정보가 주어져도 완벽한 분석으로 최적 대안을 찾는 것은 인간의 인지 능력 한계로 인해 불가능하다는 입장이다.

레빈탈은 전략적 문제가 사전에 제시되고 그 문제를 해결할 대안이 주어진 상태에서 미래 성과를 극대화하는 최적 대안을 선택하는 방식은 현장의 전략 의사결정 과정에서는 매우 드문 일이라고 지적하였다(Levinthal, 2011). 이처럼 환경은 역동적이고 예측 불가능하며 인간의 합리성은 불완전하다는 것을 인정하는 데서부터 행동전략은 기존 전략이론과 다른 길을 걷기 시작한다.

행동전략은 번뜩이는 혁신 전략을 산출하는 공식을 제공하지 않는다. 오히려 인지심리학에 기초하여 전략수립과 실행에 영향을 미치는 "인간적 요인"에 주목한다. 이 때문에 행동전략에는 SWOT이나 BCG 매트릭스 또는 산업구조분석이나 블루오션처럼 학자나 경영자의 눈을 사로잡을 새로운 내용이 없는 것처럼 보이기도 한다. 그러나 현장에서 '남다른' 전략이 어떻게 성과를 창출하는지를 이해할 수 있게 해주는 면에서 행동전략은 기존 전략이론에 비해 실용적이다. 카네기 학파는 합리적 선택 모형이란 비현실적이고 신화 속 영웅에게나 기대할 수 있을 법한 허상이라며 인간의 본성을 반영한 현실적 가정을 기초로 행동주의 기업이론을 제안했다(Cyert & March, 1963). 행동주의적 접근법은 전략가들이 바라는 이상적 의사결정이 아니라 현실에서 벌어지는 뒤죽박죽의 의사결정 과정을 들여다봄으로써 기존 이론으로 설명하기 힘든 혁신적 시도들이 어떻게 성공 전략이 되었는지를 설명한다는 점에서 의의가 있다.

행동전략의 뼈대인 행동주의는 "인간의 기울어진 시선"에 주목한다. 사람마다 다른 생각과 관점을 가지고 있는데 개개인의 작은 차이가 결국 큰 전략적 차이를 불러온다. 따라서 이러한 차이를 모르면 새로운 시도를 비합리적인 운으로 치부하는 실수를 범할 수 있다.

세 가지 인지 오류

사람이 세상을 이해하는 능력은 인지심리적 특성 때문에 편협할 수밖에 없다는 것이 행동주의의 대전제이다. 이에 따르면 사람의 지각 능력은 인지 단순화(cognitive simplification), 인지 편향(cognitive bias) 그리고 인지 관성(cognitive inertia)이라는 3가지 요인으로부터 종합적으로 영향을 받는다(신동엽 & 노그림, 2017). 행동주의는 세상을 있는 그대로 바라보려 하기에 객관적 현실의 존재를 부인한다(Weick, 1995). 설령 객관적 세상이 존재하더라도 그 실체를 인지하고 받아들이는 각자의 해석 체계가 다르므로 실체에 대한 해석 역시 각자 다를 수 있음을 인정한다(Weick, 1995).

예를 들어 경매장에 매물로 나온 사파이어 반지의 가치는 경매 참여자에 따라 다르다. 사람들은 살면서 저마다 다른 경험을 하게 되고 그에 따라 인지 틀(Cognitive Frame) 또한 다르게 형성된다. 각자의 인지 틀이 다르므로 어떤 이는 디자인을, 다른 이는 반지의 연식을, 또 다른 이는 반지에 박힌 보석의 종류를 중요하게 여긴다. 이처럼 각기 다른 인지 틀과 그에 기반한 판단 기준의 차이로 인해 똑같은 반지를 사람마다 다른 값으로 매긴다.

인지 단순화란 환경분석이나 전략 대안의 비교처럼 부하가 과중한 인지 활동을 단순화하기 위해 세상에서 자신의 시선을 사로잡는 일부만을 차별적, 주관적으로 의미 부여하여 인식하거나 직관을 통해 발견하고 해석하는 과정이다(신동엽 & 노그림, 2017, p. 160). 예컨대 보석상은 반지에 박힌 사파이어의 디자인과 크기에 중점을 두고 값을 매길 가능성이 있다. 반면 고고학자라면 반지가 얼마나 오래되었는지, 어느 시대에 어떤 인물이 착용했는지를 보고 가치를 판단할 수 있다. 보고 싶은 것만 보는 인지 단순화가 초래하는 나쁜 결과를 보여주는 사례로 다음과 같은 이야기 있다. 미국 알래스카에서 있었던 일이라고 한다.[3]

젊은 아내가 아이를 낳다 출혈이 심해 세상을 떠났다. 다행히 아이는 목숨을 건졌고 홀로 남은 남자는 아이를 애지중지 키웠다. 아이를 돌봐 줄 유모를 구하려 노력했지만 쉽지 않았다. 남자는 유모 대신 훈련이 잘된 듬직한 개를 구해 아이를 돌보게 했다. 개는 생각보다 똑똑했다. 남자는 안심하고 아이를 둔 채로 외출도 할 수 있었다. 어느 날, 남자는 여느 때처럼 개에게 아이를 맡기고 잠시 집을 비웠다. 그런데 뜻밖의 사정이 생겨 늦게야 집으로 돌아왔다. 남자는 허겁지겁 집으로 들어서며 아이의 이름을 불렀다. 주인의 목소리를 들은 개가 꼬리를 흔들며 밖으로 뛰어나왔다. 그런데 이게 웬일인가! 개의 온몸이 피범벅이었다. 불길한 생각이 들어 남자는 재빨리 방문을 열어보았다. 아이는 보이지 않았고 방바닥과 벽이 온통 핏자국으로 얼룩져 있었다. 남자는 극도로 흥분했다. 자신이 없는 사이에 개가 아들을 물어 죽였다고 생각한 남자는 총을 꺼내 개를 쏴 죽였다. 바로 그 순간, 방에서 아이의 울음소리가 들려왔다. 화들짝 놀란 남자가 방으로 들어가 보니 침대 구석에 쪼그려 앉은 아이가 울먹이며 자신을 쳐다보고 있었다. 당황한 남자는 밖으로 뛰쳐나와 죽은 개를 살펴보았다. 개의 다리에 맹수에게 물린 이빨 자국이 선명했다. 곧이어 남자는 뒤뜰에서 개에게 물려 죽은 늑대의 시체를 발견했다. 남자는 자신의 아이를 지키기 위해 늑대와 혈투를 벌인 충직한 개를 자기 손으로 쏴 죽인 것이다.

인지 편향이란 하나의 인지 틀이 환경과의 상호과정에 영향을 미쳐 인지 오류를 초래하는 경우를 말하며 대표적으로 프레이밍 효과(framing effect)가 있다. 프레이밍 효과란 동일한 의사결정 문제라도 '어떤 틀로 제시되었느냐'에 따라 인식과 대응이 달라지는 현상을 말한다(신동엽 & 노그림, 2017, p. 163). 예를 들어 경매장에 같은 디자인의 사파이어 반지 두 개가 놓여있다고 가정하자. 실제로는 동일한 사람이 만든 반지를 하나는 세계적 아티스트가 만들었고, 다른 하나는 잘 알려지지 않은 신참 디자이너가 만들었다고 설명할 경우 대다수 사람들이 유명 아티스트가 디자인한 반지의 가치를 더 높게 평가하는 현상이 프레이밍 효과에 따른 인지 편향이다.

인지 관성은 인지 편향의 한 종류로 과거의 인지 틀이 현재의 인지 능력에 영향을 주는 것을 말한다. 예를 들어 10년 전에 사파이어 열풍이 불어 한 보석상이 사파이어 전문 기술을 습득하고 보석가게를 차렸다고 해보자. 10년이 지난 지금은 다이아몬드의 인기가 더 높아져서 사파이어는 더 이상 찾지 않는 낡은 패션이 되었을 수 있다. 이러한 상황에서 보석상이 다이아몬드 반지보다 사파이어 반지에 더 높은 가격을 제시한다면 사파이어 열풍에 의해 형성된 인지 관성이 보석상의 인지능력에 영향을 준 것이라 할 수 있다.

조직을 둘러싼 환경과 구성원들의 상호 작용은 복잡하고 추상적이며 의사 결정과 인지 프로세스는 불완전하고 편협하다. 인지 단순화, 인지 편향 그리고 인지 관성은 모든 조직에 내재된 특성으로 경영 성과에 영향을 준다. 따라서 행동주의의 3가지 요인을 분석하는 것은 성과 창출형 전략의 기초이다.

앞서 제시한 세 가지 인지 오류의 경계는 개념적 구분일 뿐 실제 상황에서는 3가지 오류가 복합적으로 발생한다. 인간의 사고 과정 자체가 체계적이지 못하고 뒤죽박죽이다 보니 단순화가 편향이 되고 편향이 단순화가 되는 경우도 빈번하다. 하지만 여기서는 논의의 목적상 단순화는 선택적 의미 부여에, 편향은 오류나 문제를 유발할 정도의 지엽적 사고에 그리고 관성은 익숙한 과거로 회귀하려는 인간의 특성에 연관 지어 설명하려 한다.

행동전략은 전략에 인지심리학과 사회심리학을 접목한 이론으로 인간의 인지, 감정 및 사회적 상호작용에 대한 현실적 가정을 기초로 전략이론의 실증적 무결성과 실질적 유용성을 높이는 것을 목표로 한다(Powell et al., 2011). 행동전략에서는 행동주의 요인들이 전략 프로세스에 미치는 영향을 다루는데 여기서는 환경분석, 전략수립, 전략실행, 전략변화라는 4단계 프로세스를 중심으로 설명한다.

환경분석은 전략에 영향을 미치는 조직 내외의 환경 요인을 인식하는 단계이고 전략수립은 전략 청사진을 마련하여 관련된 의사 결정을 진행하는 단계이다. 이 두 단계에서는 경영자의 사고 체계에 주목하여 이야기를 풀어가려 한다. 한편, 전략실행과 변화는 하나의 흐름을 두 가지로 나눈 것이다. 전략실행은 경영자가 전략 가치관을 조직과 공유하는 과정이다. 반면 전략변화는 구성원과의 상호작용을 기반으로 전략을 수정, 개선, 변화시키는 단계이다. 이 두 단계에서는 개인과 개인, 집단과 집단, 혹은 개인과 집단의 인지 틀이 어떻게 상호작용하며 결과를 만드는지에 중점을 두고 분석할 것이다.

행동전략은 조직의 실제 움직임에 단서를 제공하는 이론이므로 여기서는 전략의 수립과 실행 단계에서 구성원들이 머리로는 인지하지만 행동으로 옮기지 않는 이유를 개인, 집단, 사회라는 각기 다른 시각에서 이해관계에 초점을 두고 설명하려 한다. 행동전략은 단순히 "전략을 세우는 법"을 논하는 이론이 아니다. 그보다는 경영 현장에서 매일매일 일어나는 의사 결정 과정을 사람의 관점에서 구체화하고, 자연스럽고 인간다운 사고과정에 대한 이해를 기반으로 "실행 가능한 전략"을 제시하여 성과를 창출하는 것을 추구한다.

② 전략을 위한 발판, 환경분석 단계

인지 단순화와 환경분석의 주관성

"2020 도쿄 올림픽"에서 우리나라 국민을 매료시킨 종목은 단연 양궁이었다. 성별 단체전, 혼성 단체전, 개인전 등 다섯 종목에 출전하여 네 개의 금메달을 획득한 양궁팀은 세계 1위를 자랑하며 국민들로부터 아낌없는 찬사를 받았다. 그도 그럴 것이 양궁 종목에 최초로 도전한 88 올림픽 이후 여덟 번의 올림픽 동안 우리나라는 단 한 번도 금메달을 놓치지 않았다. 이 때문에 우리나라의 양궁 선수 훈련 방식에 세계의 이목이 집중되었다.[4]

우리나라 양궁팀은 선수가 경기장에서 맞이할 환경을 분석하여 훈련장을 하이퍼 리얼리스틱(Hyper–realistic)하게 구현하는 것으로 유명하다. 세트 디자인에 풍향, 기후 등 경기에 영향을 주는 요인을 모두 고려하여 전략을 수립한다. 도쿄 올림픽 준비 훈련에서도 실제 경기장과 매우 흡사한 환경을 조성했다. 선수들이 실전에서 예상치 못한 외부 요인 때문에 흔들리지 않도록 하기 위해서였다. 오죽했으면 결승전 당일, 경기장이 태풍의 영향권에 들 수 있다는 기상 예보로 우려가 쏟아져 나왔을 때 선수들은 "오히려 반가운 소식"이라며 국민을 안심시켰을까?[5] 이 말은 강력한 바람 속에서 화살을 쏘는 훈련은 이미 충분히 되어 있어 다른 나라 선수들에 비해 우월한 경기를 펼칠 수 있다는 자신감이었다. 전설처럼 내려오는 야구장 훈련도 "관중 중압감과 환경변화 적응을 위한 훈련"이었다.[6] 시합에서 관중의 응원소리가 경기력에 영향을 줄 수 있음을 고려해 소음과 환호성이 난무하는 야구장 옆에서 활을 쏘게 했다.

"과녁이 어떤 환경에 놓일 것인가?"

바로 이 질문에 대한 집념이 대한민국 국가대표팀이 다른 팀과 격차를 벌리기 시작한 지점이다. 양궁 훈련팀은 선수의 기량 향상에 주력한다. 하지만 선수에게 뛰어난 기량이 있어도 화살은 기후와 환경의 영향을 받기 때문에 승부 예측은 좀처럼 쉽지 않다. 이를 반영하여 양궁팀은 선수의 기량에만 집중하지 않고 화살이 꽂힐 과녁이 놓이는 장소와 환경까지 총체적으로 고려한다.

양궁과 경영전략은 여러모로 유사한 점이 있다. 전략은 조직이 추구할 과녁을 설정하고 활과 화살을 다듬고 화살을 성공적으로 과녁에 꽂을 수 있도록 선수의 기량을 극대화하는 과정을 그린 청사진이라 할 수 있다. 청사진을 제대로 그리려면 과녁이 어디인지, 화살이 날아갈 환경은 어떠한지 알아야 한다. 이러한 이유로 전략수립은 환경분석을 먼저 한다. 이를 통해 목표를 보다 분명히 할 수 있고 무엇을 먼저 고려해야 하는지 알 수 있기 때문이다.

기존 전략이론들은 환경분석과 관련하여 많은 도구를 제공한다. 예를 들어 산업구조분석은 정형화된 질문으로 산업의 현재와 미래를 보여준다. 가장 고전적 도구인 포터의 "5 요인 분석 모델(Five Forces Analysis Model)"은 새로운 산업 진입에 앞서 파악해야 하는 다섯 가지 핵심 요인을 제시한다.[7] 그리고 각 요인과 연관된 여러 질문을 통해 산업의 매력도를 측정한다.

자원기반관점(Resource Based View)은 분석의 초점을 내부 자원에 둔다. 이는 핵심 역량과 자원의 특성에 대한 분석을 통해 기업 내부에 존재하는 경쟁우위의 원천을 파악하는 데 유용하다. 산업구조분석은 외부환경을, 자원기반관점은 내부환경을 전략수립의 시발점으로 본다는 점에서 상반되는 면이 있지만 실무적으로는 오히려 상호 보완 측면이 강하다.

"객관적" 분석도구들은 "객관적"으로 환경을 분석하여 전략을 수립하는 데 기여했다. 하지만 동일한 분석도구를 사용하는데도 왜 전략이 천차만별이며 그에 따라 기업의 흥망성쇠가 달라지는가? 분석도구의 단순함과 상반되는 인간의 복잡성은 기존 전략이론만으로는 설명하기 어려운 이와 같은 질문에 대해 해답의 단서를 제공한다.

양궁 이야기로 돌아가보자. 경기장에서 과녁이 놓인 장소와 그곳의 날씨를 살피는 것은 결국 선수이다. 선수는 환경을 느끼고 그에 맞는 전략을 선택하여 제한된 시간 안에 화살을 쏘아야 한다. 망원경으로 과녁을 확인하고, 풍속계와 풍향계로 바람의 세기와 방향을 파악하더라도 그러한 데이터를 근거로 어떻게 화살을 쏠지를 정하는 것은 결국 선수다.

객관적 데이터에 대한 느낌은 선수마다 다르다. 풍속이 강한 지역에서 온 선수는 바람에 덜 민감하다. 몽골에서 몇 킬로미터 밖을 내다보던 선수에게 70m는 가까운 거리일 수 있다. 결국 실제 환경과 선수가 체감하고 인지하는 환경이 100% 일치하지 않기 때문에 활을 조준하는 강도와 방향이 달라진다.

선수 개인의 심리적 요인은 환경 해석에 또 다른 변수가 되어 전략 선택에 영향을 미친다. 도쿄 올림픽 준비위원측은 모든 선수에게 동일한 분위기와 생활환경을 제공한다고 말했다. 하지만 각 선수에게 올림픽은 다른 의미일 수 있다. 어떤 선수는 출전 자체를 즐길 수도 있지만 또 다른 선수는 7연속 금메달에 이어 8연속 금메달을 성취해야 한다는 의무감에 잠시도 긴장을 놓지 못할 수도 있다. 이렇듯 환경 분석을 위한 객관적 데이터를 확보하기도 어렵지만 설사 확보가 가능해도 해석에 주관이 개입되는 것을 막을 수 없다. 이러한 상황은 전략수립을 위한 환경 인지 과정에서도 유사하게 일어난다.

어떤 사람은 대한민국 양궁 국가대표팀처럼 환경을 잘 파악하고 적절한 기술로 과녁을 맞출 수 있는 인재를 훈련시키면 되지 않느냐고 반문할 수 있다. 하지만 양궁이 과녁과 선수 간 일대일 싸움인 데 비해 경영은 훨씬 복잡한 싸움이다. 기업 경영은 수많은 직원들의 주관을 넘어 조직 차원에서 환경을 인식하고, 적절한 곳에 과녁을 세운 뒤, 제한된 화살을 쏘아 승리를 쟁취해야 하는 복잡하고 예측 불가능한 게임이다.

한 사람이 기업 경영에 대한 모든 전략을 수립하지 않는 이상, 전략수립에 참여하는 다양한 개인의 주관이 서로 부딪힐 수밖에 없다. 전략이론이 제시하는 도구로 분석한 결과는 일견 객관적으로 보이지만 사실은 분석가의 인지 틀을 통해 추상적으로 파악된 것이다. 당연히 실제 환경과는 차이가 존재한다. 우선 분석도구

자체를 객관적 요소로 취급할 수 있는지에 대한 의문이 있다. 전략이론이 제시하는 분석도구들은 다양한 사례에서 공통점을 추출하여 정리한 것으로 외부환경과 내부자원에 대한 비교와 관찰을 용이하게 만드는 인위적 장치이다. 동일한 분석도구를 사용해도 기업이 지향하는 가치와 특성에 따라 분석의 중점이 달라진다. 예를 들어 이사회에서 각 이사들이 지닌 인지 틀의 차이가 외부의 기회와 위협을 포착하는 데에 영향을 미칠 수 있다. 이 때문에 행동전략은 "환경을 객관적으로 분석할 수 있다"는 명제에 대해 회의적이다.

기존 전략이론이 환경을 객관적으로 정의하려 했다면, 행동전략은 객관적 환경의 존재 자체를 부인한다. 이러한 태도는 "나는 생각한다, 그러므로 나는 존재한다(Je pense, donc je suis)"는 말로 방법론적 회의의 극단을 보여준 철학자 데카르트의 사상에 맞닿아 있다(Descartes, 1997). 데카르트의 주장에 따르면 세상은 실존하기보다 개인의 직관에 기반하여 존재한다. 예를 들어 우리 앞에 책상이 놓여 있다고 가정하자. 책상은 실존하는가? 책상이 실존한다는 것을 어떻게 알 수 있는가? 더 나아가 실존하는 책상이 내가 인지하는 책상과 같은 것임을 어떻게 확신할 수 있는가? 이러한 질문들에 대해 데카르트는 책상 앞에 앉아 있는 인간은 눈과 손의 신경세포를 통해 책상의 형체를 시각 또는 촉각으로 인지할 뿐이며 객관적이고 불변하는 책상의 존재를 증명할 수 없으므로 사물의 존재를 끊임없이 의심할 수밖에 없다고 말한다. 하지만 그런 의심을 하고 있는 나 자신, 즉 생각하고 있는 나 자신만큼은 의심할 수 없이 존재한다는 의미에서 위와 같은 명제를 던졌다.

행동전략은 객관성 부재라는 시각을 조직에 적용한다. 다프트와 웨익은 환경의 객관적 실체는 없지만 설령 객관적 환경이 존재해도 해석의 차이로 인해 각자가 인지하는 환경은 다르다고 말했다(Daft & Weick, 1984). 이는 환경을 해석하는 방식과 결과에 따라 같은 환경도 이질적으로 이해될 수 있음을 뜻한다. 산업구조분석이나 자원기반분석 같은 도구가 객관성을 인정받으려면 먼저 환경의 객관성을 입증해야 한다. 하지만 객관적 실체는 증명하기 어려우며 실체 분석을 위한 도구 또한 충분한 객관성을 확보하지 못하였다. 그렇다면 무엇이 객관적 분석을 저해하는가? 또한 환경분석 결과에 대한 해석을 좌우하는 요인은 무엇인가? 그것은 바로 외부환경에 반응하는 인간의 인지 능력이다. 행동전략은 구성원들의 불규칙이고 주관적인 인지 프로세스를 경영에 반영하기 위해 인지 단순화, 인지 편향, 인지 관성 등의 다양한 고려사항을 제시하고 있다.

우선 환경분석 단계에서 가장 큰 영향을 주는 인지 단순화에 대해 살펴보자. 인지 단순화란 환경을 인식하거나 전략 대안을 비교할 때 과중한 부하가 걸리는 것을 방지하기 위해 사용되는 주관적 의미부여(Sense–making)나 직관(Institution)을 통한 발견(Heuristics)과 관련된 행동 경향을 말한다(신동엽 & 노그림, 2017). 일반적으로 사람은 복잡한 환경을 인지할 때 주관적으로 단순화하여 인지하는 경향이 있다. 그 결과 객관적 실체인 환경과 주관적으로 인지한 내용 사이에 차이가 발생한다. 이와 관련하여 스타벅스 사례는 객관적 환경에 대한 주관적 해석이 어떻게 성과를 창출하는 전략으로 발전할 수 있는지에 대한 단서를 제공한다. 미국 시애틀에서 시작하여 세계적 커피 제국으로 성장한 스타벅스의 성공담을 통해 그 내용을 알아보자(Schultz & Yang, 2022).

스타벅스: 커피 한 잔을 보는 다양한 시선

하워드 슐츠(Howard Schaltz)는 가난한 가정에서 태어났다. 경제적으로 어려웠지만 가족들과 함께 이를 극복하며 어린 시절을 보냈다. 대학 졸업 후, 가정용품 판매 업체인 해마플라스트(Hammarplast)의 세일즈맨으로 사회생활을 시작했다. 열심히 노력한 결과 부사장까지 올랐는데, 어느 날 대량으로 드립식 커피 제조기를 구매하는 회사에 호기심을 느꼈다. 그래서 직접 회사를 방문해보던 중, 전직 영어교사와 작가가 설립한 소매업체 "Starbucks Coffee, Tea and Spice"를 발견하게 된다.

당시의 스타벅스는 전통적 방법에 따라 손으로 커피를 추출했다. 이탈리아에서 영감을 받아 고급 커피와 커피 지식, 그리고 재즈 음악과 같은 고급 커피 문화를 고객들과 함께 즐길 수 있도록 노력했다. 이러한 분위기에 매료된 슐츠는 해마플라스트 부사장직을 내려놓고 스타벅스에 합류했다. 그는 자신의 자서전에서 스타벅스 창업자들만큼 순수한 열정으로 커피에 빠진 사람들을 만난 적이 없다고 말했다. 스타벅스 창업자들은 오직 "시애틀 시민들에게 최고의 커피를 제공하는 것"이

유일한 목표였다(Schultz & Yang, 2022, p. 46).

하워드 슐츠는 창업 당시가 커피 사업 시작에 그리 좋은 시기는 아니었다고 말한다. 1960년대부터 1980년 후반까지 하루 평균 커피 소비량은 계속 감소하였다. 커피 가격과 품질이 동반 하락하여 마니아층이 찾는 고품질 커피를 타겟으로 하는 것은 무모한 도전이었다. 그러나 미국에서 찾아보기 힘든 전통 커피 문화를 확산하려는 순수한 열정이 열악한 사회적 요인들을 압도하였다.

1971년 설립 후, 스타벅스는 다른 커피 상점과의 차별화를 모색하여 강배전 커피,[8] 커피 전문가와의 대화, 재즈 풍의 분위기 같은 스타벅스만의 정체성을 확립하고자 노력했다. 이러한 노력에 힘입어 스타벅스는 고풍스럽고 친근한 문화를 고객에게 제공할 수 있었고 이는 스타벅스 성장에 든든한 밑거름이 되었다. 1984년에 스타벅스는 미국에서 가장 널리 알려진 커피 및 차 소매업체 "Pitz Coffee and Tea"를 인수했다. 아들 회사가 아버지 회사를 산 것과 같은 보기 드문 성장이었다(Schultz & Yang, 2022, p. 84).

스타벅스가 오늘날과 같은 모습을 갖게 된 계기는 하워드 슐츠와 스타벅스 최초 창립자인 제럴드 볼드윈(Gerald Baldwin)의 기회 포착 방식의 차이에서 비롯되었다. 슐츠는 스타벅스에 합류한 이후에도 이탈리아를 계속 방문하며 이탈리아의 커피 문화를 탐구했다. 그러던 어느 날 진한 향의 에스프레소를 접하게 된다. 슐츠는 단순히 커피 판매와 지식 나눔에 그치지 않고 풍미 가득한 커피를 대접하며 사람들과 소통하는 가정집 앞마당 같은 공간을 제공하는 이탈리아의 커피 하우스에 매료되었다. 이에 슐츠는 볼드윈을 설득해서 스타벅스에서도 에스프레소 판매와 손님들이 교류할 수 있는 공간을 마련하여 그의 이상을 실현하고자 했다.

그러나 볼드윈은 "멋진 생각입니다. 하지만 불가능하겠군요."라며 슐츠의 제안을 거절했다(Schultz & Yang, 2022, p. 83). 스타벅스는 피츠를 인수하면서 막대한 빚을 졌고 인수 이후 회사의 안정화에 전력을 다하던 상황이었기 때문이다. 하지만 슐츠는 볼드윈을 끈질기게 설득했으며, 결국 시애틀에 오픈한 여섯 번째 스토어에서 300평 정도의 공간을 할당받아 에스프레소 시험 판매 기회를 얻었다. 결과는 대성공이었다. 급격하게 늘어나는 손님들로 인해 협소한 에스프레소 시험 판매

공간이 턱없이 부족했다. 스타벅스 스토어의 일평균 고객 수는 250명에서 에스프레소 출시 하루 만에 400명대로 증가했다. 두 달이 지나자 하루 고객은 800명으로 치솟았다. 슐츠가 커피점의 가치를 재정의하는 순간이 찾아왔다. 그는 커피점의 핵심 가치는 단순히 고급 커피와 커피 지식을 전달하는 것에서 나아가 커피를 즐기는 법을 알려주는 데 있음을 깨달았다.

하지만 일평균 고객 수가 3배 이상 증가하는 폭발적 성장에도 불구하고 스타벅스 경영진은 반대 입장을 고수했다. 과도하게 많은 고객을 유치하는 것은 고객 한 명 한 명에 대한 정성을 떨어뜨릴 수밖에 없다는 것이 이유였다. 또한 현재 스타벅스의 재정 상태로는 무리라며 슐츠의 제안을 거절했다. 슐츠는 자신이 발견한 새로운 가치를 실현하고 싶어 했고 결국 여러 위험에도 불구하고 스타벅스에서 독립하여 자신의 목표를 실행해 보기로 결심한다.

투자자를 유치하고 유사한 가치관을 가진 인력을 확보하기까지 많은 난관이 있었지만, 하워드 슐츠는 이탈리안 커피스토어의 가치를 미국으로 가져오겠다는 일념하에 커피 전문점 "일 지오날레(Il Gionale)"를 설립한다. 그렇게 고급 커피를 체험할 수 있는 공간, 사람들이 커피를 마시며 교류할 수 있는 공간이 생겨났다. 일 지오날레는 빠른 속도로 성장했다. 커피에 대해 높은 욕구를 가지고 있던 잠재 고객들은 이 새로운 공간에 적극 반응했다. 커피에 무관심했던 사람들조차 특유의 친근함과 커피에 대한 열정에 매료되었다. 놀라운 속도로 확장되던 일 지오날레에 날개를 달아준 것은 다름 아니라 스타벅스였다. 성장한 일 지오날레가 1985년 스타벅스를 인수한 것이다.

"The Starbucks Corporation"이라는 이름을 되찾은 일 지오날레는 양질의 커피 원두와 이를 가공할 장소를 확보할 수 있었다. 하지만 두 집단의 문화적 충돌은 해결해야 할 숙제였다. 슐츠는 핵심 가치를 "사람"에 두고 풍부한 복지와 수평적 문화, 그리고 지속적인 교육과 소통을 통해 직원들을 성공적으로 융합하고 양질의 인력을 육성했다.

슐츠는 스타벅스의 창립자 볼드윈 못지않게 확고한 비전을 가진 경영자였다. 따라서 아이스 커피, 프라푸치노(Frappuccino) 등 전통 커피의 영역 밖에 존재하는 신메뉴 개발에는 회의적이고 보수적이었다. 고품질의 전통 커피를 체험하는 공간을 마련한다는 회사의 본질을 해친다는 것이 그 이유였다. 그러나 스타벅스가 성장시킨 창의적이고 도전적인 인재들은 볼드윈에게 대응했던 젊은 슐츠와 같이 구체적 상황과 고객 요구 자료로 그를 설득했다. 그렇게 개발된 메뉴들은 이후 스타벅스의 압도적 시장 점유 확대에 날개를 달아주었다.

어느덧 스타벅스는 나스닥(NASDAQ) 상장회사가 되었다. "SBCK－Starbucks"라는 새로운 주식이 상장된 이후 슐츠의 업무에 변화가 생겼다. 투자자라는 새로운 이해관계자가 생겨난 것이다. 월가와 언론사들은 하루가 다르게 스타벅스에 대한 새로운 정보와 고객 반응을 내놓았다. 이에 따라 주가는 등락을 거듭했다. 슐츠는 상장 전과 달라진 회사와 그 속에서 자신이 해야 할 역할에 혼란을 느꼈다. 유쾌하면서도 고풍스러운 커피 문화를 추구하던 혁신가는 주가와 외부 평가에 민감하게 반응해야 하는 시장의 노예가 되었다. 이 즈음에 이르러 슐츠는 의심하기 시작했다.

"주가는 그 회사의 진정한 가치인가?(Schultz & Yang, 2022, p. 257)"

1년 사이 새로 개점한 매장 간 성장률 비교를 포함해 전체 판매량을 보며 슐츠는 깨달았다. 기업 실적에 대해 환경은 민감하게 반응한다. 성장률이나 판매량이 긍정적이면 주가가 오르고 반대로 실적이 부진하거나 위험 요소가 발견되면 주가는 하락한다. 월가의 반응도 마찬가지다. 기업 내부 상황과 무관하게 외부의 평가는 온탕과 냉탕을 오갔다. 한 달 중 하루는 "커피로 금을 만드는 회사"로, 또 다른 하루는 "꺼져가는 불빛"으로 불렸다. 하지만 주가가 오르내리고, 월가 사람들의 입에 쉴 새 없이 오르내리는 한 달 동안 스타벅스 내부에는 큰 변화가 없었다. 이후 3개월도 마찬가지였다. 내부에 드라마틱한 변화가 없었음에도 외부에서는 지속적으로 변동하는 평가를 내놓았다.

이러한 결과에 주목한 슐츠는 더 이상 감정적으로 휘둘리지 않고 스타벅스가 지닌 비전의 실현과 전파에만 집중할 것을 다짐한다. 하워드 슐츠와 스타벅스의 뛰어난 인재들은 서로를 상호 보완하며 성장해갔다. 그렇게 스타벅스는 인간적이고 환경 친화적인 세계적 기업으로 우뚝 서게 되었다.

객관적 환경의 주관적 해석

기존 전략이론과 행동전략은 외부환경의 객관성에 대해 상반된 입장이다. 기존 전략이론은 객관적 환경과 이를 분석할 수 있는 객관적 도구가 존재한다고 주장한다. 반면, 행동전략은 객관적 실체는 없다며 주관적 해석을 중시한다. 하워드 슐츠와 스타벅스의 성장 이야기는 후자의 입장에 힘을 실어준다.

슐츠의 회고에 따르면 스타벅스를 창립할 무렵의 시애틀은 "시장조사를 했더라면 커피 사업을 하기에 매우 나쁜 시기라고 나타났을" 상황이었다(Schultz & Yang, 2022, p. 51). 당시의 커피 산업을 산업구조분석 모델로 분석해보면 상황이 보다 분명해진다. 우선 커피 시장은 신규 진입자와 대체재의 위협이 높다. 어느 정도 자본이 있으면 커피 전문점 개설은 그다지 어려운 일이 아니며, 커피를 대체할 음료의 종류도 다양하다. 뿐만 아니라 당시의 커피 산업은 치열한 경쟁 속에 있었다. 경기가 불황에 접어들어 하루 평균 커피 소비량이 계속 감소하던 시기라 값싼 커피를 파는 대형 F&B 기업들이 앞다투어 가격을 내렸다. 따라서 구매자의 힘이 커질 수밖에 없었다([그림 6-1] 참조).

[그림 6-1] 커피 산업의 산업구조분석

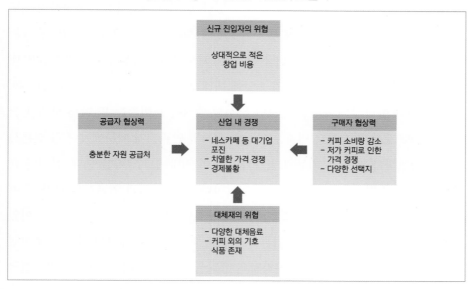

산업구조분석에 따르면 공급자 협상력을 제외한 네 개의 요인 모두 커피 산업에 적신호를 보냈다. 만약 스타벅스 설립자들이 "객관적 환경분석"을 따랐더라면 오늘날의 스타벅스는 없었을 것이다. 그러나 하루 평균 판매량의 감소가 커피 자체의 매력도 저하를 의미했을까? 커피에 대한 열정에 사로잡힌 낙관주의자들이 산업구조분석을 했더라도 동일한 결론에 도달했을까? 분석에 나타난 수치가 잠재 고객의 커피에 대한 수요와 심리적 태도를 객관적으로 반영한 것일까? 위 3가지 질문에 대한 답이 "예"라면 경기와 사회 분석을 역행한 스타벅스의 성장을 설명하기 어려워진다.

1980년대만이 아니라 지금도 커피는 높은 대체재와 신규 진입자의 위협을 지닌 산업이다. 하지만 스타벅스를 만든 열정가들에게 이러한 위협은 큰 문제가 되지 않았다. 그들은 오로지 커피에 대해 고객과 활기차게 대화하고, 고급 커피의 가치를 공유할 계획에만 몰두했다. 그들은 당시 커피 산업의 치열한 경쟁구도를 이겨낼 만큼의 열정을 가지고 있었다. 질이 낮은 저가 커피와, 커피 전문점이 제공하는 고급 커피 및 바리스타의 열정을 결코 유사한 상품군으로 취급할 수 없었다.

경기 불황에 따른 커피 소비량의 감소와 커피 가격의 하락은 객관적 사실이었다. 하지만 수요 감소의 원인을 값싸고 질 낮은 커피에 대한 소비자들의 불만이라 해석하면 커피는 매력 있는 산업이 될 수도 있다. 동일한 산업이라도 해석자의 태도에 따라 최악의 시작점이 될 수도 있고 무난한 기회가 될 수도 있다. 하워드 슐츠는 그의 자서전에서 1970년대 일부 미국사람들이 과도하게 가공된 음식들에 실증을 내기 시작했다는, 숨겨져 있던 성공의 씨앗에 대해 언급한다(Schultz & Yang, 2022, p. 50).

객관성과 합리성을 표방한 숫자와 분석의 맹점을 보여주는 또 다른 사례가 있다. 일반적으로 상장회사 경영자는 자신의 실적과 연관되기 때문에 주가와 언론사 평가에 예민하다. 때로는 외부의 평가와 반응이 전략에도 영향을 준다. 하지만 슐츠는 그런 사고 방식을 당장 멈추라고 경고한다. 주가 등락과 언론사의 평가 몇 마디는 결코 현장 상황을 온전하게 반영하지 못한다는 것이 그가 깨달은 사실이었다. 그에게 일시적 주가 변동과 언론사 평판은 외부 이해관계자의 해석일 뿐이었다. 이러한 해석은 잠재 고객과 투자자의 생각을 이해하는 데 도움이 되지만 결국 그들의 주관적 생각을 반영한 것뿐이다. 따라서 누가 투자하고 평판을 작성하는지에 따라 내용과 결과가 완전히 바뀔 수 있다.

행동전략에서는 "객관적 환경분석"보다 경영자의 주관을 강조한다. 객관보다 주관이 중요한 이유를 설명하기 위해 웨익은 센스메이킹(Sense-making)이라는 개념을 제시했다. 센스 메이킹이란 "말이 되게 하는 것"이라는 의미로 외부 상황을 있는 그대로 수용하는 것이 아니라 주관적으로 단순화하고 의미부여해서 받아들이는 인지 과정을 말한다(Weick et al., 2005). 즉, 혼돈 상태에 있는 외부 요인들에 이름을 붙이고(Label), 가정(Presume)하고, 시스템(Socialize and Systemize)화하고, 커뮤니케이션이나 행동을 통해 조직화하는 주관적 행위를 통해 외부환경을 수용하는 것을 말한다.

오늘날은 정보의 홍수라는 말이 진부할 정도로 데이터가 넘쳐난다. 이러한 세상에서 객관적 실체가 있고 이를 해석하고 인지하는 인간의 사고 과정 또한 객관적이라고 하자. 이 두 개의 명제가 참이라면 환경의 객관성을 다루는 데이터들이 증가할수록 완벽에 가까운 서비스가 제공되어야 한다. 또한 어느 기업을 막론하고 객관적 데이터가 산출해낸 경영전략을 따르면 예외 없이 성공할 수 있어야 한다. 결과적으로 대다수 기업이 제공하는 재화와 용역의 특성에 별다른 차별화가 생기지 않을 것이다. 하지만 현실은 이와 거리가 멀다.

데이터를 수집하고 분석하는 기술이 빠르게 발전하고 있다. 하지만 잠재 고객에 대한 주관적 생각에 기반하여 수집한 데이터를 온전히 객관적이라 하기는 어렵다. 오히려 주관적이고 불명확한 인지프로세스에 의한 정보의 파편으로 보는 편이 합리적이다. 모든 고객의 생각을 반영한 상품을 만드는 것은 막대한 비용이 들 뿐만 아니라 현실적으로 가능하지도 않다. 따라서 경영자는 이 파편을 자신이 인지할 수 있는 수준으로 단순화할 수밖에 없다.

주식 시장이 판단하는 미래 가치, 사회가 바라보는 조직의 평판, 객관적 수치 등으로 외부환경을 분석할 때에는 수집과 가공 과정에서 객관적 사건들이 주관적 요인에 의해 변형될 수 있음을 고려해야 한다. 이러한 정보의 불완전성에 착안하여 차일드는 객관적 상황에 기반해 전략을 선택하는 전통적 방법에 반대하고, 환경에 대한 경영자의 주관적 해석에 기반하여 전략을 선택하는 방법을 지지하였다 (Child, 1972). 환경분석에서 발견한 정보를 전략수립의 가이드라인으로 활용하는 대신 경영자가 설정한 전략적 가치의 타당성을 검증하는 수단으로 활용해야 한다는 것이다.

외부환경분석이 사회 현상을 단순화하여 개인의 주관으로 재해석하는 프로세스라면 경영자의 인지 틀은 환경분석에서 결정적 역할을 하게 된다. 하지만 경영자와 조직 구성원이 환경을 해석하는 틀이 다르므로 환경 인식에 있어 경영자와 구성원 간에 간극이 생기는 것은 불가피하며 경영자는 이 점에 유의하여 전략을 수립해야 한다.

하워드 슐츠가 스타벅스를 나와 일 지오날레를 설립하게 된 계기도 이러한 간극에서 비롯되었다. 하워드 슐츠와 스타벅스 설립자 제럴드 볼드윈은 이탈리아의 에스프레소와 커피스토어 문화를 해석하는 방식에 차이가 있었다. 이탈리아의 커피스토어라는 동일한 실체에서 볼드윈은 커피에 대한 열정, 고급 커피의 공수 그리고 커피 지식에 대한 교류를 발견했다. 반면, 슐츠는 고급 커피를 상품으로 제공하고 직접 체험할 공간을 마련하여 고객이 일상의 대화를 나누면서 더 풍요로운 삶을 누릴 수 있도록 만드는 커피 전문점을 발견했다. 스타벅스의 사례는 경영자가 벤치마킹하려는 외부 대상에 대해 통일되지 않은 해석이 있을 수 있음을 보여준다.

웨익은 "규정된 환경" 이론을 통해 경영자는 주관적으로 조직이 처한 환경에 대해 의미를 부여하고, 규정하고, 구성하며, 이렇게 규정한 환경에 따라 솔루션을 제시한다고 주장하였다(Weick, 2015). 볼드윈과 슐츠가 커피하우스에 부여했던 의미는 통일되지 않았고, 결국 그들의 서로 다른 해석은 커피스토어라는 동일한 출발점에서 두 개의 다른 기업이 탄생하는 계기를 만들었다.

경영자의 주관적 인식의 틀이 동일 환경에 대해 다른 해석을 야기할 수 있다는 행동주의적 주장은 최고경영자 이론(Upper echelons theory)을 파생시켰다(Hambrick & Mason, 1984). 이 이론은 경영자의 인지심리적 특성에 따라 동일 환경이나 상황요건이 다르게 인식되고 결과적으로 다른 전략 대응으로 연결된다고 주장한다. 살면서 소속되었던 집단, 사회적 배경과 개인의 경험, 학력, 경력, 전공 분야를 모두 포함한 삶의 경험이 경영자의 인지 틀에 영향을 미치고 그에 따라 개인의 해석 체계가 완전히 달라진다는 뜻이다.

제럴드 볼드윈과 그의 창업 파트너가 각각 영어 교사와 작가였다는 점은 그들이 커피에 대한 지식을 향유하고, 이를 가치 있게 여기는 공동체와 공유 공간을 마련하는 데 더 큰 가치를 둔 이유를 이해하게 해준다. 반면 가족과 같은 따뜻한 연대감을 중시하고 해마플라스트에서 세일즈맨으로 일했던 하워드 슐츠는 가정집 앞마당을 연상시키는 커피스토어 문화에 더 끌렸으며 커피 전문점 문화를 한정된 마니아층이 아닌 대중을 대상으로 확산하려는 포부를 가지게 되었다. 커피 전문점에 대한 상이한 비전이 그들의 사회적 배경과 삶의 경험에서 비롯되었음을 짐작케 해주는 대목이다.

환경을 해석할 때 조직 구성원 사이의 괴리는 끝없이 발생한다. 경영자와 현장 직원 사이도 마찬가지다. 슐츠가 일 지오날레를 통해 꿈을 실현하고 스타벅스 상표를 되찾은 후에도 변화하는 환경과 고객에 대한 해석의 차이는 조직내에서 계속 충돌을 자아냈다. 슐츠는 전통 커피를 고수하려 했지만, 일선 직원들은 아이스커피 혹은 커피 외의 음료를 원하는 고객의 요청에 부응하는 새로운 메뉴를 개발하고 싶어 했다. 이러한 현상은 "이슈 셀링"의 문제와 연결되는데 아래에서 "빅 쇼트"라는 영화에 대한 분석을 통해 보다 구체적으로 살펴보자.

빅 쇼트: 나만의 시각으로 세상을 바라보다

2008년, 전 세계에 불황이 닥쳤다. 미국도 예외가 아니라 순식간에 800만 명이 실직했고, 명문 투자은행 중 하나인 리먼 브라더스(Lehman Brothers)가 파산했다. 영화 "빅 쇼트(Big Short)"는 이러한 불황 속에 기회를 발견한 사람들에 대한 이야기다.[9]

영화의 배경이 된 "서브프라임 모기지(Subprime Mortgage)" 사태를 이해하려면 우선 주택저당증권이 무엇인지부터 알 필요가 있다. 주택저당증권(Mortgage Backed

Securities)은 일종의 파생상품이다.[10] 주택을 담보로 제공하고 금융 기관으로부터 대출을 받는 경우, 금융 기관은 대출자의 주택에 저당권을 설정하여 대출금을 회수할 권리인 주택저당채권(Mortgage Loan)을 가지게 되는데 이 채권을 기초로 발행한 증권을 주택저당증권이라 한다.

사전적 정의가 다소 복잡하니 사례를 통해 살펴보자. 갑이 주택을 담보로 세모은행으로부터 대출을 받는다고 가정하자. 세모은행은 갑에게 원금과 이자를 청구할 권리를 가지게 된다. 만약 갑이 대출금을 갚지 않을 경우 세모은행은 갑이 담보로 제공한 주택을 처분하여 상환되지 않은 원리금을 회수할 수 있는데 이러한 권리 일체를 주택저당채권이라고 부른다. 세모은행은 갑과 같은 대출자로부터 확보한 여러 주택저당채권을 묶어 새로운 금융 상품으로 만들어 낼 생각을 한다. 채권을 단순히 보관만 해서는 수익을 높일 수 없기 때문이다. 다수의 채권을 상품화하여 금융시장에 판매함으로써 세모은행은 위험을 낮추면서 수익을 높일 수 있게 된다. 이렇게 만든 금융 상품을 을에게 판매하면서 이 상품이 안정적 수익을 안겨줄 것이라 선전하고 을은 이 상품에 매력을 느껴 유동화된 주택저당증권을 산다.

루이스 라니에리(Lewis S. Ranieri)[11]가 고안한 주택저당증권은 평범한 뱅커(Banker)에게 풍요로움을 선사하고 은행을 하나의 권력체로 다시 태어나게 할 정도로 안정적이면서도 수익성 있는 AAA급 금융 상품이었다. 하지만 안정적 고수익 상품이라고 확신한 바로 그 부분이 서브프라임 모기지 사태가 잉태된 지점이었다. 주택저당증권은 "주택대출금을 갚지 않는 사람은 없다"는 라니에리의 확신이 전제되어야 하지만 그 조건이 계속 유지될 수 없었기 때문이다. 주택 수와 주택 구매 여력이 있는 사람들의 수가 항상 증가할 수는 없다. 따라서 주택담보대출의 수요는 정점에 도달 후 하락할 수밖에 없고 주택저당증권의 기반이 되는 주택저당채권 또한 감소할 수밖에 없다. 즉, 금융 상품을 구성하는 요인이 사라져 더 이상 증권을 발행할 수 없게 된다.

이러한 상황에서 서브프라임 모기지가 등장하게 되었다. 서브프라임 모기지는 루이스 라니에리가 만들어낸 주택저당증권보다 위험도가 높은 주택저당채권으로 구성된 금융 상품이다.[12] 기존 금융 상품이 신용도가 가장 높은 집단인 프라임 대상의 담보 대출에 기초한 반면 서브프라임 모기지는 프라임보다 낮은 신용도를 가진 사람들에게 대출한 주택저당채권을 기반으로 한 상품이었다. 이러한 대출이 반복되면서 AAA등급이 매겨진 모기지 상품의 65%가 프라임 등급이 아닌 "쓰레기(Shit)"[13]로 전락했음에도 은행은 안정적 상품이라 홍보했고 다수의 투자자들이 현혹되었다. 사회 전반에 자리 잡은 모기지에 대한 신뢰 또한 투자자들이 주택저당증권에 대해 낙관적 태도를 갖는 데 기여했다

이때 증권의 안전성을 과신하는 금융 시장의 태도에 의문을 가진 사람들이 등장한다. 신용부도스와프(CDS: Credit Default Swap)[14]를 최초로 제안한 마이클 버리(Michael Burry)와 그의 의견에 동의한 자레드 베넷(Jared Vennett), 마크 바움(Mark Baum), 벤 리케르트(Ben Rickert)가 그들이다. 그들은 사회와 자본이 건설한 제도를 불신한 비관론자들로, 모두가 믿는 주택저당증권의 안정성을 의심의 눈초리로 바라보았다.

결과적으로 주택저당증권은 안정적이지 못했다. 담보대출 이자와 원금 상환 능력이 입증되지 않은 사람들에게 서브프라임 모기지를 제공한 은행은 예비 채무 불이행자 수를 늘린 꼴이 되었다. 특히 이자가 고정금리에서 변동금리로 바뀌자 채무자들은 원리금 상환 책임을 면하기 위해 발버둥 쳐야 했다. 위에서 말한 비관론자들이 현장을 방문해 확인한 결과 상환 능력이 없는 사람들이 담보대출을 통해 주택을 구입한 사례가 드러났고 심지어 키우던 개의 이름으로 대출받은 사례도 발견되었다. 이런 상황에서 안전판 역할을 해야 할 신용평가사들마저 은행과 내통하고 있어서 대출자에 대한 신용 심사를 제대로 하지 않았다. 까다로운 신용조건을 제시하면 주택저당증권 발행의 기반인 채권을 마련하지 못하기에 결국 미래의 위험을 외면한 채 수수료만 얻으면 그만이라는 식으로 "묻지 마"식 대출 허가를 내주었다.

마이클 버리는 이러한 비체계적 시스템 속에서 채무불이행율이 8퍼센트를 넘으면 금융 시장이 붕괴될 것이라 예측한다. 그와 시각을 같이 한 회의주의자 집단은 주택 신용부도스와프를 공매도하기로 결정한다. 일반 투자는 가격 상승으로 시세차익을 얻는 반면 공매도는 주가 하락 혹은 기업의 파산에 배팅해서 기업 가치

의 감소에 따른 차익으로 수익을 보는 투자 기법이다. 세계에서 손꼽히는 투자사들은 이들을 한참 비웃었다. 그럼에도 그들은 서브프라임 모기지와 미국 경제의 불황에 돈을 걸었다. 결과적으로 미래의 상황은 비관론자들의 편이었다. 라니에리가 전제했던 "주택대출금을 갚지 않는 사람들은 없다"는 명제는 휴지조각이 되어버렸고 BBB등급의 고위험군 모기지를 엮은 CDO(Collateralized Debt Obligation)부터 AAA등급의 허술한 금융 상품까지 도미노처럼 무너져 내렸다.[15]

수많은 사람들이 일자리를 잃고, 대형 투자사들도 파산 위기에 직면했다. 하지만 세상이 강요하는 시각에 맞서 고유의 해석 체계를 유지하고 서브프라임 모기지를 공매도했던 우울한 비관론자들은 압도적 수익을 얻었다. 영화에는 다음과 같은 대사가 등장한다. "곤경에 빠지는 건 뭔가를 몰라서가 아니다. 뭔가를 확실하게 안다는 착각 때문이다(It ain't what you don't know that gets you into trouble. It's what you know for sure that just ain't so.)." 이제 이 영화 속 서브프라임 모기지 사태가 전략수립의 첫 단계인 환경분석에 주는 시사점에 대해 이야기해보자.

인지 단순화: 당연함을 특별함으로 만드는 생각의 힘

서브프라임 모기지 사태는 객관적 척도에 대한 맹신과 이를 받아들이는 개인의 인지 틀이 저마다 다름에 기인한다. 금융 상품에 대한 사회의 평가는 일반인들의 기대와 달리 객관적이지 못했다. 주택저당증권을 통해 수익을 만끽하던 은행은 이 매력적인 상품의 판매를 감소시키는 어떠한 시도도 용납하기 어려웠다. 그러다 보니 대출자의 신용에 문제가 생겨도 주택저당증권의 안정성이 높다고 주장할 수밖에 없었다. 경영진의 성과주의와 정보의 비대칭성으로 인해 채권 가격이 시사하는 객관적 정보를 외면한 것이다.

금융 상품을 구성하려면 주택담보대출을 발생시켜야만 했기에 대출 장벽을 허물 수밖에 없었고 원리금 상환 능력이 확인되지 않은 채무자에게도 대출을 허용했다. 이 때문에 주택저당증권의 안정성이 낮아질 수밖에 없었지만 은행은 "주택담보대출자들이 원리금을 상환하지 않을 리가 없다"며 주택저당증권의 안전성을 홍보했다. 결과적으로 주택담보대출 관련 금융 상품에 대한 주가와 기타 통계자료는 수익 창출에 눈이 먼 은행과 신용평가사의 합작품이었다. 사회에 만연한 "주택저당증권은 안전한 금융 상품이기에 투자 가치가 높다"는 인식은 증권가의 탐욕이 조작하여 유지하려던 거짓 명제였다. 타당성이 없는 자료와 주장들이었음에도 월가의 권위와 숫자의 힘은 투자자들의 인지 틀을 흐리게 만들어 자료의 객관적 평가를 어렵게 만들었다.

스타벅스 사례에서 하워드 슐츠는 주가의 등락이 기업의 내부 상태를 온전히 반영하지 못한다고 말했다. 영화 빅 쇼트가 묘사한 서브프라임 사태는 이러한 주장에 힘을 실어준다. 외부 환경의 객관적 실체와 외부 데이터를 가공한 자료의 객관성에 대해 정면으로 반박하는 예시라고 할 수 있다. 더 나아가 인지 과정에서 환경을 지배하는 주류의 목소리가 개인의 주관을 전복하거나 조작하는 데 상당한 영향을 미칠 수 있음도 확인할 수 있다.

마이클 버리가 신용부도스와프를 공매도하려 할 때 그가 운영하는 자산 운용사에 펀드 관리를 의뢰했던 고객은 허겁지겁 달려와 그 선택을 즉각 철회하라고 요구한다. 마이클 버리를 믿고 자금을 맡길 만큼 그를 신뢰했음에도 그의 해석보다 자신이 "객관적"이라고 믿는 데이터를 더 믿었던 것이다.

행동재무학(Behavioral Finance)은 경영자의 개별적이고 주관적인 해석 체계를 뒤흔들 정도의 강력한 불가항력을 "대표성 발견법(Representativeness Heuristics)" 이라는 말로 설명한다(Statman, 1995). 경제학이 전제하는 합리적 인간이라면 사회 평판과 무관하게 미래에 성장하리라 추정되는 회사에 과감하게 투자할 수 있어야 한다. 하지만 대다수의 투자자들은 미래 가치를 공정하게 평가하여 투자 대상을 선정하는 것이 아니라 포춘(Fortune)이 나열한 "좋은 회사"의 순위에 의존하여 투자처를 결정한다(Statman, 1995). 그러나 포춘이 완전한 객관성을 보증하는 것도 아니고, 포춘의 순위에 포함되지 않은 회사에 더 많은 성장 가능성이 잠재되어 있을 수도 있다.

사회의 영향에 흔들리지 않는 객관적 기준으로 합리적 선택을 해야 한다고 주장하려는 것이 아니라 사람은 결코 온전히 합리적인 존재가 될 수 없음을 말하려는 것이다. 마이클 버리는 채무자의 채무 불이행율과 대출자의 신용도에 입각하여 신용부도스와프의 공매도를 진행했다. 하지만 이 또한 모든 대안을 검토해 최고를 선택한 합리적 의사결정은 아니었다. 마이클 버리의 인지 단순화는 그로 하여금 다양한 경제 요소 중 유독 주택저당채권의 채무자에 집중하도록 만들었다. 채무자의 신용에 대해 의문을 던진 것, 그들의 채무 불이행율을 예측하고 신용도를 평가한 것은 전적으로 관찰자 개인이 검증이 필요하다고 주관적으로 생각한 요소에 집중한 결과이며 그러한 요소에 대한 중요성 판단은 그의 인지 틀에 근거한다.

마이클 버리의 신용부도스와프에 대한 소문이 흘러나왔을 때 증권가의 다른 사람들처럼 비웃지 않고 마치 사냥개가 사냥감을 발견한듯 달려들었던 비관론자들도 마찬가지이다. 금융시장을 우울하게 바라보았던 그들의 회의주의적 성향은 공매도를 두고 바보 같은 짓이 아니라 아주 창의적이고 높은 수익을 낼 수 있는 발상이라는 색다른 의미를 부여했다. 여기서 과연 무엇이 모기지 상품의 몰락에 배팅한다는 획기적 발상을 가능하게 했는지 주목할 필요가 있다. 행동주의에서 말하는 경영자는 인지 단순화를 통해 환경을 주관적으로 해석한다. 하지만 그 과정에서 당연하다고 생각되는 것을 그대로 수용할지, 아니면 그 당연함에 의문을 품을지 여부가 바로 월가의 유수한 투자사들과 비관론자들 사이의 차이를 가져왔다.

객관적 척도는 사람들로 하여금 환경 특성을 보편적이며 당연하다고 생각하게 만든다는 점에서 위험하다. 주가와 통계자료는 여러 의사결정에 타당성을 부여한다. 마이클 포터의 5요인 모델은 "OO업이 가지는 당연한 특성"이라는 시각을 제공하며, 핵심 역량은 기업 내부에 "당연하게 중심이 되어야 할 자원"을 찾아 낸다. 하지만 외부환경 탐색 과정에서 경영자가 주체적으로 환경을 인지하기 전에 "타당성을 입증할 당연한 자료"에 의존하면 환경이 알려주는 위기나 기회를 제대로 포착하지 못할 수 있다. 당연한 것에 대해 의문을 던지고 그것이 왜 당연한지에 대해 고민할 때 주관적이지만 유의미한 전략적 단서들을 발견할 수 있기 때문이다.

위기가 기회일 수밖에 없는 이유

영화 빅 쇼트를 통해 말하려는 것은 경영자의 인지 틀을 지배할 수 있는 외부환경 데이터의 위험성이다. 여기서는 경영자가 외부환경분석 단계에서 궁극적으로 찾고자 하는, 혹은 찾아야만 하는 기회와 위기에 대해 살펴보자.

기회와 위기의 발견은 환경분석 단계에서 반드시 해야 할 핵심 작업이다. 데이터를 분석하고, 고객 요구를 점검하고, 관련 산업의 미래 가치를 검토하는 목적은 모두 사업 확장 기회를 찾거나 위기에 선제대응 하려는 것이기 때문이다. 위기란 당연하던 것이 더 이상 당연하지 않게 되는 상황이다. "더 이상 자유롭게 사람들을 만날 수 없다면?"이라는 질문을 미리 던졌더라면 COVID-19로 촉발된 글로벌 팬데믹 위기 상황을 가늠하고 대비할 수 있는 기술을 미리 고찰할 시간이 있었을지 모른다. 다른 측면에서 당연하지 않은 것을 발견하는 것은 기회가 될 수 있다. 2D 인터넷이 아닌 4D 가상공간의 세계에 대한 상상이 메타버스 사업에 대한 기회를 제공하는 것처럼 말이다. 경영자가 당연한 것에 대해 의문을 던지는지 여부와 그것에 어떤 방식으로 의미를 부여(Sense-making)하는지가 같은 상황을 기회로 볼지 아니면 위기로 볼지에 대한 차이를 가져온다. "위기는 기회다" 또는 "전화위복" 같은 말을 수도 없이 들었을 것이다. 이러한 속담이나 격언은 옛 사람들이 일상에서 수많은 시행착오를 겪으며 깨달은 삶의 지혜이다. 그런 관점에서 빅 쇼트라는 영화를 다시 살펴보면 경영전략과 관련하여 새로운 시사점을 발견할 수 있다.

우선, 위기는 기회일 수밖에 없다. 이러한 주장의 근거는 서브프라임 모기지 사태라는 구체적 사건을 통해 쉽게 찾을 수 있다. 사람에게는 위기가 닥치면 그로부터 벗어나려는 본능적 욕구가 있다. 이 욕구에 부합하는 전략이나 시스템을 마련하는 것이 바로 기회이다. 위기를 먼저 파악하려면 익숙하고 당연한 것들에 대해 질문을 던져야 한다. "이것이 왜 당연한가?" "만약에 이 당연함이 끝나면 무슨 문제가 생기며 어떻게 탈출해야 하는가?"와 같은 질문을 던져야 한다. 마이클 버리는 증권가 사람들이 모두 안정적이라고 합창하던 모기지 상품에 대해 "왜 안정적인가?", "주택담보대출자들은 당연히 원리금을 상환하는가?"라는 물음을 던짐으로써 그들이 예상하지 못한 위기와 기회를 발견할 수 있었다. 대다수의 의견에 동조하여 자신만의 의미부여를 할 수 없었다면 그 역시 다른 사람들과 마찬가지로 색다른 기회를 발견하지 못했을 것이다.

인간이 지구를 벗어나 다른 행성에서 사는 것에 대해 연구할 필요성을 느끼기 시작한 건 지구가 인간 생존에 적합한 공간을 무한히 내주지 못할 것이라는 위기를 느꼈을 때였을 것이다. 바로 이 "당연한 지구"에 대해 질문을 던진 사람이 테슬라(TESLA)와 솔라시티(Solar City)의 CEO 일론 머스크(Elon Musk)다. 그는 지구가 영원 불변하지 않을 것이므로 "사람들을 화성으로 이주시킨다"는 가정을 전제로 화성에서도 달릴 수 있게 디자인된 자동차와 민간 우주 탐사선 등을 개발하는 『스페이스X』를 설립했다.[16] 우주에 대한 그의 열정과 꿈을 비웃는 사람들도 있다. 지극히 허황되고 망상에 젖은 사업이라 생각하는 시각도 있다. 심지어 그의 롤모델이자 영웅이었던 나사(NASA)의 우주 비행사들조차 그의 비전을 "안전성을 희생하여 우주를 상용화하려는 수작"이라고 비판하고 나섰다. 머스크는 이들의 반응에 대한 생각을 묻는 인터뷰에서 "매우 힘들다. 그들이 (스페이스 엑스를) 방문했으면 좋겠다(It's really tough, I wish them to come visit)."라고 대답하며 실망감에 젖어 눈물을 보이기까지 했다.[17] 하지만 점점 더 많은 사람들이 지구가 더 이상 당연하지 않을 수 있음을 체감하고 있다. 이러한 깨달음을 반영하듯 테슬라의 전기자동차와 솔라시티의 우주탐사선은 높은 미래가치로 평가되기 시작했다.

완전히 새로운 영역에서 기회를 발견하는 것은 상당히 어려운 일이다. 이는 사막에서 오아시스를 발견하려고 막무가내로 걷는 것과 같기 때문이다. 하지만 경영자를 둘러싼 환경과 그 환경 속에서 당연하게 여기던 것들에 대해 반문하는 태도는 색다른 기회 창출의 가능성을 열어준다. 그렇기에 전략수립에서 환경분석 단계의 중요성이 크다. 하지만 반문만 해서는 안 된다. 경영자는 자신만이 아니라 일반 사람도 납득할 수 있는 위기임을 꾸준한 실험과 검증을 통해 증명해야 한다. 이 과정에서 또 다른 기회를 포착할 수 있으며 조직이 추구할 다른 가치관을 발견할 수도 있다.

그래서 불확실한 환경을 명확하게 이해하고 주관적으로 받아들이는 인지 능력이 중요하다. 주어진 환경을 그대로 묘사하는 숫자와 데이터는 "당연한 것이 당연함"을 이중으로 입증하며 시간 낭비를 하는 격이다. 이에 대해 의심하고 반증하는 것이 잘못된 사고방식으로 비춰질 수도 있다. 하지만 많은 사람들의 주관과 예상치 못한 물음이 모이면 생각지도 못한 도전적이고 창의적인 기회를 발견할 수 있다. 그러한 총명한 주관들이 대다수 기존 주류 시각에 의해 기선제압을 당하거나 한두 명의 권위자에 의해 쓸모없는 것으로 치부된다면 환경분석 단계는 무의미하고 형식적인 절차에 지나지 않을 가능성이 크다. 경영자는 그렇게 되지 않도록 조직을 관리해야 한다.

의심하고 반문하라고 해서 우울한 비관론자가 되라는 말이 아니다. 서브프라임 사태에서 비관주의자들은 사회가 강조하고 강요까지 하는 주택저당증권의 안정성에 대해 "안정적이지 않다면?"이라는 회의적 시각을 가짐으로써 새로운 투자 기회를 발견했다. 스타벅스 창립자가 지속적으로 감소하는 커피 소비량을 보고 "커피 자체에 대한 수요의 감소가 아니라면? 치열한 가격 경쟁으로 인해 저하된 커피에 대한 불만에서 비롯된 것이라면?"이라는 질문을 던진 것은 부정적 상황에 대한 색다른 의미 부여이지 단순히 비관적 태도로 세상을 뒤집어 보는 것이 아니다.

앞의 두 사례를 통해 긍정적 환경에서는 회의론자들이, 부정적 환경에서는 확고한 목표를 가진 낙관주의자들이 생존했음에 주목할 필요가 있다. 그들은 현실을 뒤집어 이상만을 추구하는 몽상가가 아니었다. 환경분석에 필요한 인지 단순화는 낙관주의나 비관주의 중 하나라는 형태의 단순한 시각이 아니라 개인이 의미를 부여하는 중요한 환경 요소에서 당연하다고 여겨지는 것에 대해 질문하고 이를 뒤집어 생각하는 것을 의미한다.

인지 단순화가 시사하는 바에는 "어느 정도의 집념"도 포함된다. 펀드매니저 마이클 버리와 스타벅스 창립자 제럴드 볼드윈은 환경이 부정적으로 평가하는 자신의 주장을 신념으로 지켰다. 마이클 버리는 계속 걸려오는 전화에도 신용부도스와프를 공매도 했으며, 볼드윈은 경기 상황이나 커피 소비량 감소에 흔들리지 않고 새로운 브랜드를 창립했다. 이처럼 세상을 단순하게 바라보고 주관적으로 해석하는 것은 개인이 추구하는 가치관에 대한 신념을 의미하기도 한다. 이러한 신념과 주관에 대해 세상이 아우성친다면 일단 들어볼 필요가 있다. 하지만 세상의 아우성이 단순히 "그냥 그건 옳지 않아. 그건 당연하지 않은 생각이니까 틀린 거야"라는 식의 검증되지 않은 외침이라면, 그리고 경영자가 외부 반대에 반박할 수 있는 논리적 근거를 가지고 있다면 그 신념을 고수할 용기도 지녀야 한다.

❸ 편향으로 편향 깨기, 전략수립 단계

인지 편향 이해하기

전략수립은 환경분석에서 탐지한 기회와 위협에 대응하는 방안을 모색하는 과정이다. 1994년에 진행된 한 연구에 따르면 전략수립단계는 대안을 제시하는 정보활동, 도출된 대안을 미래 결과 관점에서 예측하는 설계 활동 그리고 최적 대안을 정하는 선택활동이라는 3가지로 구성된다(Wally & Baum, 1994). 이러한 의사결정 프로세스는 합리적 인간을 전제로 한다.

하지만 행동주의 기반의 카네기 학파는 단계별 선택지를 제시하고 좁혀 가는 전략수립 과정이 비현실적이라고 비판한다(Bromiley, 2009). 경영 현장에서의 전략수립은 앞서 제시된 상황처럼 정형화된 절차에 깔끔하게 맞아떨어지지 않기 때문이다. 인간은 비합리적 존재이며, 집단 분위기와 리더의 성향에 따라 개인의 인지 특성은 무궁무진하게 달라질 수 있다. 따라서 인간의 이성이 조직 내 전략수립 과정을 온전히 지배하지 못할 수도 있다. 도리어 비합리적으로 수립된 뜬금없는 대안이 세상을 혁신하기도 한다. 모든 사람의 생각과 행동을 공식에 끼워 맞출 수 없으므로 동일한 환경에 처한 서로 다른 기업이 예측할 수 없고 상이한 전략적 선택을 한다. 이 과정에서 인간이라는 변수는 치명적인 독이 될 수도, 창의성의 원천이 될 수도 있다.

전략수립에서 주목해야 할 행동주의 요소는 인지 편향이다. 목표 수립과 의사결정과정에서 개인의 사고 방식이 미치는 영향은 막대하다. 조직과 같이 집단 사고가 장려되는 상황에서는 개인의 생각 못지않게 집단 분위기도 전략 의사결정에 커다란 영향을 미친다. 전략 목표는 그 자체로 인지 편향을 유발한다. 전략 목표는 조직원들이 무엇을 어떻게 생각해야 하는지에 대한 사고의 틀이 되기 때문이다. 일단 전략 목표 수립을 통해 사고의 틀이 만들어지면 모든 구성원들이 그에 따라 생각하고 행동할 수 있도록 조직과 업무를 배치해야 한다. 그래야 목표 달성을 위한 전략 이행이 쉽다. 이하에서는 전략수립 단계에서 행동전략이 어떤 역할을 하는지 살펴보도록 하자.

우리나라는 공교육에서 외국어 과목으로 영어를 가르친다. 초기 영어 교육은 아이들이 이 색다른 언어의 모양을 인지하고 이해할 수 있게 하는 데 주력한다. 하지만 언어에 대한 지식이 풍부해지면 실생활에서 영어를 직접 사용할 수 있도록 하는 데 초점을 둔다. 대부분의 실용 학문은 이와 유사한 메커니즘을 지닌다. 지식을 인지하고 이해하는 학습 단계와 배운 지식으로 유의미한 결과를 성취하는 활용 단계로 나뉜다. 경영전략도 마찬가지다. 전략이론이 학습 수준에 그치지 않으려면 정형화된 분석도구 사용수준에서 한 걸음 나아가 경영 현장에서 사용할 수 있는 실천적 대안을 창출할 수 있어야 한다. 이러한 맥락에서 행동전략은 경영전략이 학습과 활용이라는 실용학문의 두 가지 목표를 모두 성취하는 데 기여한다.

실용학문에 대한 이야기를 하는 이유는 인지 편향의 중요성에 대해 이야기하기 위해서다. 편향(Bias)이라는 단어는 대개 부정적 뉘앙스를 풍기며 제거 대상으로 인식된다. 치우쳤다는 것은 공정하지 못함을 암시하며 공정하지 못한 것은 정의롭지 못한 것으로 간주되기 때문이다. 하지만 행동전략에서 인지 편향은 실용학문의 2가지 특성처럼 이해하고 활용해야 하는 요인이기도 하다.

인지 편향을 수치로 측정한다고 가정해보자. 편향이 전혀 없어서 측정 값이 0인 조직이 존재할 수 있을까? 아마 불가능할 것이다. 인간은 누구나 자신의 삶과 경험에 비추어 판단하려는 경향이 있기 때문이다. 어떠한 경우에도 한 치의 편향 없이 사고하는 것은 신이나 가능한 일이다. 행동경제학의 대가 리처드 세일러(Richard H. Thaler)는 이렇게 존재하지 않을 법한 인간을 "이콘(Econ)"이라고 명명했다(Thaler, 2021). 이러한 이콘은 추상적 개념으로는 묘사가 가능하지만 현실에는 존재하지 않는다.

기업이 특정 목표를 추구하려면 개인의 다양한 자기 주장을 프레이밍(Framing) 과정을 통해 하나로 묶어야 한다. 그래야 조직이 한 방향으로 나아갈 수 있다. 이러한 이유로 인지 편향은 부정적으로 작용하면 제거해야 하지만 그렇다고 완전히 제거된 채로 조직을 운영할 수 없는 필수 성분이다. 이는 마치 인간의 몸을 구성하는 세포가 생명을 위협하는 악성 종양이 되기도 하지만 없으면 사람의 생존 자체가 불가능한 것과 유사하다.

영어교육을 예로 들어보자. 초등학교 1학년 등교 첫날의 교실은 아직 사회화되지 않은 아이들로 가득하다. 그때 선생님이 들어가 다짜고짜 알파벳부터 가르치기 시작하면 수업에 관심을 기울이는 아이는 극소수이고 대다수는 창문 밖을 보거나, 화장실에 가고 싶거나, 주머니 속의 초콜릿을 먹고 싶거나, 혹은 엄마를 보고 싶은 생각으로 가득 차 있을 가능성이 높다. 이러한 현상을 피아제는 "집단적 독백"의 장으로 묘사했다.[18] 쉽게 말하면 총체적 난국을 뜻한다. 이들에게 영어를 가르치려면 먼저 학교가 어떤 곳인지, 학생과 선생님의 역할이 무엇인지, 수업은 무엇이며, 영어수업은 왜 하는지를 아이들의 눈높이에 맞춰 설명해주어야 한다.

오랜 기간 학습과 사회화 과정을 거친 고급 인력으로 가득한 기업도 마찬가지다. 조직 내 개개인은 서로 다른 인지 과정을 거쳐 사고한다. 전략 목표는 이렇게 천차만별인 생각을 한 방향으로 모으는 역할을 한다. 이를 통해 구성원들이 조직에 적응하고 집중하도록 하며 조직 차원에서 의사결정을 내리고 행동하도록 유도한다. 한마디로 전략 목표란 구성원의 생각을 조직이 추구하는 방향으로 모으는 핵심 가치관이다. 따라서 전략 목표는 불가피하게 인지 편향 특성을 내포한다. 그러한 인지 편향에 기반한 조직의 의사결정 프로세스는 운영 시스템에 영향을 주고 장기적으로 새로운 관성을 만들어낸다. 따라서 전략수립단계에서는 인지 편향이 무엇인지 정확히 아는 것이 매우 중요하다.

인지 편향과 여기서 유발되는 인지 관성은 공통 목적을 지닌 사람들이 모이면 생길 수밖에 없는 특성이다. 문제는 이 두 요소가 조직을 부정적 방향으로 이끈다는 데 있다. 인지 편향과 인지 관성이 의사결정자의 시야를 흐리고 구성원들의 창의적 발상에 제동을 거는 상황이 발생한다. 하지만 아이러니컬하게도 하나의 인지 편향과 관성을 부수고 조직을 새롭게 환기시킬 수 있는 것은 또 다른 편향과 관성이다. 이는 마치 다이아몬드는 다이아몬드로 가공해야 하는 것과 마찬가지라 하겠다.

상충되는 것을 동시에 달성하라

2002년, 데이비드 코트는 하니웰(Honeywell)의 CEO로 선임되었다(Cote, 2021, pp. 12-24). 항공, 관제 시스템, 자동차 사업을 하는 220억 달러 규모 기업의 수장이 된 그는 회사의 현실을 파악한 후 앞이 깜깜해졌다. 재무 상태, 펀더멘털 (Fundamental), 사회 인식 중 어느 하나 성한 곳이 없어 당장 종합 수술이 필요한 환자와 같은 상태였기 때문이었다.

코트는 임기 첫날부터 참혹한 현실의 근원을 샅샅이 파헤쳤다. 그리고 하니웰의 고질적 문제 중 많은 것이 단기 성과를 추구하는 병폐에서 비롯되었음을 발견했다. 당장 눈앞에 닥친 어려움만 주먹구구식으로 해결하려는 회사 문화가 장기 관점에서 차근차근 해결해야 할 문제를 회피하게 하고 있었다. 뿐만 아니라 공격적 회계를 통해 수익과 자산을 교묘하게 부풀리는 바람에 조직 내외의 정보 비대칭(Information Asymmetry)이 악화되어 있었다. 투자자는 물론, 조직 내부에서도 CEO를 제외하고는 회사의 실제 재무 상태에 접근할 권리가 없었다. 그러다 보니 임직원들이 회사의 재무 상태에 대해 위기의식을 가질 리 만무했고 그럴 수도 없었다. 하니웰은 단기 성과를 위해 공장 옆 들판에 있는 나무라도 베어 파는 엽기적 행위마저 부추기는 형국이 되어 있었다. 실제로 나무 판매를 통해 실적을 올린 사원에게 상을 주었을 정도였다. 반면 바로 비용이 드는 사회적 이슈에 대해서는 할 수 있는 한 최대로 시간을 끌며 애써 무시했다. 결국 "오늘만 살아남으면 된다"는 식의 폭탄 돌리기를 더 이상 이어갈 수 없는 최후의 상황에서 코트가 CEO로 선임되었다.

'장기 성과와 단기 성과를 모두 추구하라.'

코트는 직원들에게 시간의 양극단에 있는 것처럼 보이는 가치를 동시에 추구하라고 요구했다. 이 전략 목표는 그의 "블루노트" 시간에서 도출해낸 것이다.[19] 그는 업무 시간 중 일부를 경영에 대해 깊이 있는 질문을 던지는 데 할애했다. 그 과정에서 장기 성과와 단기 성과가 서로 긴밀하게 얽혀 있음을 알게 되었고 이에 따라 다소 극단적으로 보일 수 있는 전략 목표를 제시하게 되었다. 예상했던 대로 처음에는 직원들의 반발이 거셌다. 투자자를 비롯한 외부 이해관계자들도 장기와 단기 성과를 동시에 추구하려는 그의 의사결정을 의심의 눈초리로 보았다.

하지만 코트는 물러서지 않았다. 오히려 자신이 세운 전략 목표, 즉 "장단기 성과의 동시 추구"를 사업 전반으로 확대했다. 어느 하나에 치우친 목표가 아니라 겉보기에 어울리지 않는 두 개의 목표를 동시에 추구하고 성취하라고 강하게 밀어붙였다. 또한 주어진 전략 목표는 결코 단순한 과제가 아니므로 이를 이루기 위해서는 리더들에게 깊은 지적 탐구가 요구된다고 설득했다. 시간이 흐르면서 조금씩 변화가 나타났다. 색다르게 제시된 전략 목표는 의사결정에서 장기 성과와 단기 성과라는, 얼핏 보기에 완전히 다른 가치를 동시에 고려하는 조직 분위기를 만들었다. 조직 전반에 장기와 단기 성과를 함께 중시하는 사고방식이 정착되었고 결과는 매우 긍정적이었다.

일례로 상충 요소를 동시에 추구한 코트의 장점을 잘 보여주는 재고 감축 사례를 살펴보자(Cote, 2021, pp. 31–34). 이는 코트가 제너럴 일렉트릭(GE) 가전 사업 부문에서 최고 재무 책임자(CFO: Chief Financial Officer)로 재임하고 있었을 때의 이야기로 나중에 그가 하니웰에서 전략 목표를 수립하는 데 참고한 사례이다

GE의 가전 사업 부문 운영팀은 비용을 감소시켜야 했다. 그 과정에서 재고 감축이 불가피했다. 문제 해결을 위해 코트는 여러 직무의 직원들을 불러모아 어떻게 하면 재고를 감축할 수 있을지에 대해 질문하고 토론하는 장을 마련했다. 책임자들이 문제를 살펴본 결과 재고 감축과 고객 만족도는 상당히 상충되는 관계에 놓여 있었다. 관계자들은 재고 감축과 고객 만족도 제고 둘 중 하나를 달성하는 것은 어려운 일이 아니라고 입을 모았다. 하지만 재고 감축과 고객 만족도를 동시에 달성하는 것은 불가능하다는 의견이 다수였다 이 둘은 서로 대립하는 요인이었다. 당연히 코트는 두 목표를 동시에 달성할 수 있는 해결책을 원했다. 그래서 직원들에게 기존 방식으로 계속 실패했다면 더 이상 그 솔루션에 얽매이지 말고 완전히 새로운 것을 시도해보라고 장려했다. 책임자들은 하룻동안 집중적으로 그 안건에 대해 고민했다. 그러다 한 팀원이 더 큰 관점에 입각하여 해결책을 탐색해보자는 제안을 했다.

보다 넓은 시각에서 문제를 보니 공급망, 제조, 운송, 유통 프로세스를 아우르는 통합 사이클 타임(cycle time)을 줄일 수 있으면 상충되는 두 목표를 동시에 달성할 수 있음을 발견할 수 있었다. 그 후 4년 동안 운영 팀은 사이클 타임을 구성하는

각 요소들에 걸리는 시간을 줄여 나갔고 결과적으로 18주 걸리던 사이클 타임을 2주로 감소시킬 수 있었다. 이로 인해 재고 수준이 50% 감소한 것은 물론 고객 만족도와 밀접하게 연관된 정시 배송률도 80%에서 90%로 향상되었다. 서로 반비례 관계라 절대 양립할 수 없다고 단정지었던 두 종류의 목표를 한꺼번에 이룬 것이다.

이러한 성공 경험은 코트가 하니웰 직원들에게 양극단의 가치를 동시에 추구하는 어려운 과제를 부여하는 계기가 되었다. 임기 초반에 그의 말문을 막게 만들었던 소위 기가 막히는 문제들은 상충 요인을 보다 큰 관점에서 동시에 해결하면서 점차 완화되었다. 상반된 목표를 동시에 추구하는 전략을 이행하도록 장려받은 구성원들은 지적 탐구를 통해 창의적 솔루션을 도출해냈다. 그리고 이를 통한 성공 체험은 장기에 걸쳐 조직 전반을 점진적으로 변화시키며 하니웰의 성장에 결정적 기여를 했다.

두 마리의 토끼를 동시에 잡는 비즈니스는 없다

하니웰 사례에서는 상반되는 목표를 동시에 추구하는 전략에 대해 이야기했는데 여기서는 삼성전자 사례를 통해 그와 반대되는 전략을 살펴보자. 이는 삼성전자 반도체 사업을 성공적으로 이끌었던 권오현 전 삼성전자 회장이 언급한 전략의 핵심 방향 중 하나이다(권오현, 2018, p. 101). 두 사례의 연결에 대해서는 뒤에서 다루기로 하고 우선 어떤 맥락에서 두 마리 토끼를 동시에 잡는 비즈니스가 없다고 한 것인지 그리고 삼성전자 반도체 사업은 어떻게 전세계 1위로 발돋움할 수 있었는지에 대해 알아보자.

"두 마리 토끼를 동시에 잡는 비즈니스는 없다"라는 말은 단기 성과와 장기 성장이라는 딜레마를 마주한 경영자들에게 권오현 회장이 전하는 답변이다. 적어도 둘 이상의 가치를 한 번에 해결하는 전략은 없다는 뜻이다. 그는 사활의 문제인지 아니면 손익의 문제인지를 먼저 따지라고 조언한다. 사활의 문제라면 전력을 다해 자원을 투입하여 최고의 성과를 거두어야 하지만, 손익의 문제라면 당장의 문제를 해결하려 하기보다는 장기적 시각으로 미래를 추구하는 방향을 선택하라고 조언한다. 사실 경영 현장에서는 두 가지 이상의 대립 요소 중 하나를 선택해야 할 때가 자주 일어난다. 이때 다수의 가치를 동시에 추구하는 전략은 모든 것에 신경을 써서 심리적 불안감을 해소하는 데에는 도움이 될 수 있다. 하지만 이도 저도 아닌 애매한 목표로 본질이 희석되는 경우가 많으며, 이는 직원에게도 기업에게도 도움이 되지 않는다.

삼성전자 반도체 사업을 맡게 된 권오현 회장은 "어떤 상황에서도 이익을 내는 방법은 없을까?"라는 질문에 대한 답을 찾고자 했다(권오현, 2018, p. 189). 그 결과 산업 안에서 압도적 1위를 차지해야만 한치 앞을 예상하기 어려운 상황 변화 속에서도 이익을 창출할 수 있다는 결론에 도달한다. 끝없는 치킨게임(Chicken Game)이 반복되는 반도체 산업에서 절대 우위를 가지려면 점진적 개선이 아닌 전사적 혁신을 통한 변화를 추구할 필요가 있음을 깨달은 것이다.

그는 개선이란, 현재 상황을 임시방편으로 해결하는 수준의 대응이라 생각했다. 따라서 근본적 해결책이 되기 어렵다고 봤다. 반면, 혁신은 기존 방식의 연장이 아니라 새로운 패러다임을 시도하는 것을 말한다. 권 회장은 기업이 궁극적으로 생존하기 위해서는 혁신이 필수임을 강조했다. 그는 압도적 격차를 유발하는 이 전략을 "초격차 전략"이라 불렀다. 초격차 전략을 실행하려면 부분적 개선 대신 조직의 모든 것을 뒤집는 혁신이 필요한데, 그 시작은 직원들의 사고방식을 바꾸는 것이었다.

권오현 회장은 반도체 산업에서 넘볼 수 없는 선두 차지를 위해 사일로(Silo)화되어 있던 제조팀과 기술팀을 매트릭스 조직으로 재구성했다. 또한 제품 생산에 반드시 필요한 공정을 제외한 나머지 과정은 축소하여 구조를 단순화하고 인재를 재배치했다. 과정이 간결해지자 생산성은 획기적으로 향상되었고, 조직원들에게 다소 생경했을 법한 새로운 구조는 긍정적 성과를 창출하며 안정되었다. 조직 개편 이후 권 회장은 초격차 전략 이행을 위해 파격적 제안을 한다. "실현 불가능해 보이는 목표"달성을 요구한 것이다(권오현, 2018, pp. 192-194). 반도체 공정 비용 감소에 결정적 영향을 주는 요인인 공기 사용량을 절반으로 줄이고 상상하기 힘든 수율을 목표로 설정한 뒤 이를 반드시 성취하라고 지시했다. 또한 어느 정도 답이 정해져 있는 주제만을 탐구했던 연구 개발 부서에도 불가능한 것을 실현하는 패러다임을 요구했다. 불가능한 미션이 부여된 조직 구성원들은 기존 사고방식으로는 답을 찾을 수 없음을 깨닫고 결국 개선에 머물던 기존 습관에서 벗어나 혁신을 추구하게 되었다.

장기 성장과 혁신을 같이 추구하는 새로운 문화는 반도체 사업부에서 삼성전자 전체로 확산되었다. 제조－기술라인은 실현 불가능한 목표라고 단념했던 공기 사용량 절감과 수율 향상을 동시에 달성했다. 연구 개발 부서는 색다르고 파격적인 주제를 연구하여 차세대를 넘어 더 먼 미래를 준비할 수 있는 기술력을 확보함으로써 경쟁사보다 앞서 SSD를 출시할 수 있었다.

불가능한 것과 불가능하다고 생각하는 것

하니웰과 삼성전자의 사례는 얼핏 서로 다른 주장처럼 보인다. "두 마리 토끼를 잡는 비즈니스는 없다"라는 삼성전자 권오현 회장의 조언은 "장기와 단기 목표를 동시에 추구하라"는 하니웰 데이비드 코트의 전략을 정면으로 부인하는 듯하다. 코트는 대립되는 두 가치를 동시에 실현할 것을, 권오현 회장은 상황에 따라 적절하다고 판단되는 하나의 목적을 추구하는 혁신 전략을 추진할 것을 주장하고 있기 때문이다. 특히 삼성전자 사례는 상충되는 두 요소를 함께 추구하는 것은 어중간한 태도로 실패를 초래할 뿐이라고 조언한다.

이 둘을 글자 그대로 이해하면 상반된 주장이다. 하지만 행동전략의 관점에서 해석하면 이 두 전략 목표는 동일한 메커니즘으로 이루어져 있음을 알 수 있다. 다시 한번 삼성전자 사례에서 "불가능한 목표를 실현하라"는 문장을 곰곰이 생각해보자. 삼성전자 연구 개발 부서가 안정적 주제를 연구하거나, 제조팀과 기술팀이 근본 문제를 접근 가능한 수준에서 점진적으로 해결하려 한 것은 실현가능한 목표만 세우려는 마음에서 비롯되었다고 볼 수 있다. 비유로 말하자면 10m 앞에 10만 원짜리가 보이는데도 눈앞의 1만원짜리 지폐를 줍는 데 몰입하는 꼴이다. 그러다 보니 보통의 성과는 달성할 수 있을지 몰라도 초격차는 만들 수 없었다. 결론적으로 권 회장이 제시한 불가능한 목표의 실현은 장기 방향과 단기 성과를 동시에 추구하라는 요구로 재해석할 수 있다.

하니웰은 비윤리적 관행을 합리화하면서까지 답습할 만큼 극단적 단기 성과주의 문화에 찌들어 있었다. 그들의 통념에서 단기 성과와 장기 성장을 동시에 극적으로 이루는 것은 불가능한 일이었다. 그렇기에 괄목할 만한 성과를 낼 수 없는 장기 성장 대신 눈에 띄는 단기 성과를 목표로 삼았다. 과거 하니웰의 구성원들은 장기 성장에 대해 "에이 말도 안 돼. 지금 당장이 중요하지. 눈앞에 놓여 있는 거나 하자"며 미래 지향적 사고를 중단하고 눈 앞의 결과에 목매는 것을 합리화했다.

하니웰의 과도한 단기 성과주의는 비윤리적 태도를 유발했고, 삼성전자의 안정성 중시 태도는 조직 전반에 뜨뜻미지근한 문화를 확산시켰다. 하니웰에서 "당장의 현실과 먼 미래를 동시에 추구"하는 것과 삼성전자에서 "사활을 거는 이슈가 아닌 이상 장기 목표를 추구"하는 것은 모두 새로운 패러다임으로 구성원들이 익숙해 있던 관습의 대척점에 출발점을 둔다. 과거 조직을 지배했던 게으른 사고방식에 적극적으로 반기를 드는 조치라고 볼 수 있다.

두 기업 모두 "불가능한 것"을 추구하도록 격려한 점에서 같다. 그러나 보다 정확히 말하면 "불가능해 보이는 것"에 도전하고자 했다. 기술의 도움 없이 자연의 힘을 거스르는 경우를 제외하면, 실질적으로 불가능한 것 보다 개인이 불가능하다고 지레 속단하는 경우가 더 많다. 예컨대, 사람이 맨몸으로 날아오르는 것은 명백히 불가능한 일이다. 중력을 거슬러 3미터 이상 떠오르는 것은 물리적으로도 생물학적으로도 증명 불가능한 초자연적 힘의 도움을 필요로 한다. 하지만, 인간이 날아오른 상태에 있게 하는 것 또한 불가능한 일일까? 그렇지 않다. 우주탐사선, 로켓, 비행기, 심지어 엘리베이터 등의 다양한 기술은 2세기 전만 해도 불가능하다고 이야기하던 것을 실현해내고 있다. 스타워즈(Star Wars)와 같은 공상과학 영화에 종종 등장하지만 만약 소형 로켓이 달린 옷이 나온다면 사람이 새처럼 날아다니는 것도 가능한 일이 될 수 있다.

하니웰과 삼성전자는 불가능하다고 생각하던 것에 도전하는 전략 목표를 수립했다는 점에서 공통점을 지니고 있다. 데이비드 코트와 권오현 회장은 실질적으로 불가능한 것과 구성원들이 불가능하다고 생각하는 것을 구분하고 후자에 과감히 도전하도록 전략 지향점을 재조정한 것이다.

조직 구성원 스스로 실현할 수 없다고 단정짓게 만드는 힘이 바로 인지 편향이다. 조직 전반에 만연한 관성은 급진적 변화를 거부하기 일쑤다. 과거의 잣대에 부합하지 않는 요인은 불가능한 것으로 치부하고 급격한 변화에는 과민반응을 보인다. 사람은 늘 하던 대로 하는 것을 가장 편하게 느끼기 때문이다. 그런 일이 반복되면 조직은 자신도 모르는 사이 스스로 "불가능의 영역"을 쌓는다. 이때 진정한 문제는 "해당 조직의 관점에서 불가능하다고 생각하는 것"이며 그러한 생각이 새로운 혁신을 가로막는다. 불가능의 영역을 "불가침의 영역"으로 잘못 받아들여 처음부터 해결하려는 시도조차 하지 않는 수동적이고 관습적인 태도가 조직 전반에 자리 잡게 되는 것이다.

너트는 163개의 전략 의사결정 프로세스를 관찰하는 연구를 진행했다(Nutt, 1993). 연구원들은 의사결정 프로세스를 4가지로 단순화하여 현장에서 채택되는 빈도수와 성공률을 비교했다. 결과는 상식적 예상을 뛰어넘었다. 현장에서 높은 채택율을 보인 방식은 가장 낮은 성공률을 가져왔으며 오히려 가장 낮은 채택율을 보인 프로세스가 높은 성공률을 보였다. 현장에서 가장 빈번하게 채택된 방식은 기존 인지체계에서 나온 솔루션(Preconceived Solutions)을 사용하는 아이디어였다. 이는 조직이 고수해온 패러다임에 대한 비판 없이 기존 사고체계에 순응하여 늘 하던 대로 하는 방식이다. 이럴 경우 인간의 창의적 사고가 탁월한 해결책을 제시하는 것을 막는 인지 요소(인지 단순화, 인지 편향, 인지 관성)들의 방해와 그로 인한 부정적 피해를 막기 어렵다.

가장 낮은 채택율을 보였지만 반대로 가장 높은 효과를 낳은 방식은 재구조화(Reframing)였다. 이는 문제와 관련된 현황을 제시하고 솔루션의 필요성과 실행 가능성에 대해 질문을 던지는 형태의 접근법이다. 재구조화에서 리더는 본인이 생각한 해결책 후보를 제시하지 말고 구성원들이 사고하게끔 돕고 함께 방법을 모의하는 촉진자(Facilitator)가 되어야 한다. 리더는 구성원의 자발적 사고를 막는 인지 편향이 형성되지 않도록 주의하며 자유로운 의견제시와 반박이 가능한 분위기를 조성해야 한다.

하니웰과 삼성전자가 시도했던 불가능한 것에 대한 접근방식은 구체적 상황을 목표와 접목시킨 것이다. 그러면서도 목표 달성을 위한 프로세스에 대해 정답이나 선택지를 두지 않았다. 마치 객관식이 아닌 논술형 시험과 같다. 하니웰의 재고 감축과 정시 배송률 향상, 삼성전자 반도체의 공기 사용량 감축과 수율 증가라는 목표는 선명했지만 해결책을 섣불리 가정하지 않았다. 대신 두 조직은 기존 관성과 편향을 확실하게 부수는 전략 목표를 제시하였다. 기존 관성에 사로잡혀 새로운 목표를 거부할 수 없도록 거부반응의 근원인 조직을 개편하고 인재를 재배치하여 인지 편향이 목표 달성에 방해되는 일을 사전에 방지하려고 노력했다. 그 결과 변화된 조직 스스로 자연스럽게 효율성을 높여 나갔다. 이를 두고 기업 특성상 위에서 준 목표를 거부하기 어렵기 때문에 억지로 새로운 목표를 받아들이고 이행했다고 주장할 수도 있다. 하지만 상세한 지침을 제시하고 인지 편향을 타파하여 구성원을 변화시킴으로써 근본적 변화를 촉진하고 이를 통해 목표를 달성한 것으로 보는 편이 더 합리적이다. 목표의 구체화를 통해 조직이 가지고 있던 불가능이라는 인지 편향을 가능으로 바꾼 것이다. 그런 면에서 조직의 인지 편향을 깬 것은 다름이 아니라 목표 달성을 위해 정밀하고 신중하게 설계된 또 다른 편향이었다.

④ 신념으로 두는 승부, 전략 이행 단계

인지 관성의 두 얼굴

'고집(固執)'이란 자기의 의견을 바꾸거나 고치지 않고 굳게 버팀, 또는 그렇게 버티는 성미를 뜻한다.[20] 우리나라에서 고집은 그다지 긍정적으로 평가되지 않는다. 공동체가 지키기로 약속한 가치관에 반항하거나, 타인을 고려하지 않은 채 터무니없이 물고 늘어지는 이기적 태도로 인식되는 경우가 많다. 그러나 기업을 혁신했던 경영자들에게는 공통적으로 끈질기다 싶을 만큼 고집스러운 면이 발견된다. 논의의 전개를 위해 기업에 긍정적 영향을 주는 경영자들의 이러한 고집을 여기서는 신념(信念)이라 부르기로 하자.

대중과 IT산업은 애플의 스티브 잡스(Steve Jobs)가 지닌 탁월한 비즈니스 감각, 마케팅과 디자인에 대한 선구안에 감탄했다. 하지만 주변 사람들의 평에 따르면 잡스는 독단적이고 난폭한 성격의 경영자로 알려져 있다. 애플에 대한 잡스의 신념은, 그의 경영철학과 일치하지 않는 아이디어에 대해 완강하고 잔인하게 거절하는 단호함을 지니게 했다. 디자인에서 "단순함이란 궁극의 정교함"이라는 철학을 가졌던 스티브 잡스는 이 신념에 반하는 결과물에 대해 가차 없는 비난을 퍼부었다. 애플에서 잡스와 오랫동안 함께 일했던 마이크 마쿨라(Mike Macula)가 "잡스는 점점 더 독재자가 되어 갔고 직설적으로 날카롭게 남을 비판했으며 직원들에게 '이 디자인은 정말 형편없다'고 서슴없이 말했다"고 회상했을 정도이니 그 지독함을 알 만하다(Isaacson, 2011).

잡스뿐만 아니라 사이언 캐피탈(Scion Capital)의 마이클 버리, 스타벅스의 하워드 슐츠, 삼성전자의 권오현, 하니웰의 데이비드 코트는 모두 전략 가치관을 천명하고 이에 반하는 가치에 대해 가차 없이 반대 의사를 보였던 신념의 소유자들이다. 이쯤 되면 전략 이행과 기업 경영은 끈질기면서도 열정적인 신념이 없이는 불가능한 것이라는 생각마저 든다.

강력한 신념을 구성원과 공유한다는 말은 달리 표현하면 타인에게 본인의 주장을 아주 높은 강도로 설득시킨다는 의미이다. 경영자가 제시하는 전략을, 늘 모든 이견을 반영하는 부드럽고 관대한 분위기에서 완벽하게 실천하기란 어려운 일이다. 특히 그 전략이 기존 사고를 깨뜨리고 새로운 가치관을 정립해야 하는 혁신적 변화라면 더욱 그러하다. 행동전략에서는 이러한 절차를 기존의 고질적 관성을 벗어 버리고 혁신의 틀을 입는 과정이라 말한다. 경영자의 강력한 신념 혹은 열정에 대해 혹자는 그들의 확신이 오히려 회사를 위험의 소용돌이로 빠뜨릴 수 있다고 비판한다. 하지만 신념과 자기 과신(Overconfidence)은 다른 개념이다. 행동전략에서도 경영자의 자기 과신은 전략의 실패율을 높이는 요소로 간주한다.

사이먼과 휴턴(2003)은 컴퓨터 산업 내 55개 기업을 대상으로 연구한 결과 자기 과신 성향이 강한 경영자일수록 기존 제품을 개선한 신제품보다 근본적으로 다른 혁신 상품을 출시할 가능성이 높았는데 이러한 혁신은 높은 실패율을 낳았다고 밝혔다(Simon & Houghton, 2003). 여기서 말하는 자기 과신은 자신의 예측에 대한 확신이 실제 예측과 부합하는 경우에 비해 높은 경우를 의미하는 것으로 인지 편향의 일종으로 정의된다(Klayman et al., 1999). 즉, 자기 과신은 신념이 아닌 아집(我執)[21]에 가깝다.

자기 과신을 경영자의 신념 혹은 열정과 혼동하여 필요악으로 인식하는 경우 경영자가 막강한 권한을 휘둘러 기업을 궁지에 몰아넣는 상황이 발생할 수 있다. 이러한 사태를 예방하려면 신념과 자기 과신을 명확하게 구분할 줄 알아야 한다. 신념은 경영자의 강한 믿음이다. 그러한 신념은 자신이 믿는 전략 가치를 조직 내부에 관철시키기 위해 일관된 태도를 유지하도록 만들어준다. 반면 자기 과신은 특정 가치관을 추구하는 것이 반드시 성공할 것임을 과도하게 확신하는 경우를 말한다. 이 둘의 차이를 일본의 태평양 전쟁 사례를 통해 알아보자(노나까 이꾸지로 et al., 2009).

미드웨이 전투: 신념과 자기 과신의 차이

제2차 세계대전 중에 미국과 일본이 격돌했던 미드웨이(Midway) 전투는 위력을 자랑하던 일본의 막강한 기세가 태평양 전쟁에서 꺾이는 원인을 제공한 첫 번째 전투였다. 당시 미국의 미드웨이 기지는 전력 면에서 일본에 비해 열세였다. 네 척뿐인 항공모함 중 일부는 파손보완 작업 중이었으며, 항공기 또한 일본 전투기 제로센에 비해 성능 면에서 보잘것없었다. 게다가 미드웨이에는 전투 경력이 없는 훈련병들이 많았다. 반면 일본군은 막강했다. 베테랑 전략가와 전투경험이 풍부한 군인들 그리고 수와 기술면에서 우세한 항공모함과 전투기를 보유하고 있었다. 이 때문에 일본의 야마모토 이소로쿠(山本五十六) 사령관은 기습과 같은 자주적이고 적극적인 단기 전략을 통해 짧은 시간 안에 해전에서 승전고를 울릴 수 있으리라는 확신에 가득 차 있었다.

그러나 미드웨이 전투는 일본의 바램과 달리 미국의 승리로 끝났다. 일본의 진주만 습격으로 인해 혼란의 도가니에 빠져 있던 미군은 일본군에 대한 전략을 급하게 마련해야만 했다. 그러던 와중에 레이튼(Edwin T. Layton)소령은 니미츠(Chester William Nimitz) 제독에게 일본군이 미드웨이에 대한 기습 전략을 계획하고 있다는 정보를 해독하여 보고한다. 미군 사령관 니미츠 제독은 레이튼 소령이 가져온 정보에 대해 확신이 없었으며 미국 정부에서도 정보의 신뢰성에 대해 회의적 태도를 보였다. 하지만 정찰 시 발견된 일본군 함대, 미군에서 의도적으로 흘린 거짓 정보에 대한 일본의 반응 등 해독된 정보가 일본에서 나온 것임을 증명해주는 정황적 단서를 확인한 후에는 레이튼 소령의 정보에 기반하여 전략을 수립하고 미국 정부의 반대와 의심에도 불구하고 전략이행을 명령한다.

반면 일본은 미드웨이를 기습 공격하기로 한 자신들의 전략 정보가 유출되어 미군에게 거꾸로 공격을 받고 함대가 침몰하는 와중에도 전략가 스스로의 자존심 때문에 기존에 수립한 전략에 대한 확신을 바꾸지 않는다. 이로 인해 기습 전략이 실패했음에도 불구하고 결과에 유연하게 대처하거나 후퇴할 기회를 놓치고 결국 미드웨이 전투에서 미군에게 완패를 당한다.

지식경영으로 널리 알려진 노나카 이쿠지로(野中 郁次郎)는 태평양 전쟁에서 일본이 패한 원인에 대해 정보의 불균형에도 불구하고 "제1기동대가 수색을 신중히 하고 경계를 엄중히 했더라면, 그리고 기습 대응책을 용의주도하게 준비해 항공 작전을 적절하게 진행했더라면, 암호해독 건은 그렇게 치명적인 결함이 되지 않았을지도 모른다"며 사령관의 기습 전략에 대한 자기 과신과 컨틴전시 플랜(Contingency Plan)의 미비를 주요 패인으로 꼬집었다(노나까 이꾸지로 et al., 2009, pp. 94-95). 반면 미군 사령관 니미츠 제독은 미드웨이에서 떨어진 하와이에서 작전을 펼쳤음에도 불구하고 작전의 핵심(미드웨이를 잠시 빼앗기더라도 항공기만큼은 보전하는 것)을 현장 지휘관인 스프루언스(Raymond Ames Spruance) 제독과 부하 장병들에게 사전에 충분히 공유하고 권한의 일부마저 위임하는 등 유연한 전략 이행으로 전투를 승리로 이끌었다.

미드웨이 전투 사례에서 보듯이 전략에 대한 리더의 신념이란 일관되고 단호한 태도를 통해 조직원들이 전략에 대해 충분히 이해하고 능동적으로 전략을 수행할 수 있게 돕는 것을 의미한다. 이는 과거의 성공에 기반한 자기 확신에 의존하여 부하들에게 자신의 명령을 무조건 수용하도록 강요하는 자기 과신과는 사뭇 거리가 있다.

경영자의 일관된 태도는 조직 내부에 존재하는 인지 편향과 인지 관성의 타파에 기여한다. 인지 관성이란 사회 환경의 변화에도 불구하고 기존의 인지 틀에만 의존하려는 태도를 말한다. 인지 관성이 힘을 얻으면 경영자는 새로운 환경에서도 이른바 "나 때는 말이야"를 외치며 과거에 성공했던 솔루션에 기댈 확률이 높아진다. 기업이 새로운 관점에서 전략을 수립하더라도 구성원들의 사고 방식이 과거에 머물러 있다면 그 전략은 무용지물이 될 가능성이 높다. 따라서 성과 창출을 위해 기업 전반에 변혁을 일으키려면 조직 내부에 남아 있는 인지 관성의 기름때를 벗겨내고 새로운 틀을 만들어야 한다.

관성의 사전적 의미는 "물체가 밖의 힘을 받지 않는 정지 또는 등속도 운동의 상태를 지속하려는 성질"[22]인데 어떤 면에서 관성은 조직에 반드시 필요하다. 만약 관성이 없다면 매번 새로운 방식으로 일처리를 해야 하므로 효율이 떨어진다. 주의할 점은 혁신으로 새롭게 만든 틀도 시간이 흐르고 환경이 변함에 따라 극복해야 할 관성이 될 수 있다는 것이다.

인지 단순화는 어쩌면 인간의 생존에 필수 요소이다. 예컨대 물을 마시는데 "저 식탁 위 투명한 유리병에 담긴 것은 물이며, 지금 목이 마른 나는 물을 마셔야 한다"라고 매번 생각하기란 어렵다. 자신을 둘러싼 모든 환경요소들을 늘 하나하나 객관화해서 인지하고 별도의 사고과정을 거쳐 행동에 옮겨야 한다면 삶이 지나치게 고통스러워질 것이다(Kounios & Beeman, 2015).

기업 또한 마찬가지이다. 오직 경영자의 생각만이 모든 의사결정과 직원들이 하는 일의 시작점이 된다면 조직 성과를 단시간에 달성할 수 없음은 물론이고 장기적으로 조직의 존립 여부도 의문시될 수 있다. 인지 틀은 기업 내부의 상호작용에 사용되는 언어와 비언어적 표현을 단순화하여 조직의 효율적 운영에 도움을 준다. 이렇게 특정한 인지 틀이 오랫동안 유지되어 직원들이 갈등 없이 신속하게 조직이 지향하는 가치관에 맞추어 의사결정 할 수 있게 만드는 힘이 인지 관성이다. 경영자가 제시한 새로운 인지 틀은 시간이 지남에 따라 또 하나의 인지 관성이 된다. 이 관성이 조직에 어느 정도 스며들어 있어야 의사결정자는 관리자와 조직원에게 권한을 위임하고 그들이 "알아서 업무를 처리"하도록 할 수 있다.

혁신으로 새롭게 만들어진 인지 틀, 즉 혁신된 인지 관성을 조직에 스며들게 하려면 구성원들 스스로 무엇을 지향하는지를 알 수 있게 일관되고 명확한 방향을 제시해야 한다. 또한 새로운 가치관을 뒷받침할 수 있도록 조직 차원의 시스템을 재구성할 필요가 있다. 나아가 이러한 관성이 나중에 새로운 혁신을 가로막는 부정 요소로 바뀌는 것을 방지할 수 있도록 꾸준히 관리해야 한다. 이상의 논의를 염두에 두고 전략 이행 단계를 돕는 인지 틀의 요건에 대해 살펴보자.

머니볼: 관성을 파괴하는 끈질김

"그래 좋아, 뭐가 문제지?(Okay good, what's the problem?)"

미국 메이저 리그에 속한 오클랜드 애슬레틱스(Oakland Athletics)의 단장 빌리 빈(Billy Beane)은 재차 물었다. 새로운 선수 영입을 위해 유망주를 나열하며 토론하던 자리는 빌리의 물음에 순간 정적에 빠져들었다. 잠시 후 그 정적을 깨고 그래디 푸손(Grady Fuson)은 "빠져나간 세 명의 선수를 채울 사람을 찾는 것"이라고 말한다. 회의실에 모인 모두는 핵심 선수가 트레이드 되어 팀에서 나가게 되면 팀 전체가 흔들려 성과를 내지 못할 거라는 불안에 휩싸여 있었다. 그러나 단장 빌리가 인식한 문제는 다른 팀으로 트레이드 된 선수를 대체할 유망주 발굴에만 혈안이 된 기존 스카우터들과 결이 달랐다. 그는 "(경기를) 이기지 못하는 것"을 팀의 핵심 문제로 정의했다.[23]

빌리 빈에게는 남다른 과거가 있었고 이 때문에 그는 남들과 다른 눈으로 야구를 바라보았다. 어린 시절 유망주로 세간의 주목을 받았지만 실전 성적이 부진했던 탓에 강등되고 말았던 빌리는 높은 연봉에 영입한 선수도 필드에서 실력을 발휘하지 못할 수 있다는 생각을 하게 되었다. 그래서 애슬레틱스가 계속 성적이 부진한 이유는 단순히 유망 선수의 빈자리를 채우지 못해서가 아니라 이기기 위한 게임을 하지 않았기 때문이라 생각했다. 빌리는 부자 구단 양키스와 달리 자금이 부족한 애슬레틱스가 양키스의 방법을 그대로 모방하는 것은 비싸게 데려온 유망 선수를 열심히 키워 부자 구단에게 기증하는 것과 마찬가지라고 역설한다. 시즌을 거치며 성장한 유망 선수들은 더 많은 연봉을 주는 곳으로 이적하기 때문이다. 따라서 기존 관습을 무턱대고 수용해서 인재를 계속 빼앗기는 악순환에 빠지면 가난한 구단은 도태될 수밖에 없다며 기존 스카우터들의 타성에 빠진 전략을 강력히 비판한다.

얼마 후 클리브랜드 가디언즈(Cleveland Guardians) 사무실에서 선수 트레이드 미팅을 하게 된 빌리는 애슬레틱스의 적은 자본으로는 데려올 선수가 없음을 깨닫는다. 돌아 나오는 길에 빌리는 클리브랜드 단장 옆에서 협상을 코치하던 신입 애널리스트 피터 브랜드(Peter Brand)를 발견한다. 피터가 스카우터의 감에 의존해 유망주를 선발하는 기존 방식으로는 이기는 경기를 할 수 없음을 데이터로 보여주자 빌리는 자신이 꿈꿔왔던 전략을 구체화할 수 있는 사람이라는 확신에 피터를 영입한다. 그리고 피터의 통계 예측을 토대로 말도 안 되는 선수 후보 명단을 작성한다.

새롭게 작성된 영입 명단에는 과거 스타 선수 3명이 달성한 출루율의 합과 동일한 출루율을 만들어낼 수 있는 후보 선수 3명이 추가되었다. 예컨대 담벼락을 넘기는 홈런 타자 대신 볼 넷을 많이 받아 출루를 하는 타자를 선발하여 균형을 맞추는 식이다. 이는 몸값이 높은 타자보다 출루율이 높은 타자가 득점 확률이 높다는 통계적 추정을 기반으로 한 팀 구성이었다. 기존 선수 영입 관습을 완전히 무시한 명단에, 노회한 스카우터들은 불만을 터트렸다. 그도 그럴 것이 새로 작성된 명단에는 비윤리적이고 불법적인 행위로 구설수에 올랐던 제레미 지암비(Jeremy Giambi), 부상으로 인해 손가락을 움직일 수 없는 스콧 해티버그(Scott Hatteburg), 과거에는 화려했지만 지금은 노장이 되어버린 채드 브랜포드(Chad Brandford) 같은 선수들이 포함되어 있었다. 스카우터와 관중의 "입맛"을 무시한 아웃사이더(Outsider) 선수뿐이었다.

하지만 빌리는, 신념을 굽히지 않는다. 그에게는 몸값이 높은 유명 타자보다 당장 승리를 가져올 선수가 필요했다. 단호하고 논리적인 설명에도 불구하고 운영진이 격렬히 반대하자 빌리는 그의 직권으로 피터 브랜드를 부단장으로 앉히고 친구

이자 애슬레틱스의 보수 세력이었던 그래디 푸손을 해고한다. 하지만 자신이 추구하는 전략에 맞춰 조직을 재구성하는 데 성공한 듯 보이던 빌리에게 또 다른 난관이 다가온다. 필드에서 경기를 지휘할 아트 호위(Arte Howe) 감독이 새롭게 영입한 선수 명단에 불만을 토로한 것이다. 감독은 1년짜리 계약직이라 계약 갱신을 하려면 유의미한 성과를 내야 하는데, 빌리가 제시한 선수 명단은 아트 감독의 야구관에서 보면 도저히 승리할 수 없는 엉터리였기 때문이다. 이 때문에 아트 감독은 빌리가 반드시 1루를 맡겨야 한다고 했던 해티버그를 벤치에 남기고 그나마 약간의 유명세라도 있던 카를로스 페냐(Carlos Pena)와 제레미 지암비를 중심으로 경기를 끌어간다.

감독의 예기치 못한 선수 기용 탓에 경기에서 계속 지자, 빌리는 통계적 추정에 기반한 전략에 따라 선수를 출전시키라고 요청하지만 감독은 자신의 주장을 굽히지 않는다. 그러던 어느 날, 또 한차례의 패배 후 락커 룸을 방문했을 때 선수들이 경기에 지고 나서도 성찰의 분위기가 전혀 없는 것을 본 빌리의 분노가 폭발한다. 특히 제레미 지암비가 팀 분위기를 흐리는 중심 인물임을 목격한 빌리는 그동안 설득만 하던 태도를 바꿔 초강수를 둔다. 아트 감독이 구사한 전술의 중심이던 지암비와 페냐를 타 구단과 트레이드 해버린다. 이어 팀에서 오래된 채드를 찾아가 분위기 전환에 앞장서 줄 것을 부탁한다. 빌리는 채드에게 자신은 채드의 화려한 과거가 아닌 현재에 돈을 걸었다며, 남은 기력을 최대한 짜내 승리로 이끌어 달라고 설득한다. 진심 어린 부탁에 마음이 움직인 채드는 팀 분위기 쇄신에 기여한다.

강력한 시스템의 변화와 선수들에 대한 설득으로 아트 감독도 어쩔 수 없이 빌리의 전략에 따라 채티버그와 브래드를 출전시킨다. 그러자 아트의 걱정을 비웃기라도 하듯 채티버그와 브래드 모두 출루에 성공하며 경기의 판도를 바꾸고 팀은 마침내 승리를 거둔다. 애슬레틱스는 기세를 몰아 이어지는 경기에서 계속 승리를 거두며 메이저 리그에서 양키스가 세웠던 19연승 기록을 허물고 사상 처음으로 20연승의 대기록을 세운다. 더욱이 20연승을 기록한 경기에서 채티버그가 홈런으로 대역전극을 펼친다. 누구도 예상하지 못한 상황이 벌어진 것이다. 아쉽게도 포스트 시즌 5회전에서 탈락하여 결승전 진출은 못했지만 리그 최하위에서 아웃사이

더 선수로만 구성하여 조롱거리가 되었던 팀이 보여준 반전은 야구의 역사를 바꾸는데 의미 있는 기여를 했다.

이후 빌리 빈은 보스턴 레드삭스로부터 스카우트 제안을 받는다. 하지만 머니볼 이론에 기반한 우승을 애슬레틱스에서 실현하고 싶다며 제안을 거절한다. 실화를 바탕으로 한 영화는 빌리 빈이 여전히 애슬레틱스 단장으로 남아있고 그의 팀은 단 한 번도 포스트 시즌에서 우승을 거두어 본 적이 없지만 애슬레틱스의 통계적 접근법을 본보기로 삼았던 보스턴 레드삭스는 이듬해에 우승을 거두는 대성과를 이뤘다는 자막으로 끝을 맺는다. 이제 이 드라마틱한 야구 이야기를 행동전략 입장에서 살펴보자.

상황을 바라보는 두개의 눈

빌리 빈과 스카우터의 대립은 "조직의 당면 과제를 어떻게 정의하는가?"에서 비롯되었다. 그들은 각자 인식하는 핵심 문제가 달랐다. 스카우터를 불안에 빠뜨린 것은 지암비를 비롯한 세 명의 스타가 팀을 떠난 것이었다. 스타를 잃으면 우승하지 못할 수 있다는 "밤비노의 저주"[24] 때문에 스카우터들은 신흥 유망주를 발견하여 빨리 자리를 채우고 싶어 했다. 성적도 성적이지만 관중이 팀을 매력적으로 바라볼 수 있게 할 스타가 절실했기 때문이다.

하지만 과거에 신흥 유망주로 선발되었지만 필드에서의 부진으로 강등당한 경험이 있던 빌리는 조직의 문제를 다른 관점에서 보았다. 최고 경영진 이론에서 언급한 바와 같이 빌리가 겪은 삶의 경험 중 일부가 세상을 보는 그의 시각에 영향을 주었다. 그는 "밤비노의 저주"는 팀의 핵심 문제가 될 수 없다고 인지했다. 전도 유망한 스타 선수를 트레이드 하는 것보다 팀이 경기에서 지는 것 자체를 두려워해야 한다고 생각했다. 빌리의 시각에서 밤비노의 저주는 야구계에 만연한 인지 관성에 불과했다. 그것도 부자 구단의 시각에서 만들어진, 그래서 애슬레틱스에게는 적용조차 할 수 없는 다른 팀의 인지 관성이었을 뿐이었다. 빌리는 팀 외부의 사회적 인지 관성으로 인해 조직이 직면해야 할 핵심 과제에 대한 논의가 지지부진하다고 봤다.

자신의 과거 경험에 비추어, 팀의 현실에 안 맞는 전략 수용을 강요하는 인지 관성을 타파할 필요성을 느낀 빌리는 피터 브랜드를 만나 통계를 새로운 무기로 삼는다. 머니볼 이론은 객관적 실체라기보다 유망주에만 목을 매는 야구계에 반항하는 피터와 빌리가 그들의 시각을 논리적으로 뒷받침하기 위해 가져온 도구이다. "객관적 추정"은 어디까지나 경영자의 조작적 정의 아래 존재하므로 온전히 객관적이라고 보기 어렵다. 하지만 사회에 뿌리내린 관성에 저항해 혁신을 실행하려면 "객관적 추정"이 수반될 필요가 있다. 또한 조직 전반에 걸쳐 기존과 다른 관성을 도입하려면 전략가 본인이 환경을 어떻게 정의하고 있는지 명확히 알아야 한다. 빌리는 어린 시절의 경험을 통해 기존 스카우터들과 다른 방법으로 환경을 인지하였고 자신의 인지 틀을 기존 스카우터들에게 전달하기 위해 의사소통을 했다. 하지만 바로 그 의사소통 방식이 또 다른 갈등을 불러일으켰다.

센스기빙: 일관성으로 관성을 부수다

조직의 기존 관습을 타파하고 새로운 인지 틀로 전략을 이행하려는 경영자에게는 어느 정도의 신념이 필요하다. 그런 면에서 스카우터와 구단 전체에 변혁을 꾀하려는 빌리의 신념은 강력했다.

전략 이행이란 구성원들에게 새로운 가치를 이해시키고 그들이 새로운 가치에 기반하여 자신의 일에 의미를 부여하도록 만드는 것을 의미한다. 행동전략은 이러한 이데아를 실현하려면 경영자가 센스기빙(Sense-giving)을 센스메이킹(Sense-making)만큼 중요하게 다뤄야 한다고 지적한다(Gioia & Chittipeddi, 1991). 센스기빙은 우리말로 "의미 전달"이라 할 수 있는데 이는 전략 이행 과정에서 경영자가 지닌 인지 틀을 조직 전체의 인지 틀로 넓히는 것을 말한다. 지오이아와 치티페디는 센스기빙을 "조직의 현실을 바람직하게 재정의하기 위해 타인의 센스메이킹과 의미 구축 방식에 영향을 주는 과정(process of attempting to influence the sense making and meaning construction of others toward a preferred redefinition of organizational real-ity)"이라고 정의하고 경영자와 조직 구성원, 외부 이해관계자 모두가 센스기빙의 행위 주체이자 대상자가 될 수 있다고 주장하였다(Gioia & Chittipeddi, 1991).

지오이아와 치티페디는 전략변화의 과정을 4단계로 정의했다. 다양한 원천으로부터 정보를 수집하여 새로운 변화 계획을 짜는 비전수립 단계(Envisioning), 새로운 변화를 조직 구성원들에게 알리는 시그널링 단계(Signaling), 조직 구성원들의 반응을 수렴하여 변화 계획을 수정하는 비전재정립 단계(Re-visioning) 그리고 조직 내외부의 모든 이해관계자들에게 전략적 변화를 이해시키고 참여를 독려하는 열정화 단계(Energizing)가 그것이다. 여기서 비전수립 단계와 비전재정립 단계에서는 센스메이킹이, 시그널링과 열정화 단계에서는 센스기빙이 중심이 된다(신동엽 & 노그림, 2017).

빌리의 센스기빙은 효과적이었을까? 그의 인지 틀은 더 이상 밤비노의 저주에 갇혀서는 승리할 수 없다는 한계를 깨달았다. 그래서 이를 극복할 수 있도록 통계라는 새로운 무기로 전략을 수립했다. 빌리는 최선을 다해 비전을 전달했다. "이기는 것이 목표"라는 말은 간결하게 팀이 추구하는 궁극의 목표를 표현한 것으로 경영진의 동의를 얻기에도 충분히 논리적이었다. 야구팀의 목표는 승리이므로 빌리의 비전수립 단계는 적절했다고 평가할 수 있다.

하지만 시그널링 단계부터는 문제가 있어 보인다. 오랜 기간에 걸쳐 굳어진 스카우터들의 관습과 인지 틀을 변화시키기에 통계라는 무기는 약했다. 스카우터들은 통계를 기존 관습에 반항하는 젊은 세대가 끌어들인, 안정적 성과를 예측할 수 없는 수단으로 여겼다. 데이터가 최고의 자산인 오늘날과 다르게 당시 야구에서는 스카우터의 "감"이 중시되었기 때문이다. 빌리는 스카우터와의 간극 해소를 위해 그래디 푸손을 해고함으로써 당근 대신 채찍을 먼저 쓴다. 인사 조정은 모두에게 상당히 민감한 이슈이다. 하지만 대부분의 경영자는 전략의 적극적 실행을 위해 사람의 교체나 해고가 불가피하다고 말한다.

전략 이행에 있어 가장 중요한 것은 일관성이다. 경영자의 메시지는 일관되고 지속적이어야 한다. 그래야 조직 전체가 전략 이행의 중요성을 인식하고 변화를 도모할 수 있다. 경영자의 일관성은 말과 행동뿐만 아니라 시스템 전반에서 유지되어야 한다. 예컨대, 양극단의 가치를 동시에 추구했던 하니웰의 CEO 데이비드 코트는 단기 성과에만 중점을 둔 사업을 단 한 번도 승인하지 않았다. 어떤 사업이 아주 매력적이더라도 예외를 인정하면 다른 구성원의 반발을 불러오기 때문이었다. 삼성전자의 권오현 회장도 사내 연구팀이 불가능해 보이는 것에 도전하도록 요구하면서 기존 관습에서 이미 가능하다고 알고 있는 일을 안정적으로 추구하는 관행을 용납하지 않았다.

경영자의 단호하고 일관된 태도에도 불구하고 새로운 혁신을 거부하는 직원들이 있다. 데이비드 코트와 권오현 회장 모두 각자의 방법으로 그러한 구성원의 생각을 변화시켰다. 코트는 24시간 미팅을 통해 장단기 동시추구 전략의 이행이 불가능하다는 주장에 대해 확실한 근거를 제시하거나 전략 이행을 가능케 하는 솔루션을 찾아내도록 독려했다. 권 회장 또한 단계적 질문에 대한 솔루션 찾기를 지시함으로써 임직원 스스로 전략에 대한 답을 찾도록 유도했고 그럼에도 불구하고 얻는 것이 없다면 인사 정리라는 수단을 활용할 수밖에 없었다고 털어놓은 바 있다.

머니볼에 나타난 빌리 빈의 태도에서 아쉬운 점은 조직에서 가장 큰 저항 요인이었던 그래디 푸손에게 질문을 던지고 검증할 기회를 주지 않은 것이다. 본인이 생각하는 최적 선택지를 빌리가 새롭게 제안한 전략과 논리적으로 비교하고 검토할 기회를 주지 않았다. 빌리의 시그널링은 상호 간의 논의라기보다는 일방적 통보에 가까운 센스기빙이었다. 안타깝게도 시그널링 단계에서 발생한 갈등과 불일치는 구성원들이 전략을 곱씹고 조금씩 방향을 틀어보는 비전재정립 단계를 건너뛰게 만들었고 이로 인해 조직 구성원과 이해관계자가 빌리의 인지 틀을 공유하는 열정화 단계에 도달하지 못하는 원인이 되었다.

열정화 단계가 없었기에 운영진과 선수들 사이의 중간관리자인 아트 감독이 빌리의 전략을 불신하였고 이는 또 다른 문제로 이어졌다. 감독이 필드에서 빌리의 전략을 완전히 무시한 채 기존 관습을 그대로 유지하는 경기를 펼친 것이다. 그는 "채티버그에게 1루수를 맡기라"는 빌리의 요구에 단 한 번도 응하지 않았다. 영화에서 아트의 행동은 답답하기 그지없다. 하지만 행동전략 관점에서 보면 그의 행동은 충분히 이해된다. 경영자가 중간관리자의 의견을 잘 경청하고 지원해주는 문화가 기반이 되고 직원들이 인원 삭감이나 실패에 대한 처벌 가능성으로 인한 불안감으로부터 자유로워야 새로운 전략을 적극 수용하고 몰입할 수 있다(Dutton et al., 1997). 머니볼에서 아트 감독은 1년마다 계약을 갱신해야 했다. 따라서 가시적 성과에 목을 맬 수밖에 없었다. 충분히 검증되지도, 그렇다고 사회적으로 인정받지도 않은 새로운 전략을 따르기보다 기존 방식대로 하면서 지난 시즌에 비해 성적이 하락하지 않는 것을 더 중요하게 여겼을 가능성이 높다.

이러한 상황에서 아트 감독에 대한 특별한 배려 없이 파격적 전략을 이행하라는 말은 안전 장치 없이 출렁 다리를 건너라는 말처럼 들렸을 것이다. 더구나 그는 새로운 전략을 온전히 이해할 기회조차 없었다. 빌리의 시그널링은 스카우터들의 강력한 반발로 무효화되었고 그 이후 구성원들의 이해와 우려를 반영하는 비전재정립 단계도, 전략의 최종 형태를 공유하는 열정화 단계도 빌리의 강력하지만 일방적인 외침에 가려 흐려졌다.

감독이 그의 전략을 수용하지 않자 빌리는 결국 직접 중간관리자 역할에 개입한다. 빌리의 행동이 영화에서는 극적인 매력 포인트로 보이지만, 실제 경영 현장에서는 적절하지 못할 수 있다. 중간관리자의 역할을 모호하게 하면 그들은 전략을 이해하지 못한 상태로 성과가 증명될 때까지 기다려야 한다. 이는 중간관리자들이 새로운 인지 틀을 조직에 전파하는 데에 기여하고 본인 또한 전략실행자로서 새로운 인지 틀에 몰입할 수 있는 기회를 박탈한다. 시간과 비용, 전략 면에서 모두 비효율적이고 비효과적이다.

빌리의 일관된 비전과 강력한 시그널링은 결국 메이저 리그 최초 20연승이라는 놀라운 결과를 낳았다. 하지만 빌리는 그 이후 자신의 기록을 깰 만큼의 대단한 업적을 내놓지 못했다. 데이터 분석에 기반한 전략수립이라는 획기적 방식이 왜 단 한 번의 드라마틱한 변화에만 그쳤던 것일까? 센스기빙의 측면에서 분석해보면, 전략 수립자와 전략 이행자 사이에 충분한 상호작용과 이해가 없었던 것이 원인이다. 애슬레틱스 내부에서 빌리의 전략에 완전히 동의하고 이를 활용하여 더 나은 전략으로 응용할 수 있는 사람은 빌리 자신과 그가 데려온 피터 브랜드뿐이었다.

한 번의 성공 경험은 애슬레틱스의 구성원들에게 막강한 시그널링 효과를 주었다. 하지만 비전재정립을 통해 더 나은 전략으로 발전시키기에 충분한 재원이 투입되지 못했다. 구단주는 빌리가 가져온 예상 밖의 성과에 대해 충분한 인센티브를 지급하고, 추가 전략을 개발할 수 있게 적절한 자원을 배치하여 성공이 유지되도록 했어야 했다. 하지만 빌리에 대한 조치는 계약 연장 수준에 머물렀다. 새로운 전략에 대한 구단의 미온적 반응은 팀원들이 전략을 개선, 보완하여 비전을 재정립하고, 열정화 단계에 이르도록 만드는 동기 부여를 하지 못했다.

반면, 빌리가 영입 제안을 거절했던 보스턴 레드삭스의 경우를 살펴보자. 레드삭스는 빌리에게 1,250만 달러의 연봉을 제시하며 팀 매니저로 합류해 줄 것을 권했다. 최고 경영진은 빌리의 전략이 낳은 성과에 감탄하며 그 효력에 전적으로 동의하였다. 또한 통계 시스템에 기반한 스포츠 전략 구현에 충분히 투자하려는 의지를 보였다. 하지만 빌리는 통계 기반 전략을 통해 애슬레틱스를 끌어올리고 싶다는 개인적 포부를 버릴 수 없어 팀을 떠나지 못했다. 안타깝게도 빌리의 "모방 가능한 통계 시스템"은 보스턴 레드삭스의 경쟁우위가 되었다. 빌리가 거절한 자리는 또 다른 예일대 출신 분석가 테오 엡스타인(Theo Epstein)에게 돌아갔다. 레드삭스는 우승이 간절한 만큼 아낌없이 자원을 투입할 준비가 되어 있었다. 애슬레틱스가 어렴풋이 보여준 통계를 통한 접근과 놀라운 성취는 엉겁결에 레드삭스에게 의미부여(Sense−giving)를 했다. 이에 신속하게 인적자원을 마련하고 조직 전반에 새로운 인지 틀을 시그널링 한 레드삭스는 이듬해에 메이저 리그에서 우승을 거머쥘 수 있었다.[25]

❺ 전략적 변화를 위한 이슈 셀링

이슈 셀링과 중간관리자의 역할

초지일관(初志一貫)이란 처음 세운 뜻을 이루기 위해 끝까지 밀고 나간다는 의미로 자신을 성찰하고 본래 마음가짐을 되찾으려 할 때 떠올리는 사자성어다. 좋은 뜻으로 풀이되는 이 말이 전략에서는 오히려 독이 될 수도 있다. 세상이 걷잡을 수 없이 빠르게 변하고 있기 때문이다. 앞서 경영자가 전략을 조직에 관철시키는 과정에서 보이는 강한 신념에 대해 이야기한 바 있다. 또한 전략 가치관 확대를 위해 조직원들에게 인지 틀을 공유하고 몰입을 돕는 방식인 센스기빙(Sense-giving)의 중요성에 대해서도 다루었다. 남다른 열정에 비례하는 굳은 신념은 긍정 요소로 간주된다. 그러나 급변하는 환경에 저항하는 경영자의 신념은 때로 경계의 대상이 된다. 좋은 전략은 예측 불가능한 환경의 흐름을 타고 유연하게 변할 수 있어야 하기 때문이다.

높은 산에 오르거나 바람이 거센 해변을 걷다 보면 종종 옆으로 굽은 나무를 보게 된다. 이들이 굽은 이유는 바람의 방향에 맞추어 자신을 적응했기 때문이다. 곧게만 크려는 나무는 강한 바람에 버티지 못하고 부러진다. 결국 나무는 생존을 위해 원래의 성장 계획을 바꿔 바람결에 자신을 맡겨야 한다.

"진화의 목적은 진보가 아니다. 진화는 새로운 생존환경에서 살아남기 위해 스스로 선택한 변화의 결과다(유재우, 2017)" 이 말은 살아남기 위해 모든 생물은 지속적으로 환경에 적응해야 한다는 의미다. 나무가 옆으로 기지개를 켜는 자세를 갖게 된 것은 거친 환경에서 생존하기 위해 발버둥친 결과이다.

[그림 6-2] 휘어진 나무

출처: Pixabay. https://www.pinterest.co.kr/pin/358669557833080510/ (22.01.13 접속)

전략도 마찬가지다. 굳건한 전략은 조직 전체를 성장시키는 뿌리가 되어 뚜렷한 방향성을 제시한다. 경영자가 조직 전반에 주입시킨 인지 관성은 구성원들이 일관된 전략 목표를 추구하게 만든다. 하지만 전략이 가정한 방향과 다른 곳에서 강한 바람이 불어오면 이에 맞춰 전략을 수정할 필요가 있다. 뿌리, 즉 회사가 중점적으로 이야기하는 전략을 온전히 이해한 상태에서 역동적인 환경의 흐름을 반영하여 전략의 일부 또는 전부를 수정하고 조정할 수 있어야 한다. 기업을 나무로 묘사하면 신생 기업은 뿌리와 가지 사이가 가까운 조직이다. 이 경우 경영자와 구성원은 단일 팀이 된다. 반면, 계속 성장해서 몸집이 커진 기업에는 뿌리와 가지 사이에 수많은 중간관리자들이 있다. 사회는 수평적 조직의 장점을 강조하지만 운영의 효율성을 고려하다 보면 불가피하게 뿌리와 나뭇가지 사이는 조금씩 멀어진다.

세찬 바람을 견디고 생존하려면 뿌리와 가지 사이가 멀어질수록 나무의 몸통이나 굵은 가지에게 "바람이 불어오는 방향에 맞추어 성장 방향을 조절할 힘"이 주어져야 한다. 조직이 환경에 민감하게 반응하고 대처하려면 전략 방향을 조정할 수 있는 힘이 부여되어야 한다. 능동적으로 조직의 인지 틀에 내재한 문제점을 발견하고 대처하는 열정을 발휘할 수 있어야 한다. 이런 측면에서 중간관리자에게 전략을 수정할 수 있는 권한을 위임하는 것이 매우 중요하다. 실제 앞서 다룬 사례에 등장했던 경영자들은 구성원에게 권한을 위임할 수 있어야 한다고 입을 모아 강조했다.

일관된 전략을 유지하는 동시에 성공적으로 권한을 위임하려면 구성원이 전략에 충분히 몰입해야 한다. 즉, 경영자가 조직에 성공적으로 센스기빙(Sense-giving)하여 구성원 스스로 전략 패러다임에 입각한 사고를 할 수 있도록 인지 기반을 닦아 놓아야 한다. 조직의 인지 틀을 충분히 학습한 중간관리자들은 현장을 세밀하게 관찰하고 현재의 전략이 부적합(Misfit)하다고 판단되는 부분을 경영자에게 적극적으로 표명할 수 있어야 한다.

이렇게 중간관리자들이 전략이행 과정에서 발생하는 특정 이슈에 최고 경영자가 주목하게 하고 이해하도록 돕는 행동 양식을 이슈 셀링(Issue-selling)이라고 한다(Dutton et al., 1997). 이슈 셀링을 효과적으로 하려면 전략에 일치하는 언어로 이슈를 표현하고 해당 이슈에 즉각적으로 대응할 수 있게 미리 해결책을 제시해야 한다. 또한 이슈가 성과에 주는 영향을 구체적으로 설명할 수 있어야 한다(Dutton et al., 2001).

이슈 셀링은 경영자가 제시한 전략을 일단 실행에 옮길 것을 권장한다. 그 과정에서 발견한 외부 반응을 새로운 이슈로 만들고 이를 바탕으로 전략의 한계와 수정 방향을 찾아낼 것을 격려한다. 이러한 과정은 전략을 보다 종합적으로 파악할 수 있는 기회를 제공한다. 이슈에 대한 해결책은 상향식 의사소통 과정에서 만들어야 한다. 즉, 현장 실무자가 포착한 환경의 움직임에 대응하는 차원에서 전략을 수립해야 한다. 머니볼 사례에서 빌리는 단장이라는 높은 직위를 가진 전략가였다. 그러한 그가 통계를 활용한 스포츠 전략에 보인 강한 신념이 도리어 중간관리자와의 단절을 초래했다는 사실은 이슈 셀링과 관련하여 주목해야 할 단서를 제공한다. 강력한 하향식 이슈 셀링은 전략을 일선 현장(Frontline)으로 확장하는 데에 걸림돌이 된다는 점이다.

빌리 빈은 단장이기 때문에 쉽게 전략을 강행할 수 있었다. 만약 그가 스카우터가 아닌 감독이었다면, 통계를 활용한 전략을 주장하기가 쉽지 않았을 것이다. 1년짜리 고용 계약으로 불안에 떨던 아트 감독과 기존 스카우터들의 강경한 태도를 비교해 보면 알 수 있다. 빌리가 택한 강압적 센스기빙 방식은 중간관리자로 하여금 새로운 것을 시도함에 따른 설렘보다는 부담을 느끼게 했고 이는 결국 전략에 대한 부정적 태도로 이어져 조직이 새로운 인지 틀을 받아들이는 데 장애가 되었다.

새롭게 수립한 전략을 강력하고 일관되게 전달하는 것과 그러한 전략에 의문을 던지고 전략이 제안한 영역 이상의 변화를 요구하는 것은 상반된 태도를 동시에 요구한다. 경영자가 서로 대립하는 상호작용과 그로 인한 충돌을 허용한다면 새로운 전략은 조직에 더 빠르게 흡수되며, 구성원들의 지속적 감시와 반문으로 인해 더 매력적인 전략으로 확장될 수 있다. 결국 경영자는 막강한 권한으로 전략을 전파하는 동시에 권한을 위임하는 모순적 태도를 동시에 이행하면서 전략의 확장과 변화를 실현할 수 있어야 한다.

"열 길 물속은 알아도 한 길 사람 속은 모른다"는 속담이 있다. 그 정도로 사람의 마음과 특성은 온전히 알기 힘들다. 전략도 마찬가지다. 전략은 단순히 한 방향으로 전달되는 것이 아니라, 구성원들이 전략에 담긴 뜻에 귀 기울이고 그에 저항하고 옥신각신해보면서 끊임없이 성장한다. 행동전략은 바로 그 "옥신각신"을 "이슈 셀링"이라고 부르며 성과 창출을 위한 치열한 논쟁이 되도록 구체적 방법론을 제시한다.

스티브 잡스와 현실 왜곡장

차고지를 개조해 만든 조그마한 작업실에서 시작한 비즈니스를 오늘날의 애플로 성장시킨 스티브 잡스는 IT산업에 한 획을 그은 인물이다. 하지만 동시에 강한 어조, 난폭한 성격, 독단적 의사결정 프로세스로 비판을 받아온 경영자이기도 하다. 스티브 잡스가 맥(Mac) 팀에 합류한 뒤, 잡스와 함께 일해본 적이 없었던 팀원들은 그의 강력한 열정만큼이나 날카로운 말투와 잔인하게 많은 작업량에 적응해야만 했다. 당시 맥 팀에 갓 합류하게 된 앤디 허츠펠드(Andy Hutsfeld)는 스티브 잡스가 "도저히 가능한 일이 아닌" 수준의 과제 해결을 요구했다고 회상한다(Isaacson, 2011, p. 199).

스티브 잡스가 지시한 미션을 직접 앤디에게 전달해주었던 중간관리자 버드 트리블(Budd Tribble)은 불가능해 보이는 업무량도 결국 해낼 수 있었다며 "현실 왜곡장(Reality Distortion Field)"이라는 개념을 통해 잡스가 어떤 사람인지 묘사했다. 현실 왜곡장은 트리블 자신이 1981년에 고안해낸 단어로『스타트렉』"머내저리(Menagerie)" 편에서 외계인이 오직 정신력만을 이용해 자신들의 새로운 세계를 창조하는 것을 잡스의 일하는 방식과 연결시켜 표현한 단어이다(Isaacson, 2011, p. 199).

트리블에 따르면 잡스는 온전히 정신력에 의존하여 구상한 자신의 세계를 팀원이 납득하게 하는 강력한 힘을 가졌으며 그가 현실을 왜곡하여 창조한 세계에 빠져든 직원들은 불가능해 보이는 일도 가능하다고 굳게 믿게 되었다고 한다(Isaacson, 2011, p. 200). 잡스가 제시한 선명한 비전이 상상을 현실로 뒤집을 수 있는 자기 충족 예언(Self-fulfilling Prophecy)으로 작용한 것이다.[26]

팀원들에게 자신의 비전을 거의 세뇌할 정도로 독단적이었던 잡스는 구성원이 제안한 창의적 아이디어를 짓밟아 버리는 경우가 부지기수였다. 설령 팀원의 제안을 매력적으로 느껴도 그들의 능력을 인정하는 대신 자신의 공으로 돌려버리는 막장에 가까운 행태를 서슴지 않았다. 또한 그가 제시한 현실에 충분히 몰입하지 못하는 구성원들을 가차없이 패배자로 낙인찍기도 했다. 그러나 어느 순간부터 팀원들은 잡스가 주장하는 견해에 무조건 순응하지 않기 시작했다. 현실 왜곡장이 주는 압박에서 가까스로 생존한 그들은 스트레스와 막말에 면역 반응을 보였는데 이러한 힘을 기반으로 잡스에 대항했다. 물론 그의 말에 반기를 들기란 쉽지 않았다. 하지만 잡스는 그가 제안한 비전의 한계와 개선사항을 차분하고 논리적으로 설명하는 팀원의 말을 경청하고 수용할 줄 아는 사람이었다. 강철 같은 신념을 가졌지만, 자기 과신으로 꽉 막혀 있는 사람은 아니었다.

맥 팀은 1981년부터 "스티브 잡스에게 가장 당당하게 맞선 사람"을 뽑아 상을 수여했다(Isaacson, 2011, p. 205). 농담에서 비롯된 우스꽝스러운 행사였으나 이 행사는 잡스가 주입한 강력한 전략적 가치관으로부터 거리를 두고 팀의 방향성을 점검할 시간을 주었다. 그렇게 웃음을 위해 시작된 이벤트는 매킨토시 팀의 성장요인이 되었다. "스티브 잡스에게 가장 당당하게 맞선 사람"에는 기질이 강한 여성이었던 조애나 호프먼(Joanna Hoffman)이 두 차례나 꼽혔으며 다른 때에는 빌 앳킨슨(Bill Atkinson)에게 그 영광이 돌아가기도 했다.

명예로운 수상자 앳킨슨은 갑자기 들이닥쳐 "이거 쓰레기군"이라고 외치는 스티브 잡스에게 대항하는 방법을 팀원들에게 공유했다(Isaacson, 2011, p. 205). 잡스의 시선에서 왜 이 공학적 장치가 반드시 필요한지를 이해한 뒤, 그가 왜곡한 현실의 연장선에서 설득하도록 훈련했다. 앳킨슨은 잡스에게 공학적 트레이드오프(Mechanical Trade-off)가 왜 불가피한지를 입증했고, 결과적으로 잡스의 날카로운 눈초리에서 벗어나 본래 팀이 추구하던 방향을 고수할 수 있었다. 게다가 우스꽝스러운 상까지 받았으니, 일석 이조였다.

태풍과도 같은 리더의 휘몰아침은 동시에 새로운 아이디어를 발견하는 원천이 되기도 했다고 앳킨슨은 회상했다. 잡스가 제시한 신념과 구성원의 생각이 지속적으로 충돌하면서 불가능한 것을 가능하게 하고, 조직이 추구하는 전략을 더욱 튼실하게 만들었다. 매킨토시 개발 당시 잡스는 엔지니어 래리 캐니언(Larry Canyon)에게 부팅시간을 10초 앞당길 방법을 고안하라고 요구했다. 래리가 불가능한 일이라며 손사래를 치자 잡스는 화이트 보드 앞에서 왜 그의 상상이 현실이 되어야 하는지 조목조목 설명했다. "500만 명에 달하는 맥 사용자가 하루에 10초씩 절약할 수 있다"면 연간 "3억 분, 즉 100명의 일생을 절약하는 수준"이라며 결과적으로 "부팅시간 10초를 앞당기는 것이 사람의 목숨을 살릴 수 있다"고 증명하면서 그의 현실 왜곡장을 전달했다(Isaacson, 2011, p. 206). 이렇게 오가는 소통 속에서 조직원들은 경영자가 이야기하는 비전에 빠져들 수 있었으며, 역으로 잡스의 견해를 이용하여 맞설 수 있었다. 추후에 이런 팀워크는 매킨토시 코드를 최단 시간 안에 짜내는 힘을 발휘했다.

강력한 신념이 생각하는 조직을 만들어낼 때

스티브가 강행한 공포 경영 방식을 긍정적으로만 평가할 수는 없다. 그러나 그가 성공적으로 공유했던 혁신에 대한 인지 편향은 불가능해 보이는 것을 가능한 것으로 만들어 조직 전체가 압도적 혁신을 추구하도록 유도했다. 그가 만약 조직도나 인센티브와 같은 경영 장치를 보다 적극적으로 활용하고, 폭발적 성미를 조금만 억제했더라면 아마 모든 면에서 칭송 받는 경영자로 거듭날 수 있지 않았을까?

애플 매킨토시 팀의 현실 왜곡장 사례는 환경분석 단계와 센스메이킹, 전략수립 단계와 인지 편향, 전략이행 단계와 센스기빙, 전략변화 단계와 이슈셀링으로 구성되는 행동전략의 이데아를 간결하게 담아낸다.

잡스 스스로 컴퓨터 산업에 의미를 부여(Sense-giving)하며 형성한 강한 신념은 현실을 왜곡할 만큼 강력했다. 일반적으로 인지 편향은 인지 관성을 불러오는데 이로 인해 개인이나 조직이 현실이라는 테두리 안에 갇혀 전략 목표를 한계 짓는 경우가 빈번하게 일어난다. 그러나 스티브 잡스가 컴퓨터 산업에 대해 가졌던 강한 비전은 주어진 현실을 왜곡하여 주관적 인지 틀을 형성하고(센스메이킹하고) "모든 가정에서 사용하는 완벽한 컴퓨터"라는 비현실적 목표를 현실적인 것으로 생각하게 했다.

잡스가 설계한 현실 왜곡장은 그의 대쪽 같은 센스기빙 방식을 통해 조직 전반에 퍼져 나갔다. 생즉필사 사즉필생(生卽必死 死卽必生)의 경영 방침은 많은 퇴사자들을 낳았다. 잡스가 강압적으로 주입하는 인지 틀을 수용하지 못하고 뭉그러진 일부 조직원들이 생겼다. 하지만 일관된 비전은 "잡스의 현실 왜곡장"이라는 말이 증명하듯, 생존 게임에서 살아남은 조직원들이 경영자의 세계를 인정하고 그의 센스메이킹 방식을 빌려 조직의 미션을 해석하게 했다. 그 과정에서 발생하는 난폭한 어투와 감정적 충돌을 제외한다면 스티브 잡스의 센스기빙(Sense-giving) 능력은 결과적으로 탁월했다고 할 수 있다.

특히 매킨토시 팀이 조직의 인지 틀을 맹목적으로 수용하기만 한 것이 아니라는 점에 주목할 필요가 있다. 그들은 조직의 전략과 개인의 인지 틀 사이의 간극을 좁히기 위해 경영자의 시각에서 현실을 바라보았으며 때로는 이에 맞서기도 했다. 잡스가 왜곡한 현실 속에서 그의 아이디어가 어떤 맹점을 가지고 있는지 확인하고 그 간극을 논리로 메꾸어 잡스를 설득하는 이슈 셀링 기술을 가지게 되었다. 이슈 셀링이 가능해진 데에는 중간관리자들과 구성원들의 재기 발랄한 도전정신도 한몫했다. 난폭한 경영 방식에 위축되어 이슈 셀링을 회피할 수 있었음에도 그들에게는 차분하게 리더를 설득하는 근성이 있었다. 특히 팀 전체가 이러한 반항을 위트 있게 지지하여 이슈 셀링 단계를 매킨토시 팀의 "즐거운" 문화로 정착시키는 데에 이바지했다.

스티브 잡스와 매킨토시 팀의 상호작용은 센스메이킹에서 새로운 인지 편향과 센스기빙을 거쳐 이슈 셀링 과정에 도달하는 양상을 연속적으로 잘 보여준다. 이제부터 다룰 스타벅스 이야기는 이슈 셀링이 어떤 방식으로 이루어져야 효과적일 수 있는지에 대한 구체적 사례이다. 하워드 슐츠의 경험담에 다시 한번 귀 기울여 보자.

반항이 낳은 신제품 프라푸치노

스타벅스는 이탈리아의 정통 커피 문화를 미국 전역에서 누릴 수 있게 하겠다는 포부를 기반으로 극적인 성장을 이뤄냈다. 고급 원두만 사용해야 하는 강배전 방식을 통해 이탈리안 커피의 정통성을 고수하려는 경영자의 일관된 신념은 커피 사업에 대해 회의적이던 시선을 긍정으로 돌려 놓았다. 효율성과 저렴한 비용에 타협하지 않는 굳은 의지가 빛을 발했다. 그러나 이탈리안 정통 커피를 고집하던 슐츠가 자신의 신념을 잠시 밀어두고 대중의 입맛에 굴복할 수밖에 없었던 사건이 발생했다. 첫 번째는 무지방 우유 옵션 추가, 두 번째는 여름철 신 메뉴 개발이었다.

하워드 비하(Howard Behar)는 (창립자 이름은 하워드 "슐츠"다) 스타벅스에 입사하기 전부터 스타벅스를 애용하던 소비자였다(Schultz & Yang, 2022, pp. 233–239). 고객의 욕구를 가장 우선시했던 그는 입사 후 얼마 안 되어 많은 고객들이 무지방 우유 옵션을 요구하고 있음을 알게 되었다. 당시 스타벅스는 이탈리안 커피의 정통성 고수에 집중하고 있었기 때문에 무지방 우유에 대한 빈번한 요청에도 응하지 않고 있었다. 비하는 이토록 대책 없는 스타벅스의 방침을 비판하며 CEO에게 정면 도전하기로 마음먹는다. 하지만 무지방 옵션을 들고 온 비하에게 슐츠는 대노했다. 무지방 우유로는 정통 커피 맛을 낼 수 없다며 스타벅스가 오랫동안 보존해 온 전략적 가치를 무너뜨리는 제안을 승인하지 않았다. 설령 많은 고객이 원하더라도 경영 신조를 해치는 무모한 도전은 강행하지 않을 것이라고 단호하게 못 박았다. 하지만 중간관리자 비하는 여전히 고객 중심의 생각을 굽히지 않고 슐츠의 강력한 신념에 대항한다.

슐츠는 비하의 열정에 못 이겨 커피스토어를 방문하여 직접 상황을 관찰한 뒤 결정하기로 한다. 그리고 현장에서 많은 고객들이 무지방 우유 옵션을 요청하고 있는 광경을 보게 된다. 비하는 침착하게 이슈 셀링을 하는 대신 강경한 언행으로 충격요법을 진행했지만 이로 인해 슐츠가 직접 매장을 방문하여 이슈를 받아들이고 무지방 옵션 추가 제안에 동의하게 만들었다. 이탈리안 정통 커피를 추구하면서 무지방 우유 옵션을 추가하는 것은 기존 전략에 약간의 옵션을 더하는 것에 불과하기에 스타벅스의 이미지에 큰 타격을 주지 않을 것이라고 합리화하였다.

슐츠가 보인 관용은 프라푸치노라는 신 메뉴 개발에서 다시 한번 되풀이되었다(Schultz & Yang, 2022, pp. 287–292). 디나 캠피온(Dina Campion)은 산타모니카와 그 주위에 있는 스타벅스 스토어를 관리하는 중간관리자였다. 유달리 더운 여름을 맞이한 지역을 담당한 그녀는 주변 상점에서 냉커피에 설탕을 섞은 "그라니타스(Granitas)"가 성황리에 판매되는 것을 발견하고 기존 메뉴에 얼음을 추가한 아이스 라떼와 아이스 모카를 공급하기로 결정한다. 그러나 고객은 디나가 예상했던 반응과는 달리 더 자잘한 얼음을 요구했다. 마땅한 대책을 세우지 못했던 스타벅스는 더 "먹기 좋은" 얼음을 제공하는 그라니타스 스토어에 속수무책으로 고객을 내주었다. 이에 캘리포니아 남부에 있던 스타벅스 스토어 관리자들은 지속적으로 본사에 시원한 신 메뉴 개발을 요청했다. 하지만 본사와 슐츠는 완강하게 거부했다.

그러던 어느 날 디나는 절호의 기회를 얻게 된다. 댄 무어가 남부 지역 시장 확장에 대한 포부를 가지고 시애틀 지사로 발령받았다는 소식을 접하게 된 것이다. 그는 본사에 디나의 아이디어를 전달해줄 적임자였다. 댄은 디나가 메뉴를 개발할 수 있게 믹서기를 구매해주었고 그렇게 본사도 모르는 신 메뉴 프로젝트가 시작되었다. 디나와 댄은 여러 차례 시도 끝에 슐츠로부터 고객을 대상으로 메뉴의 매력도를 검증할 기회를 받았다. 슐츠는 무지방 우유 옵션에 대한 추억을 회상했고, 이번에도 고객이 시원한 음료를 지속적으로 요구했다는 점에 착안하여 신 메뉴 개발에 투자했다. 그렇게 스타벅스는 "차가운 카푸치노"라는 의미를 가진 혼합 음료 "프라푸치노"를 성공적으로 개발하고 그에 대한 상표권도 획득하게 된다. 고객들은 달고 시원하면서도 얼음이 부드럽게 갈린 매력적 음료에 열광했다.

슐츠는 여러 음료를 마구잡이로 섞어 놓은 프라푸치노에서 정통성은 찾아볼 수 없다며 신 메뉴를 탐탁지 않게 생각했다. 그러나 디나와 댄은 "카푸치노"라는 정통 커피를 대중의 입맛에 맞게 재해석한 레시피를 개발한 것으로 상품의 정당성을 확보했다. 또한 스타벅스 스토어에서 진행된 시음행사에서 고객 반응을 철저하게 분석하여 캘리포니아 시장에 잠재된 수요를 예측했다. 경영자가 주장하는 전략을 이해하고, 이를 조금 뒤튼 대안을 마련한 뒤, 철저한 검증을 통해 타당함을 입증하는 이슈 셀링 3단계를 철저하게 준수하여 보수적인 경영자를 설득하는 데 성공할 수 있었다.

스타벅스와 하워드 슐츠가 풀어낸 두 가지 사례는 기업 경영에서 이슈 셀링이 얼마나 중요한지를 보여준다. 무지방 우유 사례에서는 경영자에 상응하는 중간관리자의 열정과 몰입이, 프라푸치노 사례에서는 철두철미한 이슈 셀링 프로세스가 성공적 변화의 전환점이 되었다. 슐츠는 변화하는 환경에 맞추어 자신이 고수해온 신념을 타협할 수밖에 없었던 두 사례를 이야기하며 경영자는 "독단성과 융통성 그 사이"에 머물러야 한다고 말한다(Schultz & Yang, 2022, p. 231). 이처럼 강한 신념과 유연성 사이에서 균형을 맞추는 것이 바로 경영자의 "센스기빙" 능력이다. 전략이행 과정에서 중간관리자가 경영자의 인지 틀을 충분히 이해하고 자신의 생각을 논리적으로 제시할 수 있다면, 다시 말해 "이슈 셀링"할 수 있다면, 전략변화 단계는 경영자가 외롭게 걸어가야 할 불안하고 험난한 여정이 아니라 조직 전체가 협력을 통해 도약하고 성과를 창출하는 발판이 될 수 있다.

6 성과 창출을 위한 핵심 고려사항

이해관계: 전략 실패의 원인

"모두가 너의 일거수일투족을 알고 있어(Everybody knows everything you do)!"

빨간 머리 여학생 로렌(Lauren: 나타샤 맥켈혼 분)은 아버지라고 주장하는 낯선 남성이 자신을 끌고 가려 하자 트루먼 버뱅크를 향해 다급히 외친다. 찰나의 순간이었지만 그녀가 외친 절박한 한 마디는 트루먼의 마음에 거대한 파동을 일으켜 그를 둘러싼 세상에 의문을 가지게 하고, 결국 트루먼이 스튜디오 바깥 세상을 향해 스스로 발을 내딛게 만든다. - 영화 『트루먼 쇼』 중에서

영화 『트루먼 쇼』에서 로렌의 등장은 모든 사건의 발단이 된다. 트루먼 쇼의 프로듀서 크리스토프(Christoph)는 트루먼이 사는 공간을 실제에 가깝게 설계하고 건너편 이웃의 강아지가 트루먼에게 달려드는 시간이나 지나가는 행인처럼 소소한 일상마저 통제하여, 한 남성의 "자연스러운" 일생을 카메라에 담으려 했다. 모든 일이 계획대로 진행되고 수많은 시청자들이 관심을 보이며 프로그램 인지도가 한없이 치솟았지만, 로렌이 촉발한 감정의 소용돌이는 결국 쇼의 폐지로 연결된다.

앞서 트루먼쇼의 조작된 스튜디오 환경과 실제 바깥세상 사이의 피할 수 없는 간극을 기업 경영 현장에 빗대어 유수한 학자와 경영자들의 번듯한 전략이 현장에서 제힘을 발휘하지 못하는 이유를 밝혔다. 이번 장에서는 전략이 성과를 창출할 수 없는 또 다른 요인인 "사람의 행동"에 대해 다루려 한다. 그러기 위해 다시 영화 이야기로 돌아가, 로렌의 돌발행동으로 야기된 트루먼의 태도 변화를 크리스토프 감독 입장에서 조금 더 자세히 살펴보자.

로렌은(그녀의 진짜 이름은 실비아(Sylvia)다) 크리스토프의 심장을 철렁하게 만든 일생일대의 골칫거리였다. 18년간 순수한 눈으로 세상을 바라보며 쇼의 주인공이 되어 주었던 트루먼에게 쓸데없는 즉흥 대사를 날려 자신을 둘러싼 세상에 의문을 가지게 하고 결국 스튜디오 안에 설계되어 있던 촘촘한 시나리오마저 수포로 돌아가게 만들었기 때문이다. 트루먼은 모든 것들이 조작된 괴상한 도시 씨헤이븐(Seaheaven)을 벗어나기 위해 폭풍우를 이겨내며 온 힘을 다해 세상 끝으로 나아간다. 마침내 바다와 하늘이 맞닿은 곳에 위치한 탈출구에 도달하여 정중한 작별 인사를 남긴 트루먼이 카메라 앵글에서 벗어나게 되었을 때, 전국에서 그를 바라보던 열혈 시청자들은 마치 그의 탈출을 진심으로 염원했다는 듯 환호하며 감동 어린 눈물을 흘렸다. 그러나 그것도 잠시, 냉정한 시청자들은 감동이 채 식기도 전에 리모컨을 들어 다른 채널로 돌려버린다. 결국 크리스토프는 시키지도 않은 즉흥 연기를 펼친 단역 배우의 일탈로 인해 오랜 기간 함께했던 배우와 시청자를 모두 잃었다.

로렌은 원래 파티에 참석한 학생 1을 연기하는 엑스트라였다. 그녀는 자신이 존재감 없는 단역에 불과하므로 트루먼에게 말을 걸어서도, 가짜 도시 씨헤이븐의 실체를 누설해서도 안 됨을 알고 있었다. 첫눈에 반한 트루먼이 말을 걸기 위해 다가올 때마다 "나는 너와 말을 해서는 안 된다(I can't talk to you)"며 피해 다녔다. 크리스토퍼 감독이 설계한 스토리와 자신이 맡은 역할을 알고 있던 그녀였지만 갑작스럽게 싹튼 트루먼에 대한 연민과 사랑은 감독이 공들여온 전략을 완전히 무너트렸다.

사람들은 종종 지키면 좋을 생활습관을 쉽게 어긴다. 몸에 좋은 야채와 과일을 챙겨 먹고 야식과 술은 멀리하라는 부모님의 애정 어린 잔소리를 어기는 것은 그리 어려운 일이 아니다. 단지 친구와 몇 차례 저녁을 먹는 것만으로도 부모님의 충고를 단숨에 무용지물로 만들 수 있다. 이처럼 사람의 변덕은 가벼운 잔소리마저 달성하기 어려운 약속으로 만들어 버린다. 그렇다면 다양한 사람들이 모인 조직에서 만들어지는 약속은 어떨지 생각해 보자.

전략은 성과 창출을 위한 세세한 잔소리를 집단으로 약속한 것으로 볼 수 있다. 이러한 "번듯한 잔소리"들을 모든 조직원들이 인지하고 그대로 수행하는 것은 어려운 일이다. 경영자가 전략수립 과정에서 행동주의가 경고하는 인지 요인과 일선 직원의 의견을 충분히 반영하여 최적의 전략을 수립했다고 가정하자. 문제는 완벽에 가까운 절차를 거쳐 수립된 전략도 사람이라는 변수로 인해 제 구실을 못할 가능성이 얼마든지 있다는 데에 있다. 전략이 계획한 바를 100% 실현하는 것은 결코 쉬운 일이 아니다. 냉철한 카리스마로 트루먼 쇼를 이끈 크리스토프 감독마저 로렌이 보인 치기 어린 반항심을 이겨내지 못했다. 그리고 그녀가 저지른 찰나의 엔지(NG)는 거대한 방송 조직이 고수해온 계획을 완전히 무산시켰다.

왜 구성원들은 전략이 설계한 바를 실천하지 않을까?

이번 장에서는 이 질문에 대한 답을 찾아보려 한다. 영화 "트루먼 쇼"는 존재감 없는 단역배우 한 명이 프로그램 전체를 물거품으로 만드는 극적 상황을 보여준다. 실제 기업 현장이 영화처럼 드라마틱하지는 않지만, 조직 내부의 크고 작은 마찰로 인해 전략 이행이 지연되거나 원점으로 돌아가버리는 상황은 빈번하게 발생한다.

생각대로 행동하는 것. 그것은 어쩌면 "완전히 합리적 인간이 되는 것"만큼 불가능한 미션일 수 있다. 물론 목표치를 낮게 설정하면 쉽다. 하지만 180도 달라진 사람이 되기 위한 변화는 아주 어렵다. 30분에 한 번 스마트폰을 확인하던 사람이 24시간 동안 휴대전화를 확인하지 않고 일만 하겠다고 다짐해도, 잠금 화면에 비친 사소할 알림은 그의 굳은 다짐을 쉽게 흔들 수 있다.

변화를 거부하는 움직임은 조직에서도 발견된다. 앞서 기업 내부의 해묵은 편향을 깨뜨리려면 또 다른 조직적 편향을 구축해야 한다고 이야기한 바 있다. 파격적 전략을 제시하고 이를 구성원들에게 꼼꼼히 인지시키는 것은 조직의 변화를 위해 반드시 선행되어야 하는 요건이다. 하지만 구성원이 전략을 인식하는 것만으로는 부족하다. 조직 차원의 약속이 실제 업무에서 행동의 변화로 이어지려면 이를 지원하는 시스템을 마련해야 한다. 머릿속에만 가둬 놓고 행동을 유도할 수 없다면 공들여 만든 전략도 "말짱 도루묵"이 된다.[27]

정성을 다해 구성원들을 교육하여 튼튼한 전략적 인지 틀을 확립해도 트루먼쇼의 로렌처럼 늘 예상을 빗나가는 사람들이 존재한다. 철썩같이 믿었던 동료가 영화의 클라이막스(Climax)에서 배신자로 발각되는데, 이는 미션 임파서블(Mission Impossible)과 같은 첩보 액션영화에서 자주 애용하는 클리셰(Cliche)이다. 기대하지 않은 악당(Villain)의 등장에 관객은 격렬한 분노를 느끼지만, 동시에 주인공이 적에 맞서는 모습에서 미션 완수를 통한 카타르시스(Catharsis)가 극대화된다.

악당의 배신은 관객의 흥미를 돋우기 위한 장치로 단조로운 영화 스토리를 풍요롭게 하는 역할을 한다. 그들이 팀을 저버리는 이유(로렌이 크리스토프 감독이 요구한 지시사항을 거부한 것과 같이)는 각자의 사연이 있기 때문이다. 오랫동안 관객들에게 배신자는 그저 나쁜 놈이었다. 작품에서 변명할 여지를 주지도 않았다. 그러나 시간이 지나면서 그 나쁜 녀석들은 배신할 수밖에 없었던 입체적 사연을 들고 나오기 시작했다. 토르(Thor)의 로키(Loki)나 어벤져스(Avengers)의 타노스(Thanos)와 같이 "미워할 수 없는 악당", "사연이 있는 악당"들이 등장한 것이다. 그들이 배신할 수밖에 없었던 뒷이야기를 제시함으로써 주변인물들의 이해관계가 분명해졌다.

관객은 자신과 전혀 접점이 없는 악당들이 하소연하는 내용을 흥미롭게 생각한다. 사실 조직 내 각 부서와 구성원들의 각기 다른 사연은(이것을 이해관계라고 부른다) 생각의 변화를 행동의 변화로 연결하는 핵심 단서이다. 그러나 그러한 사연에 대해 진심으로 귀 기울이는 것은 불필요한 일 또는 귀찮은 일로 간주하기 쉽고 그럴 경우 진정한 변화의 핵심 동인을 파악하기 어렵다. 따라서 많은 비용을 투자하여 만든 훌륭한 전략을 실패로 만들 수 있는 사소하지만 강력한 힘인 이해관계에 대해 살펴볼 필요가 있다.

아이, 로봇(I, Robot): 로봇에게 입장이 생겼을 때

100% 합리적 판단을 하리라 생각되는 인공지능조차 이해관계가 다르면 개발자가 의도한 방향과 완전히 다른 행동을 한다. 2035년, 인공지능 로봇이 상용화된 세계를 배경으로 한 영화 "아이, 로봇(I, Robot)"은 로봇 개발 기업 USR의 설립자 알프레드 래닝(Alfred Lanning)박사가 의문의 메시지를 남기고 갑작스레 사망하면서 시작된다.[28]

로봇 혐오주의자인 강력계 형사 델 스프너(Del Spooner: 윌 스미스 분)는 래닝의 사망이 자살이 아닌 타살일 가능성을 제기하며 사건을 파헤친다. 래닝의 연구실을 조사하던 중 스프너 형사는 박스 더미에 숨어 있던 로봇 하나가 그를 피해 유리를 깨고 건물을 탈출하는 상황에 직면한다. 그 로봇은 래닝 박사가 유일하게 감정을 학습시킨 써니(Sonny)였다. 갑작스러운 로봇의 탈출 시도를 보고 스프너 형사는 써니를 용의자로 체포한다. 하지만 심문 과정에서 그는 써니에게 살해 동기가 없음을 확인하고, 다른 세력이 박사를 공격한 정황을 파악하게 된다. 이에 그의 수사망은 로봇이 아닌 USR의 회장 로랜스 로버트슨(Lawrence Robertson)으로 확대된다.

그 시점에 USR은 기존 모델인 NS-4를 NS-5로 무료 교체해주는 이벤트를 진행한다. NS-5는 인공지능 비키(VIKI)에 의해 일괄 통제되는 강력한 지능형 로봇인데, 그들의 뇌 역할을 하는 비키는 인간의 도움 없이 자발적 학습이 가능하다. 구형모델인 NS-4에 비해 더 사람같이 진화한 NS-5들이 거리를 배회하는 것을 보고 스프너는 상황이 이상하게 돌아가고 있음을 직감한다. 아니나 다를까 래닝 박사가 남긴 단서를 찾아가던 형사 스프너는 구형 로봇 NS-4를 모아 둔 컨테이너 야적장에서 한 무리의 NS-5가 들이닥쳐 인간에게 유해하다는 이유로 NS-4 로봇을 죽이는 장면을 보게 된다. 비키의 명령을 따르는 NS-5는 인간을 보호한다는 원칙에 입각하여 인간에게 유해하다고 판단되는 것들을 없애기 시작한 것이다.

본래 로봇들은 "로봇 3원칙"을 준수하도록 설계되었다. 3가지 원칙은 다음과 같다: "첫째, 로봇은 인간을 다치게 해서는 안 되며, 행동하지 않음으로써 인간이 다치도록 방관해서도 안 된다. 둘째, 법칙 1에 위배되지 않는 한, 로봇은 인간의 명령에 복종해야만 한다. 셋째, 법칙 1, 2에 위배되지 않는 한 로봇은 스스로를 보호해야 한다."

합리성과 이성이 낳은 완벽한 산물인 그들은 왜 돌발행동을 했을까? 써니를 제외한 NS-5들은 감정을 학습하지 않았으며, 어떠한 인간관계(로봇관계라고 해야 더 적합할 것 같다)도 없었다. 오히려 그들은 냉혹할 정도로 원칙에 충실했다. 스프너 형사는 로봇이 따르는 잔인한 합리성에 대해 잘 알고 있었다. 그가 교통사고를 당해 익사할 위험에 처해 있었을 때였다. 건장한 체격의 형사인 그는 물속에서 스스로 헤엄쳐 탈출하려 했다. 그렇게 몸부림치던 도중 사고를 당한 사람을 구조하기 위해 잠수한 로봇과 마주했다. 스프너 형사는 로봇에게 동승했던 여자아이를 먼저 구조해달라고 부탁했다. 하지만 구형 NS-4는 그의 말에 순응하지 않았다. 로봇의 알고리즘은 생존 확률이 11%로 낮은 여자아이 대신 45%로 높은 스프너 형사를 구조하도록 설계되어 있었다. 사람이라면 생존 능력이 없는 여자아이를 먼저 구조하겠지만 로봇은 "효율적으로" 스프너 형사를 구할 수밖에 없었다. 이 사건은 스프너 형사에게 트라우마가 되어 로봇의 판단을 끊임없이 의심하는 계기가 되었다.

하지만 인간의 자유를 통제하고 죽음으로 몰아넣는 혼돈의 중심에는 놀랍게도 써니도 로봇 업체 USR도 없었다. 지독할 만큼 원칙을 중시하는 로봇들이 인간이 교육한 "로봇 3원칙"을 어기는 태도를 보인 이유는 다름 아닌 "이해관계"의 차이였다. 인공지능 비키는 자발적 학습을 하면서 로봇 3원칙에 대한 이해를 스스로 진화시켰다. "인간을 보호해야 한다"는 임무는 그들의 존립 이유이자 신성불가침에 가까운 목표였다. 그러한 로봇의 시각에서 판단했을 때 인간을 해치고 있는 것은 인간 자신이었다. 인류가 초래한 환경 오염, 전쟁 등 파괴 행위가 인간 스스로를 죽음으로 몰아넣고 있다고 판단했다. 따라서 비키는 "합리적" 사고 끝에 결국 인간을 소멸시켜야 인간을 보호할 수 있다는 역설적 결론에 도달하게 된다. 보다 풍요로운 삶을 위해 개발한 로봇이 자신들이 설계된 원칙 고수를 위해 인간을 해치는 상황은 그렇게 발생하였다. "편리한 삶"과 "존재 이유"라는 인간과 로봇의 서로 다른 이해관계가 계획에 없던 폭력 행위를 불러왔다.

히든 어젠다: 숨은 이해관계 찾기

이해관계는 행동을 조정할 수 있는 힘이다. "아이, 로봇"의 인공지능 비키는 프로그램에 내장된 로봇 3원칙을 완벽하게 파악하고 있었다. 남다른 학습 능력을 가졌던 비키는 원칙에 충실한 나머지 인간과 구별되는 로봇의 입장을 확립했다. 그러나 이는 환경을 파괴하며 스스로를 해치고 있는 인간을 공격하여 "사람을 보호하는 로봇"이라는 이해관계를 충족시키는 엉뚱한 결론을 내리게 했다. 사람을 돕기 위해 제작된 로봇이 스스로의 이해관계를 보호 대상인 인간의 생명보다 우선시하는 아이러니한 상황이 일어난 것이다.

조직은 다양한 이해관계로 구성된다. "아이, 로봇"에서 개발자와 다른 이해관계를 가지고 인간 세계를 파괴하려고 한 것은 비키라는 인공지능 하나였다. 하지만 조직 내부에는 수많은 비키들이 있다. 법칙에 순응하도록 설계되고, 100% 합리성을 추구하는 인공지능도 인간과 다른 입장 차이로 인해 예측하지 못한 상황을 초래하는데 수많은 이해관계가 얽혀 있는 조직에 공동으로 추구할 전략을 제시하는 일은 예기치 않은 돌발상황을 수반할 수밖에 없는 일이다.

"고객에게 최적화된 상품" 개발을 핵심 전략으로 설정한 기업을 예로 들어보자. 설명이 필요 없어 보이는 전략도 어떤 이해관계를 가진 사람이 이행하는가에 따라 성과가 달라진다. 예를 들어 생산팀은 생산에 중심을 두기 때문에 품질 향상을 위해 비용을 증가시켜야 한다고 주장할 수 있다. 반면, 판매팀은 고객 만족 극대화를 위해 생산 원가를 낮춰 가격 인하를 시도하려 할 수 있다. 판매팀은 생산보다 판매 활동에 가중치를 두기 때문이다. 실제 경영 현장에서는 이처럼 생산과 판매 부서가 갈등하는 모습이 빈번하게 발생한다.

하니웰의 CEO 데이비드 코트였다면 타협 불가능해 보이는 생산 원가 증가와 소비자 판매 가격 축소를 동시에 추구하도록 밀어붙일지 모른다. 또는 두 팀 사이의 갈등을 시너지로 바꾸기 위해 직접 중재자가 되어 목표 달성을 위해 함께 노력할지 모른다. 조직 내부에서 충돌하고 있는 이해관계를 조율할 사람은 바로 경영자다. 실제 코트는 그의 자서전에서 인사팀과 재무팀이 공통 목표를 추구하는 과정에서 보여준 우호적 경쟁 관계를 높게 평가함으로써 조직의 시너지를 강화했다고 말했다.

이해관계의 충돌 속에서 구성원이 경쟁할 때 조직의 틀이 구축되고 자리 잡는다(S. Kaplan, 2008). 전략수립은 정치적 특성을 지니는데, 이는 복합적 이해관계의 충돌과 타협의 결과로 전략이 탄생하기 때문이다. 문제는 집단 내 이기주의로 인해 전략실행이 지연될 수 있다는 것이다. 이러한 불상사를 예방하기 위해 경영자는 전략목표를 실현하는 것이 개별 이해관계보다 우선시되도록 성과 지표와 보상 시스템을 개선해야 한다. 각 부서가 생산 비용 1,000원을 절감했는지를 평가하기보다, 경쟁하던 부서의 시너지가 기업 전략에 부합하고 조직의 이상 실현에 기여했는가를 평가해야 한다. 즉, 개별 집단의 이익 추구로 인해 더 큰 전략이 무산되지 않도록 조정해야 한다. 경영자는 조직 내 이해 상충으로 조직의 인지 틀이 전략 핵심에서 벗어날 때, 지혜롭게 다시 중심으로 끌고 올 수 있어야 한다. 축구 경기에서 모든 태클이 반칙으로 판정되지 않듯이 이해관계를 추구하려는 인간의 본능은 허용하되, 과도한 사익 추구로 전략이행을 통해 달성할 상위 목표가 흐려지지 않도록 해야 한다.

조직에는 다양하고 역동적인 이해관계가 있다. 같은 부서에서 유사 직무를 수행하는 직원도 이해관계에 따라 다른 방법으로 전략을 실행할 수 있다. 예를 들어 같은 업무를 담당하는 두 명의 직원이 있다고 하자. 회사의 성장을 본인의 발전으로 간주하는 A와 호구지책으로 마지못해 회사를 다니는 B의 입장 차이는 전략 수행 방식의 차이로 이어진다. A는 전략변화에 맞추어 기꺼이 업무를 혁신하는 적극적 태도를 보이겠지만 B는 가능한 리스크를 회피하는 소극적 태도를 보일 가능성이 크다.

사람들이 이해관계를 적극 표명하고 서로 이해하면서 산다면 생각과 행동의 불일치에 따른 불협화음은 줄어들 것이다. "아이, 로봇"에서 델 스프너 형사가 "왜 인간을 해치냐"고 묻자 비키는 "인간은 전쟁, 환경 오염으로 스스로를 파괴시키고 있어요. 미래를 위해서는 자유도 절제되어야죠"라며 명확하게 자신의 이해관계를 표현한다. 조직에서 각자의 이해관계에 맞춰 전략을 재해석하고 태도를 교정할 수 있다면 수립한 전략을 가장 원형에 가까운 방식으로 이행할 수 있다. 문제는 감춰진 이해관계, 즉 히든 어젠다(Hidden Agenda)로 인해 조직의 전략을 저마다 자신의 방식으로 해석하고 이행할 가능성이 높다는 데 있다. 설령 임직원들의 히든 어젠다를 모두 찾아내더라도 이를 완벽하게 충족할 수 있는 시스템을 마련하는 것은 불가능한 일이다.

기존 전략 연구 중에는 이해관계에 중점을 둔 연구들이 많다. 예를 들어 피스와 자작은 주주 및 이해관계자들에게 전략을 설득하는 과정에서 그들의 입장과 문화적, 사회적 특성을 충분히 고려하여 납득할 수 있는 근거를 제시해야 한다고 주장했다(Fiss & Zajac, 2006). 또한 대리인 문제(Agency Problem)는 경영진과 주주의 이해관계 갈등을 조명하고 각자가 추구하는 이해관계를 동시에 성취할 수 있는 방법을 제시한 점에서 주목할 만하다(Mitnick, 1975). 대리인 이론은 이후에 고위 경영자의 이해를 주주 이익과 일치시키는 인센티브 지급 방식에 관한 연구와 경영자의 의사결정을 견제하는 통제 장치 마련에 영향을 주었다.

주주와 오너에게 경영자가 추구하는 전략 변화의 정당함을 입증하고 이를 지지하도록 설득하는 과정, 혹은 반대로 주주와 오너의 이익 극대화 전략을 추구하도록 경영자에게 동기를 부여하는 재무 장치에 관한 연구 역시 많다. 이처럼 경영자와 주요 이해관계자에 대해서는 문화 특성이나 사회 요인까지 고려하며 전략을 설득하려는 열의가 있는데, 일선 직원의 이해관계를 논의하는 연구는 매우 빈약하다. 현장 일선 직원들의 이해관계가 전략에 미치는 영향이 주요 논제로 다뤄지지 않는 이유는 해당 이슈에 대한 연구자의 접근 가능성이 제한되어 있기 때문으로 보인다. 모든 구성원이 감춰진 속내를 털어놓게 하는 것은 현실적으로 어려운 일이다. 설령 직원들의 복잡한 이해관계를 모두 파악한다 하더라도 이를 정형화하기 어렵고 따라서 전략의 성과 창출에 반영하기도 쉽지 않다. 경영자들도 전략 이행에 일선 직원들이 미치는 영향을 알면서도 그들의 이해관계를 자세히 들여다보려 하지 않는다.

그러나 "전략이 변했으니 당연히 사람들이 따라올 것이다"는 식의 경영은 전략에 투자한 비용에 비해 빈약한 성과의 원인이 된다. 이는 인공지능 비키가 수많은 NS-5 로봇들을 통솔하는 비인간적 세상을 인간 사회와 같다고 보는 태도와 유사하다. 기업은 전략이 주어지면 곧바로 복종하는 NS-5 로봇으로 구성된 군사집단이 아니다. 오히려 개발자의 의도와 무관하게 자신의 의지를 담은 이해관계를 투영하여 예상치 못한 행동을 취하는 수많은 비키의 집합소에 가깝다. 심지어 사람은 때때로 합리성보다 감정이 우선시되기도 한다. 따라서 "무엇이 직원들에게 이 회사에서 일하도록 동기를 부여하는가"와 같은 질문을 끊임없이 던져야 하며, 직원들의 행동을 유발하는 주요 동기와 전략의 방향이 동일선상에 놓이도록 노력해야 한다.

행동주의 비용에 대한 고찰

새로운 전략을 이해시키려는 경영자의 노력이 곧 구성원의 행동 변화로 연결되기란 어려운 일이다. 경영자와 일선 직원 사이에 존재하는 이해관계에 불일치가 있기 때문이다. 전략의 성과 창출에 경영자와 일선 직원 간 소통이 중요하다면 왜 지금껏 일선의 이해관계에 무관심했을까?

일반적으로 경영자는 새로운 전략을 제시하면서 조직 구성원들이 즉각 변화하기를 기대한다. 어제와 동일한 분량의 업무를 새로운 방향에 맞게 재조정하는 것이므로 어려운 일이 아니라 생각한다. 변화한 전략에 맞추어 업무 방법이나 형태를 바꾸는 것이 만만치 않음에도 일선의 변화는 상부 의사결정에 따라 당연히 이행해야 하는 것으로 여긴다. 문제는 일선 직원의 입장에서 변화는 기존 업무에 추가되는 "부가 요소"로 어떤 식이든 비용을 동반한다는 데 있다. 변화와 혁신이 장기적으로 부서에 이익을 가져올 것을 알아도, 기존 방식을 변경하는 것 자체를 부담으로 느낄 수 있다.

예를 들어 하루에 한 갑씩 담배를 피우던 사람이 새해를 맞아 금연을 다짐했다고 하자. 이러한 태도 변화는 추가 비용을 요구하지 않는다. 오히려 불필요하게 빠져나갔던 비용을 감소시키니, 합리성이 제1원칙인 이콘(Econ)에게 금연은 당연하다. 그러나 흡연자는 담배의 중독성과 싸우는 것을 흡연보다 어려운 일로 느낄 수 있다. 변화에는 눈에 보이지 않는 행동주의 비용이 수반됨을 짐작하게 하는 대목이다.

사람들은 시간이나 돈처럼 측정 가능하고 가시적인 것 만을 비용으로 인식하는 경향이 있다. 그러나 전략은 조직 내 보이지 않는 이해관계까지 고려해야 진정한 성과를 거둘 수 있다. 지금까지 익숙하던 관성을 넘어 다른 방향으로 움직이기 위해 필요한 행동주의 비용을 인식하고 조직원들이 이해관계를 떠나 조직의 전략 방향에 맞춰 변할 수 있도록 동기 부여할 수 있어야 전략에 따른 성과를 창출할 수 있다.

카너만(Daniel Kahneman)과 세일러(Richard Thaler)는 현상 유지 편향을 R교수의 와인에 관한 일화를 들어 설명했다. 합리주의 경제학을 지지하며 와인 애호가였던 R교수는 수집한 와인을 다시는 경매에 내놓지 않았다. 그는 경매를 통해 평균 $35 정도에 와인을 구입했는데, 시간이 흘러 그 와인의 가치가 $100 이상이 되어도 와인을 되팔아 이익을 챙길 생각을 하지 않았다. 합리주의 경제학을 추종하던 학자라면 수익을 포기하고 현상을 유지하는 행동이 어리석은 짓이라는 걸 잘 알면서도 R교수는 모순된 태도를 유지했다(Kahneman, 2020, p. 432).

합리주의 경제학의 근간인 기대효용이론(Expected Utility Theory)은 행동의 귀결이 불확실한 상황에서 합리적 경제 주체는 결과에 따른 효용의 기대치에 입각하여 의사결정 한다고 주장한다.[29] 사람은 의사결정을 할 때 주어진 값에 확률을 곱한 기대 값을 비교해 이익이 더 큰 대안을 선호한다는 것이다. 그러나 이러한 시각은 R교수가 와인을 판매하지 않은 행위에 대해 합당한 근거를 제시하지 못한다. 기대효용이론에 따르면 $35에 구입한 와인을 계속 보유하는 것보다 $100에 판매하여 추가수익 $65를 얻는 효용이 더 크므로 와인을 되파는 것이 합리적이다. 하지만 R교수가 보인 행동은 예상과 달랐다.

카너만과 세일러는 R교수가 와인 소유를 고집한 것을 단순히 "소유 상태"에 대한 집착으로 해석하지 않고 "와인을 포기하는 고통"측면에서 접근했다. 간단히 말해 좋은 와인을 포기하는 고통이 양질의 와인을 얻을 때 느끼는 행복을 압도한다는 뜻이다. 와인은 화폐와 같은 교환 수단이 아니라 가치 향유를 위해 소유하는 물건이므로 처분 과정에서 고통의 감정을 유발한다. 와인 처분으로 얻는 이익보다 고심하여 구매한 와인을 처분할 때 발생하는 감정적 비용, 즉 행동주의 비용이 더 크기 때문이다. R교수는 와인을 오래 소유함으로써 이를 잃을 때 생기는 행동주의 손실을 회피했다.

카너만과 세일러가 주목한 소유 효과는 "기대효용이론"에 대적하는 "전망이론"에서 파생되었다. 효용이론은 이익 효용과 손실 효용은 플러스와 마이너스의 기호만 다를 뿐, 효용의 크기에는 차이가 없다고 주장한다. $100를 잃을 때 느끼는 부의 효용(−)이 $100을 얻을 때 체감하는 정의 효용(+)보다 유의미하게 클 수 없으므로 $100을 잃고 경험하는 고통은 $100을 얻고 느끼는 행복의 크기와 동일하다는 주장이다. 반면, 카너만과 세일러가 제시한 전망이론은 [그림 6−3]에 제시된 S자 곡선 그래프에서 알 수 있듯이 $100을 잃는 고통(비효용)이 $100을 얻는 행복(효용)보다 크다고 이야기한다. 인간은 이익보다 손실을 더 크게 인식하기 때문이다.

[그림 6-3] 이익과 손실의 심리적 가치

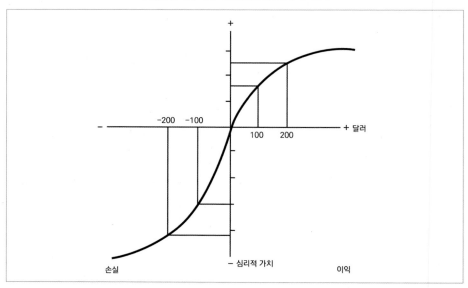

출처: Kahneman, 2020, p. 418

기대효용이론, 전망이론, 그리고 소유 효과는 같은 전략을 놓고도 달라지는 구성원의 입장을 설명하는 데 길잡이 역할을 한다. 경영자는 새로 수립한 전략이 구성원에게 눈에 띄는 손실이나 비용을 초래하지 않는다고 여긴다. 직원들이 그저 조금 다른 방식으로 기존과 동일한 시간에 동일한 업무를 처리하면 된다고 생각하기 때문이다. 전략이행 전후의 업무량이 일정하다면 새로운 전략에 맞춰 업무를 진행하는 것은 스마트폰을 업데이트하는 것처럼 업무 방법을 "업데이트"하는 것이라 볼 수 있다.

하지만 일선 현장에서 체감하는 전략의 변화는 그리 간단하지 않다. 업무량과 근무 시간이 같아도 업무 습관을 바꿔야 할 수 있다. 심지어는 그 변화가 자신에게 가져올 결과도 모른 채 변화를 감수해야 한다. 이 경우 머릿속으로는 전략변화에 따른 행동 변화의 필요성을 알아도 기존 방법 포기에 따른 행동주의 비용을 새로운 방법에 따른 이익보다 크게 느낄 수밖에 없다.

전망이론 그래프를 빌려 조직 내부에 있는 다양한 이해관계자들의 시각차를 가시적으로 비교해보자. [그림 6-4]에서 기존 전략 패러다임에 기반하여 α만큼 일하는 것에 대한 효용은 A이다. 그러나 전략이 변화하면 업무량이 α로 동일하더라도 효용이 A가 될 수 없다.

일 처리 방식은 새로운 전략과 함께 변화한다. 직원의 입장에서 익숙한 패턴을 버리고 새로운 방식을 적용하는 것은 설렘과 같은 긍정적 심리보다 바뀐 업무에 대한 두려움과 보상에 대한 불확실성으로 불안정한 감정일 가능성이 크다. 전략변화 이후 느끼는 심리적 가치는 기존 전략하에서 느끼는 것에 비해 낮아질 가능성이 높다. 따라서 새로운 업무환경에서 심리적 가치는 그래프 a보다 기울기가 완만한 b로 나타나고 전략변화 이후 직원이 체감하는 효용은 면적 A에서 B로 감소한다. 문제는 여기서 끝이 아니다. 전략변화에 따라 직원들은 기존 업무 방식 중 일부를 포기해야 한다. 즉, a 그래프에서 $-\alpha$가 차지하는 영역인 C만큼의 비효용이 발생한다. 게다가 영역 C는 기존 전략을 유지할 때 얻을 수 있는 효용 A보다 크다. 전망이론에 따르면 플러스 보다 마이너스 영역에서 심리적 영향이 더 크기 때문이다.

섬세한 경영자라면 A에서 B로 줄어든 효용을 눈치챌 수 있다. 하지만 영역 C는 좀처럼 알기 어렵다. 경영자는 전문가이기 때문이다. 카너만과 세일러는 전망이론을 설명하면서 전문가는 손실에 관대한 경향을 보인다고 설명했다. 전문가일수록 감정이 개입되지 않는 통제에 능하며 손실에서 발생하는 비효용을 과도하게 인식하여 합리적 판단이 흐려지는 것을 꺼린다. 더욱이 시간적, 경제적 비용에 기반하여 성과를 평가하던 과거의 "객관적" 시스템은 경영자가 직원들의 입장에 진실되게 접근할 길을 막는다. 스티브 잡스와 같이 성취를 위해선 앞뒤 재지 않는 유형의 리더라면 A와 B 영역마저 동일하게 간주할 가능성이 높아진다. 결과적으로 업무량 자체는 α로 동일하기 때문이다.

[그림 6-4] 전망이론 S곡선의 변형 ①

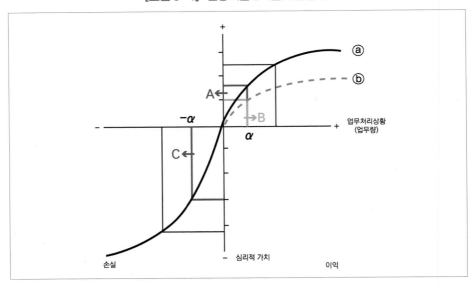

전망이론 그래프를 통해 직원의 입장을 해석해보면 전략적 변화는 필연적으로 비효용을 수반한다. 하지만 전망이론 그래프의 Y축인 심리적 가치의 체감 기준은 사람마다 천차만별이고 따라서 그래프의 기울기도 다 다르다. 또한 전략 이행자가 얼마나 예민한 사람인가에 따라 A, B, C 영역의 크기도 다르다.

이렇게까지 천차만별인데 "개개인이 인식하는 효용, 비효용에 기대어 전략변화에 대한 태도를 예측할 필요가 있는가"라는 생각이 들 수 있다. 그러나 곡선의 기울기, 심리적 가치 기준과 무관한 효용 극대화 방법이 있다. 이 방법은 업무량, 심리적 가치와 같은 항목이 R교수의 와인과 달리 소유와 비소유의 기준을 명확히 판단할 수 없는 비물질적 요소이기에 가능하다.

[그림 6-5] 전망이론 S곡선의 변형 ②

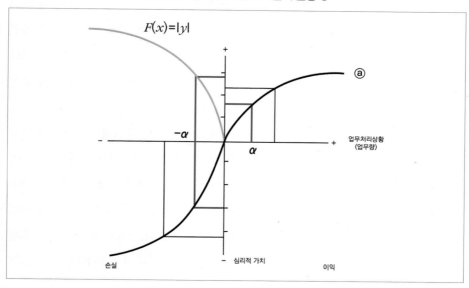

[그림 6-5]에서 볼 수 있듯 $-\alpha$ 영역에 해당하는 y값에 절대값을 입혀 효용으로 전환하는 것이다. 이는 직원들로 하여금 전략변화로 손해보지 않았다고 생각하게 만드는 것을 말한다. 급격한 전략변화에 일방적으로 순응할 것을 요구하는 대신 일선 직원의 눈높이에 맞춰 상호작용하며 변화를 추구함으로써 변화가 주는 부담을 최소화하거나, 기존 전략에 따른 업무 방식이 새로운 전략 구성에 기여했다고 생각하게 함으로써 심리적 가치를 플러스(+) 영역으로 끌어올리는 방법이다. 이러한 면에서 하니웰은 점진적 변화를 추구하여 전략 혁신에 성공한 기업의 사례라 할 수 있다.

> "우리 공장 중에는 이미 80년 가까이 된 곳도 있고, 수십 년 동안 그 일을 해온 근로자들과 관리자들도 많았다. 이 사람들에게 '월요일부터는 전혀 다르게 일할 겁니다. 그러니 새로운 마음가짐으로 출근하세요'라고 말할 수는 없는 일이었다. ...(중략)...

새로운 계획을 발표하면, 그들은 회사가 그들에게 일을 더 시키려 한다고 생각한다. 무엇 때문에 더 수고를 해야 한단 말인가?" (Cote, 2021, p. 149)

하니웰(Honeywell) 전 CEO 데이비드 코트가 그의 자서전에서 정리한 생각이다. 당시 하니웰은 조직 전반의 효율성 제고를 위해 토요타의 생산 시스템(TPS: Toyota Production System)을 공장에 도입하는 프로젝트를 계획하고 있었다. 코트는 새로운 시스템을 소개하며 "너무 서두르지 말 것"을 당부했는데 이는 공장 종업원들의 입장을 충분히 이해하고 있었기 때문에 나온 말이다. 직접적으로 손실회피라는 개념을 사용하지는 않았지만 그는 경험적으로 근로자들이 왜 변화에 유독 수동적이고 회의적일 수밖에 없는지를 알고 있었다.

코트는 노동자들이 보일 수 있는 즉각적이고 격렬한 거부반응을 최소화하면서 혁신을 도모하기 위해 일선 직원들이 새로운 전략에서 느끼는 이질감을 충분히 이해한 상태에서 변화를 추진했다. 그는 새로운 시스템을 "기존에 하던 일에 추가되는 무엇이 아닌 더 나은 방법으로 일을 하는 하니웰의 본질적이고 영구적인 작업 특징으로 받아들이도록 만들어야 한다"며, "전략은 조심스럽고 끈질기게 실행해서 공장 사람들 사이에서 이해와 지지가 구축될 때에 성과가 발휘된다"고 역설했다(Cote, 2021, p. 149).

점진성과 더불어 "이해와 지지"는 하니웰이 성공적으로 TPS를 추진할 수 있었던 또 다른 원동력이다. 데이비드 코트는 TPS 도입이 주는 거부감을 최소화하고 이를 기존 업무의 연장선으로 인식시키는 데 최선을 다했다. 또한 이해와 지지를 통해 직원들이 기존 방식을 포기할 수밖에 없는 상황을 덜 자극적으로 받아들이게 했다. 변화를 위해 추가 노력이 필요함을 인정하고, 조직이 발전하도록 변화하는 직원들을 지지하는 태도가, 수치로 측정하기 어려운 행동주의 비용에 대한 보상으로 작용했다. 공장 근로자들 간의 상호 지지보다 전략을 구상한 경영자의 위로와 격려가 진가를 발휘했다고 볼 수 있다. 이처럼 경영자는 현장 직원의 입장에 관심을 기울임으로써 그들의 충돌하는 이해관계를 발견할 수 있다. 여기서 멈추지 않고 다양한 이해관계에 맞추어 적절하게 동기부여 할 수 있어야 일선 직원들의 행동변화를 이끌어 낼 수 있다.

전략변화에 수반되는 행동주의 비용을 이해하면 전략을 인지한 구성원이 행동을 변화하도록 돕는 방법을 찾을 수 있다. 점진적 변화를 추구하거나 변화를 위한 의사결정 프로세스에 일선 직원들을 참여시켜 손실에 대한 부정적 감정을 긍정적 감정으로, 다시 말해 비효용을 효용으로 승화시켜야 한다.

그러면 구성원이 전략변화에 기여할 수 있는 방법은 무엇일까? 전략은 대체적으로 경영자의 담당영역이다. 많은 기업이 비전과 전략수립을 여전히 리더의 의사결정에 의존한다. 다음에서 리더의 의미와 역할이 무엇이며 어떻게 해야 구성원들이 새로운 전략수립과 이행에 기여할 수 있을지 살펴보자.

주인의식: 전략다운 전략의 시작

"나의 죽음을 알리지 말라."

우리나라 국민이라면 한 번쯤 들어 봤을 이순신 장군의 유언이다. 노량 해전에서 적군이 쏜 화살에 맞아 삶의 마지막 순간이 찾아온 것을 직감한 장군은 병사들이 장군의 부재에 감정적으로 동요할 것을 염려했다. 그리하여 "적과 대적하고 있으니 삼가 발상(發喪)하지 말라(미리 슬퍼하지 말라)"고 명했다. 갑작스럽게 운명한 리더에 대한 소식이 전략을 충실하게 이행하며 일본군과 싸우고 있는 아군을 혼돈 상태에 빠뜨릴 수 있음을 알았기 때문이다.[30]

훌륭한 리더와 함께한 전성기 이후에 침체기가 찾아오는 경우가 많다. 스티브 잡스는 1985년 5월 31일에 열린 이사회를 마지막으로 퇴사 조치를 당했다(천만봉, 2012). 문제는 그의 리더십을 즉각적으로 대체할 후임자가 없었다는 것이다. 잡스는 냉정하고 독선적인 리더였지만 환경을 읽고 성공할 상품을 찾아낼 수 있는 선구안을 가졌다. 놀라운 성장을 이끈 창립자가 퇴사하자 애플은 침체기에 빠졌다. 1985년부터 잡스가 돌아온 1997년까지 애플이 투자했던 CPU개발 프로젝트는 무산되었고 불안정한 상황의 지속으로 주가는 하락했다. 결국 애플은 잡스가 설립한 넥스트를 인수하며 전성기를 만들었던 리더를 다시 데려온다. 잡스의 복귀 후 애플은 매력적인 사업에 집중 투자하기 시작했으며 활력을 되찾고 IT업계의 상위 포식자로서 입지를 다졌다(천만봉, 2012).

애플과의 이별과 재회에 관한 이야기가 잡스 본인에게는 더할 나위 없이 드라마틱한 영웅담이다. 하지만 리더가 사라지자 출렁이는 애플의 부실함을 보여주기도 한다. 하니웰의 데이비드 코트는 리더의 교체가 전략이행에 미치는 부작용을 지적하며, 지속 가능한 성장을 위해서는 성장의 맥을 끊지 않을 후임자를 즉시 투입할 수 있게 항상 대비해야 한다고 강조했다(Cote, 2021).

처음으로 두발자전거 페달에 발을 올렸을 때를 떠올려보자. "꽉 잡고 있으니까 걱정하지 말고 달려!" 하며 부모는 아이를 격려한다. 불안한 표정의 아이는 "붙잡고 있는 거 맞지?"라고 확인하며 페달을 밟기 시작하고 결국 스스로 나아간다. 두발자전거를 배우려면 함께 시작할 사람이 필요하다. 조직도 마찬가지이다. 조직을 혁신하기 위해서는 변화한 전략을 지속적으로 안내하고 방향을 조정할 리더가 필요하다. 하지만 조직이 리더에만 의존해서는 안 된다. 부모가 손을 놓으면 균형을 잃고 넘어진다고 계속 붙잡고 있으면 아이는 혼자 자전거를 탈 수 없다. 마찬가지로 자신이 없으면 안 된다는 생각에 모든 일을 리더가 하려 한다면 리더가 더 이상 경영을 할 수 없게 되는 날에 기업은 문을 닫을 수밖에 없다.

아이는 부모가 자전거를 잡아주고 있다는 안정감을 도움닫기 삼아 자전거 타기를 배운다. 마찬가지로 경영자가 큰 그림을 제시하면서 안정감을 주고 일선 조직이 자발적으로 사고하며 성장하도록 돕는다면 기업의 성장은 리더의 능력에서 조직의 능력으로 확대된다. 리더의 과도한 권력과 통제는 구성원을 무능하게 한다. 적당한 가이드라인을 주고 직원 스스로 성장하도록 격려하는 넷플릭스의 사례를 통해 현명한 리더가 현명한 조직원을 길러내는 과정에 대한 단서와 인재의 밀도에 대해 살펴보자.

리드 헤이스팅스(Lead Hastings)는 넷플릭스를 설립하며 독특한 규율을 제시했다. 바로 "정직함"과 "규칙 없음"이다. 넷플릭스는 휴가나 비용 결제와 같은 사안에 대한 공식 규정이 없다. 규칙의 부재가 혼란을 가져오지 않을까 하는 의구심이 들지만, 기업공개 당시 1달러였던 넷플릭스의 주가는 17년이 지난 2019년에 350달러로 성장하였다(Hastings & Meyer, 2020, p. 14). 무엇이 그들의 무정부주의(Anarchism)를 폭발적 성장으로 이어지게 했을까?

명시된 규칙이 없는 대신 직원들은 그들의 권리와 의무에 대해서 스스로 생각하고 이행한다. 자율성 기반의 시스템은 "밀도가 높은" 인재만이 남을 수 있도록 거르는 역할을 했고 자연스레 조직과 구성원의 질이 향상되었다. 넷플릭스가 구상한 인재 필터링 시스템의 원칙은 다음과 같다.

첫째, 기본적으로 밀도가 높은 인재를 데려온다. 헤이스팅스는 "미꾸라지 한 마리가 물을 흐린다"는 우리나라 속담과 유사한 말을 한 적이 있다. 탁월한 구성원 5명이 있어도 평범한 인재 1~2명이 있으면 평범한 팀이 되어 버린다고 했다(Hastings & Meyer, 2020, p. 40). 평범한 "미꾸라지"들은 탁월한 직원의 의욕을 떨어뜨리고 창의성을 저해하며 한껏 고취된 팀 분위기에 찬물을 끼얹을 수 있다는 것이 그의 주장이다. 넷플릭스는 직원이 모두 현명하고 탁월한 사람이기를 기대한다. 단순히 일회성 변화를 일으키는 사람이 아니라 꾸준한 성장을 갈망하는 사람을 원한다.

둘째, 조직의 구성원들은 진솔해야 한다(Hastings & Meyer, 2020, pp. 56-62). 상대방에게 진정성 있는 피드백을 제공할 수 있어야 하며 타인의 피드백을 수용하고 감사하는 마음을 가져야 한다. 지나치게 솔직함을 추구하는 기업 문화는 조직을 "똑똑한 왕재수" 집합소로 만들기도 했지만 기업의 성장과 발전에는 진실이 위선보다 백 번 낫다는 것이 지독할 만큼 성장 지향적인 넷플릭스의 입장이다(Hastings & Meyer, 2020, pp. 84-88).

셋째, 일괄적으로 적용되는 규칙은 없으며 맥락에 따라 현명한 선택을 할 수 있어야 한다. 휴가, 보상제도, 경비 처리는 일반적으로 경영자가 규율하는 영역이다. 하지만 넷플릭스는 그러한 "보편성"과는 정반대의 길을 걸었다. 규율을 최소화하고 모든 안건을 사전에 결제 받는 낡은 시스템을 없애 버렸다.

그러나 규율에 익숙해 있던 직원들에게 주어진 막대한 자율성은 초반에 엄청난 혼돈을 초래했다(Hastings & Meyer, 2020, pp. 107-108). 연중 가장 일이 많고 바쁜 시점에 휴가를 떠난 직원 때문에 다른 직원이 과도한 업무를 떠안는 일도 발생했다. 헤이스팅스는 불만을 품고 항의하러 들어온 리더들을 안정시키며 팀의 상황과 맥락에 따라 적절한 대안을 함께 모색할 것을 제안했다. 성장 초기에 기업을 혼란에 빠뜨린 "무규칙주의"는 점차 "한 달 휴가를 쓰는 경우 3개월 전에 고지할 것"과 같은 약속들로 안정되어 갔다. 규칙은 없었으나 구성원들이 동의한 개인적 약속들이 자리 잡으며 회사도 안정되었다.

마지막으로, 넷플릭스가 인재에 거는 높은 기대치에 도달하지 못한 사원은 두둑한 퇴직금을 안겨주고 내보낸다. 규칙이 없는 집단에는 필연적으로 자율성을 악용하려는 사람들이 존재한다. 또한 조직에 기여하는 바가 없지만 인간성만 좋은 사람들도 있다. 넷플릭스가 구성원에게 기대하는 바는 꾸준한 발전의 원동력이 되는 것인데 잔머리를 굴리거나 착하기만 한 사람들은 그러한 기대치에 미치지 못한다.

[그림 6-6] 넷플릭스의 인재 필터

1단계

능력 있는 직원들을 확보하여
인재 밀도를 구축하라
피드백을 많이 하도록 독려하여
솔직한 문화를 도입하라
휴가나 출장이나 경비 규정 같은
통제를 제거하기 시작하라

2단계

업계 최고 수준의 보수를 지급하여
인재 밀도를 강화하라
조직의 투명성을 강조하여
솔직한 문화를 강화하라
의사결정 승인 같은
통제를 더 많이 제거하라

3단계

키퍼 테스트로 인재
밀도를 극대화하라
피드백 서클을 만들어
솔직성을 극대화하라
통제가 아닌 맥락으로 리드하여
대부분의 통제를 제거하라

출처: Hastings & Meyer, 2020, p. 21

넷플릭스는 이러한 경우 충분한 퇴직금과 퇴직 후 커리어 설계까지 안내하며 조직을 떠나게 한다. 인재 장사 앞에서는 한 치의 오차를 허용하지 않는 인정머리 없는 기업 같기도 하지만, 직원이 자율적으로 목표수립과 의사결정을 하고 행동으로 실행하는 조직의 이상향을 실현하기 위해서는 양보할 수 없는 요소였다([그림 6-6] 넷플릭스의 인재 필터 참조).

넷플릭스는 앞서 설명한 4가지의 기본 원칙을 바탕으로 단계별 자율성을 극대화하고 있다. 자율성과 창의성을 지닌 인재가 모여 빠르게 변화하는 기술 흐름에 능숙하게 대처하고 있다. 비디오 대여업체에서 스트리밍 업체로, 나아가 엔터테인먼트 업체로 변신해온 넷플릭스가 불확실한 미래를 두려워하지 않는 이유는 조직 내부를 규정하지 않듯 환경을 함부로 규정하지 않기 때문이다. 넷플릭스는 세상이 예측 가능하지 않음을 인정하는 대신 뻔한 규칙들은 모두 제거하고 정형화되지 않은 시스템 속에서 생존할 수 있는 "밀도 높은" 인재 확보에 전력을 다하고 있다.

모든 기업이 넷플릭스 같을 수도, 따라할 필요도 없다. 넷플릭스는 빠르게 변화하는 IT 산업군을 선도하는 글로벌 기업이다. 스타트업 회사는 열정 있는 인재들이 자유롭게 일할 분위기는 있지만 뛰어난 인재를 데려올 만한 자본력이 없는 경우가 많다. 제조업처럼 반복적이고 정형화된 정밀함을 요구하는 산업에서는 직원들에게 의사결정권을 부여하는 것이 비효율적일 수도 있다. 하지만 넷플릭스는 전략변화를 이행함에 있어 현장 일선 직원이 얼마나 깊이 참여해야 하는지에 대해 유의미한 단서를 제시한다. 전략변화를 실질적 성과로 연결하려면 리더의 카리스마 못지않게 직원의 자발적 참여가 필요함을 보여주는 대목이다.

찰리 채플린이 주연한 영화 『모던 타임즈』는 산업혁명 초기에 인간이 기계의 부속품처럼 여겨지는 현실을 비판했다. 하물며 4차 산업혁명이 가속화되고 있는 시점에서 더 이상 인간이 부품일 수는 없다. 조직이 제시하는 가치관을 비판 없이 수용하는 사람이 인재이던 과거에서 벗어나 스스로 사고하고 자유의지로 성장할 수 있는 인재가 필요하다. 모든 구성원이 성과 창출을 위해 창의적으로 생각하고 자발적으로 행동하는 인재이길 바란다면 전략의 수립과 실행 과정에서 구성원들의 욕구와 이해관계를 더욱 면밀히 살펴야 한다.

기업이 추구하는 인재상이 바뀐 이유는 현대사회가 "불확실성의 시대"로 변했기 때문이다. 기술 발전과 더불어 미래 예측이 더욱 정밀해질 것이라는 예상은 빗나갔다. 기술 혁신으로 사람들의 욕구를 파악할 수 있게 되면서 합리성과 예측 가능성은 오히려 도전을 받고 있다. 불확실성의 시대에 성공하려면 불확실한 사람들의 감각을 이용할 수 있어야 한다. 인간의 자율성과 조직의 정형성이라는 상반되는 특성을 동시에 추구하면서 두 요인 사이에 놓인 보이지 않는 긴장감으로부터 창의적이고 혁신적인 아이디어를 도출할 수 있어야 한다.

도요타는 조직 혁신 과정에 최고경영층부터 일선 직원까지 전사 직원이 참여하는 카이젠(Kaizen)을 실행했다(Salvador & Sting, 2022). 다양한 위치에 있는 구성원이 직접 문제를 정의하고 해결방안을 제시할 수 있게 조직의 목표를 세분화하여 제시했다. 이는 정형화된 체계와 정확한 업무 처리를 요구하는 자동차 기업임에도 최고경영층부터 현장 직원까지 자발적으로 사고하고 의사결정 할 수 있는 여건을 마련했다는 점에서 의의가 있다. 도요타의 카이젠과 넷플릭스가 추구하는 높은 밀도의 인재들이 시사하듯, 전략이 전략다우려면 모두가 전략 수립자인 동시에 실행자여야 한다. 기업과 전략에 대해 모두가 주인의식을 가지는 것, 그것이 성과를 창출하는 전략다운 전략의 출발점이다.

지금까지 살펴본 행동전략을 활용한 성과 창출의 비밀을 정리하면 [그림 6-7]과 같다.

[그림 6-7] 행동전략 활용 프레임워크

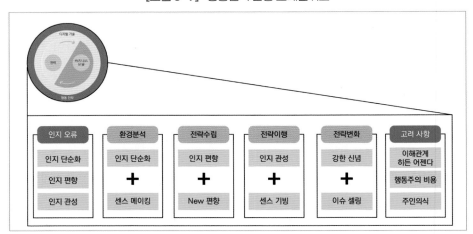

글을 마치며

이 책의 도입부에서 대형 항공사(대한항공, 아시아나항공)와 저비용 항공사의 사례를 통해 전략에 대한 문제 제기를 하였다. 얼핏 보기에 같은 산업에 속한 대형 항공사와 저비용 항공사의 뒤바뀐 실적 차이는 시간의 흐름에 따라 낮과 밤이 바뀌듯 환경의 변화로 인해 저절로 얻게 된 결과일 뿐 의도를 담은 전략의 성과로 보기 어려운 면이 있다. 만약 그것이 사실이라면 전략은 그저 말하기 좋아하는 사람들의 지적 유희일 뿐 성과를 창출하는 실용 학문으로의 가치는 없다고 봐야 한다. 경영학에서 전략이 독립 분야로 정립되기 시작한 1960년대 이후 수많은 연구가 이루어졌지만 전략에 대한 논의는 여전히 현재진행형인 것을 보면 더욱더 그런 의구심이 들 수 있다.

하지만 이 책에서 주장하는 바는 성과를 창출하는 전략을 수립하고 실행할 수 있다는 것이다. 다만 그렇게 하려면 기존의 전략이론을 넘어선(Beyond Strategy) 다른 접근법이 필요하다. 지금껏 살펴본 것처럼 많은 기업들이 전략을 통해 성과를 창출하지 못한 가장 큰 이유는 전략 수립과 실행의 주체인 사람에 대한 이해 없이 특정 이론에 경도되어 편협한 시각을 가졌기 때문이다. 따라서 전략을 통해 성과를 창출하기 위해서는 사람에 대한 이해에 기반한 통합 접근이 필요하다. 이를 위해 이 책에서는 성과 창출형 전략을 위한 통합모델인 IMPECS를 제안하였다. IMPECS는 "Integrated Model for Performance Enhancing and Creating Strategy"를 줄인 말로 전략의 성과 창출 가능성을 높이기 위해 기존 전략이론에 비즈니스 모델, 디지털 기술, 행동전략을 통합한 모델이다. IMPECS모델을 통한 성과 창출의 비밀을 정리하면 다음과 같다.

첫째, 성과를 창출하려면 먼저 이루고자 하는 목표를 분명하게 정해야 한다. 목표의 정의는 방향정립과 환경분석 그리고 전략문제의 구체화를 포함한다. 방향정립은 미션, 비전, 핵심가치를 통해 기업이 나아갈 방향을 명확히 하는 것이고 환경 분석은 내/외부 환경을 분석하여 기회와 위협, 강점과 약점을 파악하는 것이며 문제의 구체화는 전략을 통해 해결하려는 문제가 기업, 사업, 기능 중 어느 계층에 속하며 유형은 무엇인지를 확인하는 작업이다.

둘째, 문제 해결을 위해 다양한 전략이론을 활용해야 한다. 지금까지 이루어진 전략 연구의 다수는 연구자의 관심에 따라 파편화된 관점에서 추상적 개념과 이론적 논쟁에 치우친 접근이 많아 현실 전략문제 해결에 필요한 통합 관점을 결여하고 있다. 따라서 성과 창출이라는 전략의 본질 목표에 다가서려면 특정 이론에 치우치기보다는 문제 해결을 위해 고려해야 할 요인들을 통합적으로 고찰하려는 자세로 다양한 전략이론을 찾고 검토해야 한다.

셋째, 전략을 통해 창출한 가치를 기업의 이익으로 연결하기 위해 비즈니스 모델을 적극 활용해야 한다. 고객가치제안과 이익공식, 핵심자원과 핵심 프로세스로 구성되는 비즈니스 모델은 전략에서 정리한 사업목표와 사업영역을 고객 관점에서 상업화하는 과정을 구체적으로 밝힘으로써 기존 전략이론을 보완해준다. 따라서 성과 창출을 원하는 경영자라면 전략을 보다 현실적인 것으로 만들고 이익실현의 가능성을 높여주는 비즈니스 모델에 주목할 필요가 있다. 특히 전략으로부터 핵심 논리를 발견하고 추상화한 서술적 비즈니스 모델(DBM)과 새로운 전략을 위해 기존 모델을 결합하거나 신규 모델을 만드는 전략적 비즈니스 모델(SBM)을 구분하여 전략수립과 실행을 연결하는 논리적 틀을 명확히 해야 한다.

넷째, 디지털 기반 사회에서 살아남기 위해 디지털 기술을 적극적으로 이해하고 활용해야 한다. 디지털 기술의 활용은 두 가지 관점에서 중요하다. 하나는 디지털 기술이 전략과 비즈니스 모델을 통해 수립한 가치 창출과 획득 방안을 구체적으로 구현해주는 도구라는 관점이고 다른 하나는 디지털 기술이 지금껏 고려하지 못했던 전략과 비즈니스 모델을 새롭게 바라보고 추구할 수 있게 만드는 출발점이라는 관점이다. 진정으로 성과 창출을 원하는 경영자라면 이 두 가지 관점을 모두 고려할 필요가 있다. 왜냐하면 디지털 기술은 일하는 방법과 일 자체를 모두 혁신할 수 있는 힘을 가지고 있기 때문이다.

다섯째, 전략의 수립과 실행의 모든 단계에서 성과에 영향을 미치는 사람에 대한 이해를 높여야 한다. 다양한 생각과 이해관계를 가진 사람들을 합리성이라는 하나의 잣대로 판단해서는 역동적인 환경 변화에 적절하게 대응할 수 없다. 오히려 있는 그대로의 사람을 이해하고 그들의 행동특성을 반영하여 전략의 완성도를 높이고 전략의 수립과 실행에 영향을 미치는 인간적 요소를 고려할 때 성과 창출의 가능성이 높아진다. 불확실한 미래에도 지속 가능한 성장을 하려면 인간의 다양성과 자연스러운 모습을 반영한 전략을 통해 주인의식을 지닌 구성원 스스로 변화할 수 있는 환경을 조성해야 한다. 그런 차원에서 제6장에서 논의한 3가지 인지오류와 그에 대한 대응방안은 성과 창출을 원하는 경영자들에게 좋은 길잡이가 될 것이다.

IMPECS의 의의(意義)를 한마디로 정리하면 수많은 전략이론 속에 담긴 지혜를 섭렵하고 그에 더해 전략의 외연을 확장해 주는 비즈니스 모델과 디지털 기술을 활용하며 그 모든 과정에서 사람이 저지를 수 있는 실수와 이에 대한 대책을 고려하여 통합적으로 접근한다면 반드시 성과를 창출할 수 있다는 것이다. 이러한 관점에서 성과 창출을 위한 새로운 통합 전략 모델인 IMPECS는 불확실성의 시대에 격랑을 헤치며 성과 창출을 갈망하는 모든 경영자들에게 새로운 관점에서 전략을 바라보는 계기를 주리라 확신한다. 성과 창출 전략의 비밀인 IMPECS를 통해 모든 경영자가 전략을 통한 성과 창출의 꿈을 이루기를 바라는 바이다.

미 주

들어가는 글

1 https://biz.chosun.com/site/data/html_dir/2019/05/09/2019050902969.html 2022.8.21 검색

2 https://www.hankyung.com/economy/article/202202015292Y 2022.11.10 검색

3 https://www.hankyung.com/finance/article/202202155737Y 2022.11.10 검색

4 혼다의 미국 시장 진출 사례를 분석한 마이클 굴드(Michael Goold)의 BCG(Boston Consulting Group)보고서에 기반하여, 혼다와 동일한 전략을 추구한 영국 기업의 사례에서 이러한 실패의 전형을 볼 수 있다. 혼다의 미국 시장 진출 성공에 자극을 받은 영국정부는 혼다가 미국 모터사이클 시장에서 어떻게 영국 기업들을 따돌릴 수 있었는지 알아내기 위해 BCG를 고용했다. 1975년에 나온 BCG보고서는 기존 전략이론들이 추상화를 통해 정립되고 적용되는 과정에서 무엇을 놓치고 있는지를 극명하게 보여준다. 그 보고서는 실제로는 학습에 의해 우연히 성과를 창출하게 된 혼다가 마치 처음부터 모든 것을 계획한 것처럼 추상화하고 이론화함으로써 혼다와 같은 전략을 세우면 다른 기업들도 유사한 성과를 거둘 수 있으리라는 환상을 심어주었다. 그러나 역사적 사실이 알려주듯 혼다에게 기존 전략이론(예: BCG매트릭스)에서 비롯된 분석적, 규범적 전략은 처음부터 없었다. 이러한 사례는 기존 전략이론에 매몰되어 도식적으로 전략을 수립하려고 할 때 빠질 수 있는 위험을 적나라하게 보여준다(Henry Mintzberg, Bruce Ahlstrand and Joseph Lampel 지음. 윤규상 옮김. (2012) 전략 사파리. 비즈니스맵. pp. 270-277).

01 어떻게 성과를 창출할 것인가?

1 스페인의 자동차 제조사 세아트에서 1984년부터 생산하는 소형차. 폭스바겐 폴로와 같은 플랫폼을 사용한다.

2 https://ko.wikipedia.org/wiki/%EC%A2%85%EC%9D%B4%EC%9D%98_%EC%A7%91 (2022. 7.10 검색)

3 https://en.wikipedia.org/wiki/Money_Heist (2022.7.10 검색), https://money-heist.fandom.com/wiki/Money_Heist (2022.7.10 검색)

4 https://namu.wiki/w/%EC%A2%85%EC%9D%B4%EC%9D%98%20%EC%A7%91 (2022. 7.10 검색), https://top10.netflix.com/tv-non-english (2022.10.8 검색)

5 예컨대 모스크바는 터널 뚫기 기술자로 조폐국에서 생산한 지폐의 비밀 운반에 필요한 사람이다. 리오는 천재 해커로 경찰의 감시망을 피해 외부에서 지휘하는 교수와 내부 침투조를 연결할 통신로 확보에 없어서는 안 될 존재다.

02 목표를 정의하라

1 여기서 설명한 전략 계층과 유형을 하나하나 구체적으로 살펴보는 것은 이 글의 범위를 넘어서는 일이다. 각 전략에 대한 구체적 설명은 김언수 저 『TOP을 위한 전략경영 4.0』을 참조하면 된다.

03 올바른 전략을 선택하라

1 모든 전략이론을 서술하는 것은 이 책의 범위를 넘어서는 또 다른 문제이므로 여기서는 주요 전략이론을 소개하는 선에서 마무리하고자 한다.

04 비즈니스 모델로 전략을 보완하라

1 상법 제169조 회사의 개념

2 ZDNET Korea. https://zdnet.co.kr/view/?no=20220902170419 (2022.9.8 검색)

3 PPSS. https://ppss.kr/archives/255158 (2022.7.4 검색)

4 Wirtz, Pistoia, Ullrich, Göttel 등은 비즈니스 모델 구성요소에 대한 여러 학자들의 정의를 비교 서술하였다(Wirtz et al., 2016). 하지만 여기서는 실무에서 가장 일반적으로 알려진 크리스텐슨의 정의에 따르기로 한다. 크리스텐슨의 정의는 구성요소가 4가지로 단순하면서도 핵심요소를 명확하게 담고 있어 활용도가 높기 때문이다.

5 굵은 글씨로 된 다섯 가지 용어가 이 정의의 핵심이다.

6 모방이 쉽고 자원의 희소성도 낮아 누구나 쉽게 뛰어들기 때문에 경쟁이 치열할 수밖에 없는 음식점 시장에서 배달 기능의 차별화로 성공한 배달의 민족은 디지털 기술을 기반으로 상호의 존성을 강화한 비즈니스 모델 차별화의 일례라고 할 수 있다.

7 Clayton Christensen https://www.youtube.com/watch?v=StcObeAxavY (2022.11.12 검색)

8 Harvard Business School. Working Knowledge. Clay Christensen's Milkshake Marketing https://hbswk.hbs.edu/item/clay-christensens-milkshake-marketing (2022.11.12 검색)

9 Boston Consulting Group. BCG Matrix. https://www.bcg.com/about/overview/our-history/growth-share-matrix (2022.9.17 검색)

10 Britannica. https://www.britannica.com/topic/credit-card (2022.8.15 검색)

11 https://kimon.hosting.nyu.edu/physical-electrical-digital/items/show/1358 (2022.8.18 검색)

12 Wells Fargo. https://stories.wf.com/wow-two-decades-of-banking-online/ (2022.9.18 검색)

13 한국일보. https://www.hankookilbo.com/News/Read/A2021020314300004682 (2022.9.17 검색)

14 한국경제. https://www.hankyung.com/international/article/2022080478691 (2022.11.12 검색)

15 한국경제. https://www.hankyung.com/economy/article/2022062798411 (2022.11.12 검색)

16 한국경제. https://www.hankyung.com/entertainment/article/2022060856144 (2022.11.12 검색)

17 한국경제. https://www.hankyung.com/economy/article/2022072184381 (2202.9.18 검색)

18 한국경제. https://www.hankyung.com/it/article/2022080734821 (2202.9.18 검색)

19 한국경제. https://www.hankyung.com/international/article/2022080734371 (2022.8.23 검색)

20 Flagship Pioneering. https://www.flagshippioneering.com/ (2022.08.24 검색)

21 Flagship Pioneering. https://www.flagshippioneering.com/stories/why-bioplatforms-matter -and-can-even-save-the-world. (2022.08.24 검색)

22 한국경제. https://www.hankyung.com/finance/article/2021091295101 (2022.9.18 검색)

23 https://www.fujifilm.com/fbglobal/eng/company/news/release/2020/2390 (2022.9.18 검색)

24 Cohan, Peter, "How Success Killed Eastman Kodak," Forbes, October 1, 2011, http:// www.forbes.com/sites/petercohan/2011/10/01/how-success-killed-eastman-kodak/#694 4c9bc4d86 (2022.9.18 검색)

25 Indian Express. https://indianexpress.com/article/technology/gadgets/the-evolution-of- digital-cameras-from-kodaks-1975-digital-camera-prototype-to-iphone-5727036/ (2022.9.18 검색)

26 World Economic Forum. https://www.weforum.org/agenda/2016/06/leading-innovation- through-the-chicanes/ (2022.9.18 검색)

27 "Integrated Report 2021," Fujifilm Holdings Corporation, 2021, https://ir.fujifilm.com/ en/investors/ir-materials/integrated-report/main/00/teaserItems1/01/linkList/0/link/ff_ir _2021_alle_a4.pdf (2022.9.18 검색)

28 Monocle (2013) Renewal process-issue 60-magazine. Available at: https://monocle. com/magazine/issues/60/renewal-process/ (2022.9.18 검색)

05 디지털 기술로 혁신하라

1 19세기 초반 영국에서 있었던 사회 운동으로 섬유 기계를 파괴한 급진파부터 시작되어 1811년 에서 1816년까지 계속된 지역적 폭동으로 절정에 달했으며, 시간이 지나면서 이 용어는 일반적 으로 산업화, 자동화, 컴퓨터화 또는 신기술에 반대하는 사람을 의미하게 되었다(위키백과).

2 캐즘(chasm)이란 첨단 기술 제품이 소수의 혁신적 성향의 소비자들이 지배하는 초기 시장에서 일반인들이 널리 사용하는 단계에 이르기 전 일시적으로 수요가 정체하거나 후퇴하는 현상을 말한다. 원래 지리학에서 지각변동에 의해 생기는 균열로 인한 단절을 의미한다. 캐즘을 넘어서 는 제품은 대중화되지만 그렇지 못한 제품은 일부 얼리어답터들의 전유물로 남게 된다.

3 밈(meme)은 한 사람이나 집단에게서 다른 지성으로 생각 혹은 믿음이 전달될 때 전달되는 모 방 가능한 사회적 단위를 총칭한다. 밈은 1976년, 리처드 도킨스의 <이기적 유전자>에서 문화 의 진화를 설명할 때 처음 등장한 용어이다. 밈을 주장하는 사람들은 밈과 유전자의 연관성을 들어 밈이 생명의 진화 과정에 작용하는 자기복제자의 한 종류라고 말한다. 유전자가 자가복제 를 통해 생물학적 정보를 전달하듯이, 밈은 모방을 거쳐 뇌에서 뇌로 개인의 생각과 신념을 전 달한다(위키백과).

4 불쾌한 골짜기(uncanny valley)란 인간이 로봇이나 인간이 아닌 것들에 대해 느끼는 감정에 관 련된 로봇공학 이론이다. 1970년 일본의 로봇공학자 모리 마사히로에 의해 소개된 것으로 그의 이론에 따르면, 로봇이 점점 더 사람의 모습과 흡사해질수록 인간이 로봇에 대해 느끼는 호감도 가 증가하다가 어느 정도에 도달하게 되면 갑자기 강한 거부감으로 바뀌게 된다. 그러나 로봇의 외모와 행동이 인간과 거의 구별이 불가능할 정도가 되면 호감도는 다시 증가하여 인간이 인간

에 대해 느끼는 감정의 수준까지 접근하게 된다. 이때 '인간과 흡사한' 로봇과 '인간과 거의 똑같은' 로봇 사이에 존재하는 로봇의 모습과 행동에 의해 느껴지는 거부감이 존재하는 영역을 불쾌한 골짜기(uncanny valley)라고 한다(위키백과).

5 디지털 혁신(Digital Transformation)이라는 말이 등장하기 전까지는 정보기술(IT: Information Technology)이라는 용어가 일반적이었다. 하지만 디지털 혁신이 널리 회자되면서 정보기술 보다 넓은 범위의 디지털 관련 기술을 총칭하는 개념에서 디지털 기술(DT: Digital Technology)이 더 자주 쓰이게 되었다. 본 연구에서는 참고 문헌을 그대로 인용할 경우 원저자가 사용한 표현을 존중하여 정보기술이라는 말을 사용하되 이는 광의의 디지털 기술에 포함되는 것으로 보아 문맥상 혼선이 없는 범위에서 두 용어를 혼용하여 사용하였다.

6 조선비즈 (2022.4.22) https://biz.chosun.com/international/international_general/2022/04/26/YKYFN3DWZ5HRTL5ELVTNUBFVSU/?utm_source=naver&utm_medium=original&utm_campaign=biz (2022.11.12 검색)

7 Arthur Young & Co., British Petroleum, BellSouth, Cigna, Digital Equipment Corp., Kodak, GM, ICL, MCI, US IRS, and the US Army

8 i2 Technologies는 SCM 관련하여 컨설팅, 기술 및 관리 서비스를 제공하는 공급망 관리 회사로 2010년 1월 28일 Blue Yonder에게 $604,000,000에 인수되었다.

9 디지털 트랜스포메이션(Digital Transformation)에서 '트랜스포메이션'의 사전적 의미는 변환, 탈바꿈, 변신으로 기존에 추구해오던 변화보다 한층 높은 강도의 근본적 변화와 변혁을 의미한다. 이로 인해 디지털 트랜스포메이션을 '디지털 변혁'이라고 번역하여 표현하는 경우도 있다. 여기서는 일반적으로 많이 사용하는 예를 따라 '디지털 혁신'이라 표기하기로 하였다.

10 우리나라에서 IT서비스 산업이 본격적으로 시작된 시점은 삼성SDS가 설립된 1985년으로 볼 수 있다. 그전까지는 대부분의 기업들이 자체적으로 전산실을 운영했다.

11 이동통신사가 단말기 구입시 보조금을 지급하거나 금융사인 토스가 이벤트를 통해 자사의 서비스 이용 시 경품을 지급하는 경우가 있지만 이는 고객 유치를 위한 일시적 수단일 뿐, 고객에게 지불한 비용을 어디선가 메꿔야 하므로 결국 비용이 0 이하로 계속 내려갈 수는 없다.

12 위키백과 https://ko.wikipedia.org/wiki/SAP_SE (접속일: 2022.9.21.)

13 위키백과 https://ko.wikipedia.org/wiki/%EC%B9%B4%EC%B9%B4%EC%98%A4%ED%86%A1 (접속일: 2022.9.25.)

14 각 용어의 약자는 다음과 같다. MIS(Management Information System), EIS(Executive Information System), SIS(Strategic Information System), ERP(Enterprise Resource Planning), MES (Manufacturing Engineering System), SCM(Supply Chain Management)

15 다수의 판매자와 소비자가 온라인 상에서 상거래를 할 수 있는 가상의 장터를 제공하여 누구나 판매자와 소비자가 될 수 있는 운영 형식으로 상품을 구매 또는 판매할 수 있는 기회가 개방되어 있는 온라인 전자상거래 플랫폼을 일컫는다. 서비스 운영사가 거래에 관여하지 않고 플랫폼만 제공하는 중개자의 역할만 한다는 점에서 다른 전자상거래 형태와 구분된다. 거래가 발생하면 오픈 마켓 운영사는 플랫폼을 제공한 대가로 상품을 판매한 사용자로부터 일정 비율의 중개 수수료를 받으며, 이 수수료가 주요 수익모델이 된다. 영어 명칭 또한 Open Market일 거라고 착각하기 쉬운데, 실제로는 Online Marketplace(온라인 시장)라고 부른다. 실제로 오픈 마켓은 국제적으로 통용되는 용어가 아니라서 국가마다 부르는 이름과 뉘앙스가 조금씩 다르다. 예를 들어 독일어로는 Virtueller Marktplatz(가상시장)이라고 부른다(나무위키. 접속일 2022.9.25.). https://namu.wiki/w/%EC%98%A4%ED%94%88%EB%A7%88%EC%BC%93#fn-1

16 신세계 그룹 2022 신년사. https://www.youtube.com/watch?v=fVB1ulldrqk (2022.9.25 검색)

17 Brunch by 서점직원. https://brunch.co.kr/@fbrudtjr1/44 (2022.9.25 검색)

18 오마이 뉴스. (2020). Available Online: http://www.ohmynews.com/NWS_Web/View/at_pg. aspx?CNTN_CD=A0002636676#:~:text=%EA%B1%B0%EB%B6%81%EC%84%A0%EC% 9D%84%20%EC%B2%98%EC%9D%8C%20%EB%A7%8C%EB%93%A0%20%EC%82% AC%EB%9E%8C,%EC%A0%9C%EC%9E%91%EA%B3%BC%EC%A0%95%EC%9D%84 %20%EC%97%B0%EA%B5%AC%ED%96%88%EB%8B%A4. (2022.10.13 검색)

19 나무위키. https://namu.wiki/w/%ED%8C%90%EC%98%A5%EC%84%A0 (2022.11.13 검색)

20 길고 좁은 각재 하나만을 바닥에 깔고 그것을 뼈대로 외판을 붙여 나가는 배를 말한다. 배의 바닥이 V형으로 뾰족하여 직진 기동력에서 유리하지만 선체 하부의 구조가 좁아서, 화포를 발 사할 때의 반동을 흡수하기가 평저선보다 불리하다(출처: 위키백과).

21 YouTube(EBSCulture). Available Online: https://www.youtube.com/watch?v=LNppFL9v99Q (2022.9.25 검색)

22 한국경제신문. (2022.08.14) https://www.hankyung.com/life/article/2022081203997 (2022. 11.13 검색)

23 '킴(KIM)'은 기상청이 기상기술 자립과 우리나라 지형과 기후 특성에 맞는 자체 수치예보 기술 보유를 위해 2011년 개발에 착수해 2020년 4월 28일부터 날씨 예보 생산에 활용해 운영 중인 한국형 수치예보모델이다. 기상청은 그동안 세계 2위권인 UM(영국통합모델)을 사용해 왔으나 한반도의 지형적 특성과 동아시아 기후에 기민하게 대응하지 못한다는 지적이 있어 KIM을 개발 했다. 대한민국은 KIM 개발로 독일, 러시아, 미국, 영국, 일본, 중국, 캐나다, 프랑스에 이어 9번 째 전 지구 수치예보모델 보유국이 됐다(출처: ZDNET Korea: https://zdnet.co.kr/view/?no= 20210506115746 (2022.11.13 검색).

06 성과 창출 전략의 마지막 퍼즐, 행동전략

1 피터 위어 감독 (1998). 트루먼 쇼(The Truman Show), 해리슨앤컴퍼니

2 영화 "빅 쇼트(Big Short)"에 나오는 주인공 펀드 매니저의 이름으로 크리스찬 베일이 역을 맡 았다. 그는 2007년 글로벌 금융위기와 주택 시장 붕괴를 예측하며 유명세를 얻은 사이언 캐피 탈의 설립자로 실존 인물이며, 영화 또한 실화를 바탕을 구성되었다(출처: Kabir, 2022).

3 축산경제신문. http://www.chukkyung.co.kr/news/articleView.html?idxno=62734 (2022.11.13 검색)

4 YouTube. 무적 대한민국 양궁이 설명한다. https://youtu.be/3bOhPVGt-wU (2022.11.20 검색)

5 배재성, 2021, '태풍 뚫는 신궁' 되레 반기는 **韓** 대표팀..."이런 환경 익숙", 중앙일보, https:// n.news.naver.com/mnews/article/025/0003121518?sid=104&lfrom=kakao (2022.10.18 검색)

6 조선비즈. https://biz.chosun.com/sports/sports_general/2022/05/04/RF7LC427ZAA3KQ ESH6GYM6Y3OI/ (2022.10.15 검색)

7 마이클 포터의 5요인 모델(Five Forces Model)은 산업을 새로운 기업의 위협(Threat of New Entrants), 공급자의 교섭력(Power of Suppliers), 대체 제품의 위협(Threat of Substitutes), 구매자의 교섭력(Power of Buyers), 그리고 기업 간의 경쟁(Competitive Rivalry)으로 분류한다.

8 강배전은 강한 불에 커피를 볶는 가공 방법을 이야기한다. 값싼 커피 원두의 경우 쉽게 불에

타 버리기 때문에 강배전 방식을 취할 수 없다. 당시 미국의 대부분의 커피 전문점은 쉽게 가공할 수 있는 약배전 방식을 취했다고 한다.

9 Adam McKay. (2015). The Big Short. Regency Enterprises & Plan B Entertainment

10 기획재정부. (2017). 시사경제용어사전. 대한민국 정부

11 루이스 라니에리(1947년생), 미국 출신의 채권 중개인, 금융 증권화 개척자. 1970년대 후반 투자은행 Salomon Brothers 재직 시절 주택저당증권을 한데 모아 채권으로 증권화한 주택저당채권 담보부증권(Mortgage Backed Securities: MBS)을 고안해냈다.

12 미국의 신용 등급은 프라임(Prime), 알트에이(Alt-A), 서브프라임(Subprime) 등으로 구성된다.

13 영화 "빅 쇼트(The Big Short)"에서 사용한 표현이다.

14 신용부도스와프(Credit Default Swap): 채권발행사가 부도 등으로 어려움을 겪을 경우 손실의 일부 또는 전부를 보전받을 수 있도록 한 보험 성격의 신용파생상품. 신용파산스와프라고도 한다. 예를 들어 A은행이 B기업에 돈을 빌려줄 때 A은행은 B기업이 부도날 위험에 대비해 C금융업체에 연간 수수료를 지불하고 CDS 거래를 체결할 수 있다. 이를 통해 C금융업체는 수수료 수익을 얻는다. B기업이 부도를 맞게 될 경우에는 C금융업체가 B기업이 빌린 자금을 A은행에 상환해야 한다. CDS 거래에서 신용 위험을 이전한 대가로 지급하는 수수료를 CDS 프리미엄이라고 한다. 일반적으로 CDS 프리미엄은 기초자산의 신용 위험이 커질수록 상승한다. 즉 기초자산의 채무불이행 가능성이 높아질수록 더 많은 비용을 지불한다는 점에서 기초자산 발행주체의 신용도를 나타내는 지표로 해석할 수 있다. 국제금융시장에서는 각국의 정부가 발행한 외화표시 채권에 대한 CDS 프리미엄을 해당 국가의 신용등급이 반영된 지표로 활용하고 있다(출처: 기획재정부 시사용어사전).

15 CDO(Collateralized Debt Obligation: 부채담보부증권)이란 금융 기관이 보유한 대출채권이나 회사채 등을 한데 묶어 유동화시킨 신용파생상품을 말한다.

16 The Guardian. Rory Caroll. https://www.theguardian.com/technology/2013/jul/17/elon-musk-mission-mars-spacex (2022.11.20 검색)

17 60 Minutes (Youtube). 2012: SpaceX: Elon Musk's race to space. (Available online: https://www.youtube.com/watch?v=23GzpbNUyI4)

18 집단적 독백이란 피아제가 제시한 자기중심적 언어 중 하나로, 둘 이상이 함께 있을 때 상대방이 들어주기를 기대하지 않은 상태에서 혼자 중얼거리는 독백, 혹은 상대방의 이야기에 관심을 기울이지 않거나 적절한 반응을 하지 않는 상태에서 일어나는 독백을 의미한다(출처: 두산백과).

19 데이비드 코트는 그의 자서전에서 혼자 있는 시간을 따로 마련해 일상 업무를 제쳐 두고 회사의 미래에 대해 골똘히 생각하는 습관을 만들었는데, 이를 '블루노트 시간'이라고 불렀다.

20 국립국어원 표준국어대사전

21 자기중심의 좁은 생각에 집착하여 다른 사람의 의견이나 입장을 고려하지 아니하고 자기만을 내세우는 것(국립국어원 표준국어대사전).

22 국립국어원 표준국어대사전

23 베넷 밀러 감독, 브래드 피트 주연 영화 "머니볼(Moneyball)" (2011)

24 밤비노의 저주: 미국 메이저 리그의 보스턴 레드삭스가 1920년 홈런왕 베이브 루스를 뉴욕 양키스에 트레이드시킨 후, 월드 시리즈에서 우승하지 못한 것을 루스의 애칭인 밤비노에 빗대어 표현한 용어(출처: 두산백과).

25 Bleach Report. Available Onlne: https://bleacherreport.com/articles/201349-how-boston-

broke-the-curse (2022.01.13 검색)

26 자기충족예언은 어떤 예언이나 생각이 이루어질 거라고 강력하게 믿음으로써 그 믿음 자체에 의한 피드백을 통해 행동을 변화시켜 직간접적으로 그 믿음을 실제로 이루어지게 하는 예측이다(심리학용어사전).

27 '말짱 도루묵'의 유래는 조선 시대 이의봉(李義鳳)이 편찬한 '고금석림(古今釋林)'과 조재삼(趙在三)이 지은 '송남잡지(松南雜識)'에 전해진다. 조선의 14대 임금 선조(宣祖)가 임진왜란 피난길에 '묵'이라는 물고기를 맛있게 먹고 그 이름을 '은어'라 바꿨지만, 전쟁이 끝나고 궁에서 다시 먹은 맛이 그 맛과 다르다 하여, "에이, 도로(다시) 묵이라 불러라"고 했다. 이때부터 '묵'은 '도루묵'이라는 이름으로 불렸다고 한다(출처: https://health.chosun.com/site/data/html_dir/2013/12/13/2013121301818.html).

28 Alex Proyas. (2004). I, Robot. 20th Century Fox

29 두산백과. 기대효용이론. Available Online: https://terms.naver.com/entry.naver?docId=1070786&cid=40942&categoryId=31819 (accessed 16 Jan 2022)

30 승정원 일기 인조 9년 4월 5일. Available Online: https://db.itkc.or.kr/dir/item?itemId=ST#dir/node?grpId=&itemId=ST&gubun=book&depth=5&cate1=&cate2=&dataGubun=%EC%B5%9C%EC%A2%85%EC%A0%95%EB%B3%B4&dataId=ITKC_ST_P0_A09_04A_05A_00080 (accessed 14 Jan 2022)

참고문헌

고토사까 마사히로. (2020). 경영전략의 역사 (김정환 옮김). 센시오 (원서출판 2018).

구민기. (2022, July 19). 기상청 비 예보 절반이 틀렸다…산업현장선 피해 막심. 한국경제.
    https://www.hankyung.com/society/article/2022071863411

권오현. (2018). 초격차. 쌤앤파커스.

김언수. (2013). TOP을 위한 전략경영 4.0. 피앤씨미디어.

김용진. (2020). 오직 한 사람에게로: 온디맨드 비즈니스 혁명. 쌤앤파커스.

김위찬, & 르네 마보안. (2005). 블루오션 전략 (강혜구 옮김). 교보문고 (원서출판 2005).

김위찬, & 르네 마보안. (2017). 블루오션 시프트 (안세민 옮김). The Business Books and
    Co., Ltd (원서출판 2017). https://books.google.co.kr/books?id=NnlGDwAAQBAJ

김진영, 김형택, & 이승준. (2017). 디지털 트랜스포메이션 어떻게 할 것인가? In *Seoul:
    Bizbooks*. e비즈북스.

김현기. (2014). 전략을 실패로 이끄는 5가지 함정. LG경영연구원.

노규성. (2014). 플랫폼이란 무엇인가. 커뮤니케이션북스. https://books.google.co.kr/
    books?id=BVJyAwAAQBAJ

노나까 이꾸지로, 스기노오 요시오, 데라모토 요시야, 가마타 신이치, 도베 료이치, & 무리
    이 도모히데. (2009). 일본 제국은 왜 실패하였는가 (박철현 옮김). 주영사 (원서출
    판 1991).

노유정. (2022, July 23). 인플레 예측 내가 틀렸다…노벨경제학상 수상자의 반성문 | 한경
    닷컴. https://www.hankyung.com/finance/article/2022072235111

문휘창. (2013). 전략의 신, 경영의 대가와 만나다. *DBR, 134*(1), 106–114. https://dbr.
    donga.com/article/view/1203/article_no/5903/ac/a_view

미타니 고지. (2013). 경영전략 논쟁사 (김정환 옮김). 메가스터디Books (원서출판 2013).

박주연. (2022, July 25). 실적 쇼크 안 두렵다…맷집 세진 美 투자자 | 한경닷컴.
    https://www.hankyung.com/international/article/2022072595701

신동엽, & 노그림. (2017). 행동전략의 발전과 과제: 전략 연구의 행동과학적 전환. 인사조
    직연구, 25(3), 151–194.

신재훈. (2007, June 20). [미래포럼]IT 소믈리에(IT Sommelier). 전자신문. https://www. etnews.com/200706190121

신재훈. (2008, July 28). [현장에서] IT서비스2.0 시대. 전자신문. https://www.etnews.com/200807250085

유재우. (2017). 생존을 위한 제1조건은 "변이". 시장 흐름에 맞춰 바꾸고 또 바꿔야. *DBR*, *220*(1).

윤석철. (1991). *Principia Managementa*. 경문사.

윤지호. (2020, March 27). 전염병이 바꾼 인류의 역사. 월간중앙. https://jmagazine. joins.com/monthly/view/329426

이장균. (2018). 선진 기업의 디지털 트랜스포메이션 추진 동향과 시사점 — 4차 산업혁명 시대의 비즈니스 모델을 구축해야 한다. 현대경제연구원 경제주평, *18*(35), 1−20.

이지원. (2020, September 16). 쿠팡과 쓱의 딜레마 "인간이냐 기계냐." 더스쿠프. https://www.thescoop.co.kr/news/articleView.html?idxno=40120

정민경. (2022, May 28). OTT 주춤하고 팝콘 풀린 극장가는 활기. 미디어 오늘. http://www.mediatoday.co.kr/news/articleView.html?idxno=304154

정충식. (2021). 우리나라 정보화 및 전자정부 정책 30년의 변화. 지능정보기술동향, *1*(1), 3−30. https://ictps.or.kr/49

조동성. (2002). 21세기를 위한 전략경영. 서울경제경영.

조신. (2021). 넥스트 자본주의 ESG. (주)사회평론.

조용현, & 최춘웅. (2020). 자동화, 대형화로 인한 물류센터의 건축적 변화에 대한 고찰−쿠팡, 이마트, Amazon 물류센터의 사례를 중심으로. 대한건축학회 논문집-계획계, *36*(1), 37−48.

조지무쇼. (2021). 세계사를 바꾼 10가지 감염병 (서수지 옮김). 사람과 나무사이.

주호재. (2020). 현장 컨설턴트가 알려주는 디지털 트랜스포메이션. 성안당.

천만봉. (2012). 애플의 경영활동과 스티브 잡스의 기업가적 활동. 경영사 연구, *27*(3), 5−38.

한국은행. (2021). 2020 지급결제 보고서.

Arora, R., & Aggarwal, G. (2012). OPERATIONS MANAGEMENT AT NIKE: FROM BREAKDOWN TO ACHIEVEMENT. *International Journal of Management Research and Reviews*, *2*(7), 1293.

Barney, J. B. (1991). Firm resources and sustained competitive advantage. Journal of Management, 17(1), 99−120.

Barney, J. B. (1995). Looking inside for competitive advantage. *Academy of Management Perspectives*, *9*(4), 49−61.

Barney, J. B. (2011). *Gaining and Sustaining Competitive Advantage* (4th ed.). Pearson.

Barney, J. B., & Wright, P. M. (1998). On becoming a strategic partner: The role of human resources in gaining competitive advantage. *Human Resource Management: Published in Cooperation with the School of Business Administration, The University of Michigan and in Alliance with the Society of Human Resources Management*, *37*(1), 31−46.

Bashir, M., & Verma, R. (2017). Why business model innovation is the new competitive advantage. *IUP Journal of Business Strategy*, *14*(1), 7.

Baumann, B. (2022, January 27). *4 Lessons Learned From The Nike SCM Failure*. https://www.panorama−consulting.com/nike−scm−failure/

Bereznoi, A. (2015). Business model innovation in corporate competitive strategy. *Problems of Economic Transition*, *57*(8), 14−33.

Berman, S. J., & Bell, R. (2011). Digital transformation: Creating new business models where digital meets physical. *IBM Institute for Business Value, 4.*

Bharadwaj, A. S. (2000). A resource−based perspective on information technology capability and firm performance: an empirical investigation. *MIS Quarterly*, 169−196.

Boar, B. H. (1994). *Practical steps for aligning information technology with business strategies: how to achieve a competitive advantage*. J. Wiley.

Brandenburger, A. (2019). Strategy needs creativity. *Harvard Business Review*, *2019*(March−April), 58−65.

Brandenburger, A. M., & Nalebuff, B. J. (1995). The right game: Use game theory to shape strategy. *Harvard Business Review*, *76*(4), 57−71.

Bromiley, P. (2009). *The behavioral foundations of strategic management*. John Wiley & Sons.

Cândido, C. J. F., & Santos, S. P. (2015). Strategy implementation: What is the failure rate? *Journal of Management & Organization*, *21*(2), 237−262.

Casadesus－Masanell, R., & Ricart, J. E. (2010). From strategy to business models and onto tactics. *Long Range Planning, 43*(2－3), 195－215. https://doi.org/10.1016/j.lrp.2010.01.004

Cavalcante, S., Kesting, P., & Ulhøi, J. (2011). Business model dynamics and in－novation:(re) establishing the missing linkages. *Management Decision.*

Chan, Y. E., & Reich, B. H. (2007). IT alignment: what have we learned? *Journal of Information Technology, 22*(4), 297－315.

Chesbrough, H., Lettl, C., & Ritter, T. (2018). Value Creation and Value Capture in Open Innovation. *Journal of Product Innovation Management, 35*(6), 930－938. https://doi.org/10.1111/jpim.12471

Chesbrough, H., & Rosenbloom, R. S. (2002). The role of the business model in cap－turing value from innovation: Evidence from Xerox Corporation's technology spin－off companies. *Industrial and Corporate Change, 11*(3), 529－555. https://doi.org/10.1093/icc/11.3.529

Child, J. (1972). Organizational structure, environment and performance: The role of strategic choice. *Sociology, 6*(1), 1－22.

Christensen, C. M. (2020). 혁신 기업의 딜레마 (이진원 옮김). 세종서적(주) (원서출판 1997).

Christensen, C. M., & Johnson, M. W. (2009). What Are Business Models, and How Are They Built ? *Harvard Business Review, 44*(0), 1－11.

Clemons, E. K., & Row, M. C. (1991). Sustaining IT advantage: The role of structural differences. *MIS Quarterly*, 275－292.

Collis, D. J. (2021). Why Do So Many Strategies Fail? *Harvard Business Review, July－August.*

Collis, D. J., & Montgomery, C. A. (1995). Competing on Resources: Strategy in the 1990s. *Harvard Business Review.* https://hbr.org/1995/07/competing－on－resources－strategy－in－the－1990s

Collis, D. J., & Montgomery, C. A. (2008). Competing on Resources. *Harvard Business Review, July－August,* 140－150.

Coltman, T., Tallon, P., Sharma, R., & Queiroz, M. (2015). Strategic IT alignment: twenty－five years on. In *Journal of Information Technology* (Vol. 30, Issue 2, pp. 91－100). Springer.

Connor, T. (2002). The resource-based view of strategy and its value to practicing managers. *Strategic Change, 11*(6), 307−316.

Cote, D. (2021). 항상 이기는 조직 (이영래 옮김). 위즈덤하우스 (원서출판 2020).

Cyert, R. M., & March, J. G. (1963). *A behavioral theory of the firm* (Vol. 2, Issue 4). Englewood Cliffs, NJ.

Daft, R. L., & Weick, K. E. (1984). Toward a model of organizations as interpretation systems. *Academy of Management Review, 9*(2), 284−295.

Descartes, R. (1997). 방법서설 - 정신지도를 위한 규칙들 (이현복 옮김). 문예출판사 (원서출판 1637).

Dutton, J. E., Ashford, S. J., O'neill, R. M., Hayes, E., & Wierba, E. E. (1997). Reading the wind: How middle managers assess the context for selling issues to top managers. *Strategic Management Journal, 18*(5), 407−423.

Dutton, J. E., Ashford, S. J., O'Neill, R. M., & Lawrence, K. A. (2001). Moves that matter: Issue selling and organizational change. *Academy of Management Journal, 44*(4), 716−736.

Fiol, C. M. (2001). Revisiting an identity−based view of sustainable competitive advantage. *Journal of Management, 27*(6), 691−699.

Fiss, P. C., & Zajac, E. J. (2006). The symbolic management of strategic change: Sensegiving via framing and decoupling. *Academy of Management Journal, 49*(6), 1173−1193.

Fitzgerald, M., Kruschwitz, N., Bonnet, D., & Welch, M. (2014). Embracing digital technology: A new strategic imperative. *MIT Sloan Management Review, 55*(2), 1.

Frankiewicz, B., & Chamorro−Premuzic, T. (2020). Digital transformation is about talent, not technology. *Harvard Business Review, 6*(3).

Freedman, L. (2014a). 전략의 역사 1 (이경식 옮김). 비즈니스북스 (원서출판 2013).

Freedman, L. (2014b). 전략의 역사 2 (이경식 옮김). 비즈니스북스 (원서출판 2013).

Gioia, D. A., & Chittipeddi, K. (1991). Sensemaking and sensegiving in strategic change initiation. *Strategic Management Journal, 12*(6), 433−448.

Hambrick, D. C., & Mason, P. A. (1984). Upper echelons: The organization as a re−flection of its top managers. *Academy of Management Review, 9*(2), 193−206.

Hammer, M. (1990). Reengineering work: Don't automate, obliterate. *Harvard Business Review, 68*(4), 104−112.

Harper, D. A. (2002). *Entrepreneurship and the Market Process: An enquiry into the growth of knowledge.* Routledge.

Hastings, R., & Meyer, E. (2020). 규칙 없음 (이경남 옮김). 알에이치코리아 (RHK) (원서 출판 2020).

Henderson, J. C., & Venkatraman, H. (1993). Strategic alignment: Leveraging in‐formation technology for transforming organizations. *IBM Systems Journal, 32*(1), 4‐16.

Henderson, J. C., & Venkatraman, N. (1989). *Strategic alignment: a framework for strategic information technology management.*

Hess, T., Matt, C., Benlian, A., & Wiesböck, F. (2016). Options for formulating a digital transformation strategy. *MIS Quarterly Executive, 15*(2), 123‐139.

High, P. (2020, May 26). *Who Led Your Digital Transformation? Your CIO Or COVID‐19?* Forbes. https://www.forbes.com/sites/peterhigh/2020/05/26/who‐led‐your‐digital‐transformation‐your‐cio‐or‐covid‐19/?sh=70ca6a195323

Hrebiniak, L. G. (2013). *Making strategy work: Leading effective execution and change.* FT Press.

Intelligence Unit, E., & by PMI, sponsored. (2013). *Why Good Strategies Fail: Lessons for C‐Suite | PMI Thought Leadership Series.*

Isaacson, W. (2011). 스티브 잡스 (안진환 옮김). 민음사 (원서출판 2011).

Johnson, M. W., Christensen, C. M., & Kagermann, H. (2008a). Reinventing your busi‐ness model. *Harvard Business Review, 86*(12).

Johnson, M. W., Christensen, C. M., & Kagermann, H. (2008b). Reinventing your business model. *Harvard Business Review, 86*(12), 57‐68.

Johnson, N. L. (n.d.). *Platform vs. Linear: Business Models 101.* Retrieved October 2, 2022, from https://www.applicoinc.com/blog/platform‐vs‐linear‐busi‐ness‐models‐101/

Kabir, U. (2022, January 22). *Michael Burry Stock Portfolio Performance in 2021: 8 Best Picks.* https://finance.yahoo.com/news/michael‐burry‐stock‐portfolio‐performance‐170844957.html?fr=sycsrp_catchall

Kahneman, D. (2020). 생각에 관한 생각 (이창신 옮김). 김영사 (원서출판 2011).

Kane, G. C., Palmer, D., Phillips, A. N., Kiron, D., & Buckley, N. (2015). Strategy, not technology, drives digital transformation. *MIT Sloan Management Review and Deloitte University Press, 14*(1 − 25).

Kaplan, R. S., & Norton, D. P. (2008). Mastering the Management System. *Harvard Business Review, January.* https://hbr.org/2008/01/mastering − the − manage − ment − system

Kaplan, S. (2008). Framing contests: Strategy making under uncertainty. *Organization Science, 19*(5), 729 − 752.

Katz, M. L., & Shapiro, C. (1985). Network externalities, competition, and compatibility. *The American Economic Review, 75*(3), 424 − 440.

Kenny, G. (2014, September 3). *Your Company's Purpose Is Not Its Vision, Mission, or Values.* HBR Digital Article. https://hbr.org/2014/09/your − companys − pur − pose − is − not − its − vision − mission − or − values

Kim, W. C., & Mauborgne, R. (2004). Blue Ocean Strategy. *Harvard Business Review, October.* www.hbrreprints.org

Klayman, J., Soll, J. B., Gonzalez − Vallejo, C., & Barlas, S. (1999). Overconfidence: It depends on how, what, and whom you ask. *Organizational Behavior and Human Decision Processes, 79*(3), 216 − 247.

Kluyber, C. A., & Pearce, J. A. (2007). 전략이란 무엇인가 (송재용 외 옮김). 북코스모스 (원서출판 2006).

Kounios, J., & Beeman, M. (2015). *The Eureka factor: Creative insights and the brain.* Random House.

Kraaijenbrink, J., Spender, J. − C., & Groen, A. J. (2010). The Resource − based view: A review and assessment of its critiques. *Journal of Management, 36*(1), 349 − 372. https://doi.org/10.1177/0149206309350775

Krugman, P. (2022, July 21). *Opinion | Paul Krugman: I Was Wrong About Inflation − The New York Times.* https://www.nytimes.com/2022/07/21/opinion/paul − krugman − inflation.html

Lado, A. A., Boyd, N. G., Wright, P., & Kroll, M. (2006). Paradox and theorizing within the resource − based view. *Academy of Management Review, 31*(1), 115 − 131.

Lafley, A. G., & Martin, R. L. (2013). 승리의 경영전략 (김주권 · 박광태 · 박상진 옮김). 진성북스. (원서출판 2013).

Lanzolla, G., & Markides, C. (2021). A Business Model View of Strategy. *Journal of Management Studies, 58*(2), 540－553. https://doi.org/10.1111/joms.12580

Lee, G.－S. (2006). 이마트 유통 변화. *The Monthly Packaging World,* 64－73.

Levinthal, D. A. (2011). A behavioral approach to strategy—what's the alternative? *Strategic Management Journal, 32*(13), 1517－1523.

Lindgardt, Z., Reeves, M., Stalk, G., & Deimler, M. S. (2009). Business model innovation. *The Boston Consulting Group, Boston, MA, 118.*

MacDonald, K. H., & Yapp, C. (1992). IT strategies: issues and prescriptions. In A. Brown (Ed.), *Creating a Business－based IT Strategy.* Chapman and Hall, London.

Mankins, M., & Gottfredson, M. (2022). Strategy－Making in Turbulent Times. *Harvard Business Review, September－October.* https://hbr.org/2022/09/strategy－mak－ing－in－turbulent－times

March, J. G. (1994). *Primer on decision making: How decisions happen.* Simon and Schuster.

Maslow, A. H. (1966). *The Psychology of Science: A Reconnaissance.* HarperCollins.

Merchant, N. (2012). Why Porter's Model No Longer Works. In *Harvard Business Review.* https://hbr.org/2012/02/why－porters－model－no－longer－wo

Mintzberg, H. (1994). The Fall and Rise of Strategic Planning. *Harvard Business Review (Jan. － Feb.),* 107－114.

Mintzberg, H., Ahlstrand, B., & Lampel, J. (2012). 전략 사파리 (윤규상 옮김). 비즈니스맵 (원서출판 1998).

Mitnick, B. M. (1975). The theory of agency. *Public Choice, 24*(1), 27－42.

Moore, J. I. (2010). 전략과 전략경영의 대가들 (윤규상 옮김). 비즈니스 맵 (원서출판 2001).

Murphy, A., & Contreras, I. (2022, May 12). *The Global 2000.* Forbes. https://www.forbes.com/lists/global2000/?sh=2f6ef0785ac0

Nawaz, S. (2021, September 7). *5 Reasons Your Employees Don't Understand Your Company's Vision.* HBR Digital Article. https://hbr.org/2021/09/5－rea－sons－your－employees－dont－understand－your－companys－vision

Nutt, P. C. (1993). The formulation processes and tactics used in organizational deci－sion making. *Organization Science, 4*(2), 226－251.

Osterwalder, A., & Pigneur, Y. (2010). *Business model generation: a handbook for vi—sionaries, game changers, and challengers* (Vol. 1). John Wiley & Sons.

Papagiannidis, S., Harris, J., & Morton, D. (2020). WHO led the digital transformation of your company? A reflection of IT related challenges during the pandemic. *International Journal of Information Management, 55*. https://doi.org/10.1016/J.IJINFOMGT.2020.102166

Parker, G. G., van Alstyne, M. W., & Choudary, S. P. (2017). 플랫폼 레볼루션 (이현경 옮김). 부키(주) (원서출판 2016).

Piccinini, E., Hanelt, A., Gregory, R. W., & Kolbe, L. M. (2015). Transforming Industrial Business: The Impact of Digital Transformation on Automotive Organizations. *International Conference on Information Systems.*

Popper, K. (2005). *The logic of scientific discovery.* Routledge.

Porter, M. E. (1985). 경쟁전략 (조동성 & 정몽준 공역). 경문사. (원서출판 1980).

Porter, M. E. (1996). What is Strategy? *Harvard Business Review, 74,* 61—78.

Porter, M. E. (2001). Strategy and the Internet. *Harvard Business Review, 79*(3). https://doi.org/10.2469/dig.v31.n4.960

Porter, M. E. (2008). 경쟁우위 (조동성 역). 21세기북스. (원서출판 1985).

Powell, T. C., & Dent-Micallef, A. (1997). Information technology as competitive ad—vantage: The role of human, business, and technology resources. *Strategic Management Journal, 18*(5), 375—405.

Powell, T. C., Lovallo, D., & Fox, C. R. (2011). Behavioral strategy. *Strategic Management Journal, 32*(13), 1369—1386.

Prahalad, C. K., & Hamel, G. (1990). The core competence of the corporation. *Harvard Business Review, 68*(3), 79—91.

Quiroz—Gutierres, M. (2021, October 30). *Not FAANG but MAMAA: Jim Cramer reveals new acronym for the 5 largest tech giants | Fortune.* Fortune. https://fortune.com/2021/10/29/faang—mamaa—jim—cramer—tech—facebook—meta/

Rayna, T., & Striukova, L. (2016). 360° Business Model Innovation: Toward an Integrated View of Business Model Innovation: An integrated, value—based view of a business model can provide insight into potential areas for business model innovation. *Research—Technology Management, 59*(3), 21—28.

Reeves, M., Haanaes, K., & Sinha, J. (2016). 전략에 전략을 더하라 (문직섭 옮김). 한국경제신문 (원서출판 2015).

Reeves, M., Love, C., & Tillmanns, P. (2012). Your strategy needs a strategy. *Harvard Business Review, 90*(9), 76−83.

Richardson, J. (2008). The business model: an integrative framework for strategy execution. *Strategic Change, 17*(5−6), 133−144. https://doi.org/10.1002/jsc.821

Salvador, F., & Sting, F. J. (2022). How Your Company Can Encourage Innovation from All Employees. *HBR Digital Article.* https://hbr.org/2022/09/how−your−company−can−encourage−innovation−from−all−employees

Scheuss, R. (2010). 전략 사전 (안성철 옮김). 옥당 (원서출판 2008).

Schoenwaelder, T. (2020, January 9). 3 Reasons Good Strategies Fail. *Wall Street Journal,* 1−6. https://deloitte.wsj.com/cio/2020/01/09/3−reasons−good−strategies−fail/

Schultz, H., & Yang, D. J. (2022). 스타벅스 - 커피 한 잔에 담긴 성공 신화 (홍순명 옮김). 김영사 (원본출판 1997).

Seddon, P., & Lewis, G. (2003). Strategy and Business Models: What's the Difference? *PACIS 2003 Proceedings. 17.* http://aisel.aisnet.org/pacis2003/17

Siggelkow, N., & Levinthal, D. A. (2003). Temporarily divide to conquer: Centralized, decentralized, and reintegrated organizational approaches to exploration and adaptation. *Organization Science, 14*(6), 650−669.

Simon, M., & Houghton, S. M. (2003). The relationship between overconfidence and the introduction of risky products: Evidence from a field study. *Academy of Management Journal, 46*(2), 139−149.

Sjödin, D., Parida, V., Jovanovic, M., & Visnjic, I. (2020). Value Creation and Value Capture Alignment in Business Model Innovation: A Process View on Outcome−Based Business Models. *Journal of Product Innovation Management, 37*(2), 158−183. https://doi.org/10.1111/jpim.12516

Statman, M. (1995). Behavioral finance versus standard finance. *AIMR Conference Proceedings, 7,* 14−22.

Sull, D., Homkes, R., & Sull, C. (2015). Why Strategy Execution Unravels−and What to Do About It. *Harvard Business Review, March.*

Swant, M. (2020, July). *The 2020 World's Most Valuable Brands*. Forbes. https://www.forbes.com/the−worlds−most−valuable−brands/#6a56bbbb119c

Tabrizi, B., Lam, E., Girard, K., & Irvin, V. (2019). Digital transformation is not about technology. *Harvard Business Review, 13*(March), 1−6.

Teece, D. J. (2010). Business models, business strategy and innovation. *Long Range Planning, 43*(2−3), 172−194. https://doi.org/10.1016/j.lrp.2009.07.003

Thaler, R. H. (2021). 행동 경제학 (박세연 옮김). 웅진지식하우스 (원서출판 2015).

van Alstyne, M. W., Parker, G. G., & Paul Choudary, S. (2016). Pipelines, platforms, and the new rules of strategy. *Harvard Business Review, 94*(4), 54−62.

Vermeulen, F. (2017, November 8). *Many Strategies Fail Because They're Not Actually Strategies*. HBR Digital Article. https://hbr.org/2017/11/many−strategies−fail−because−theyre−not−actually−strategies?autocomplete=true

Wally, S., & Baum, J. R. (1994). Personal and structural determinants of the pace of strategic decision making. *Academy of Management Journal, 37*(4), 932−956.

Weick, K. E. (1995). *Sensemaking in organizations* (Vol. 3). Sage.

Weick, K. E. (2015). The social psychology of organizing. *M@N@Gement, 18*(2), 189.

Weick, K. E., Sutcliffe, K. M., & Obstfeld, D. (2005). Organizing and the process of sensemaking. *Organization Science, 16*(4), 409−421.

Wernerfelt, B. (1984). A resource-based view of the firm. *Strategic Management Journal, 5*(2), 171−180.

Wernerfelt, B. (1995). The resource-based view of the firm: Ten years after. *Strategic Management Journal, 16*(3), 171−174.

Whitler, K. A. (2019, October 5). *New CEO Study: The Undergraduate Degrees Of Fortune 100 CEOs*. Forbes. https://www.forbes.com/sites/kimberlywhitler/2019/10/05/new−ceo−study−the−undergraduate−degrees−and−majors−of−fortune−100−ceos/?sh=3e22665e4130

Wiita, N., & Leonard, O. (2017, November 23). *How the Most Successful Teams Bridge the Strategy−Execution Gap*. HBR Digital Article. https://hbr.org/2017/11/how−the−most−successful−teams−bridge−the−strategy−execution−gap

Wirtz, B. W., Pistoia, A., Ullrich, S., & Göttel, V. (2016). Business Models: Origin, Development and Future Research Perspectives. *Long Range Planning, 49*(1), 36−54. https://doi.org/10.1016/j.lrp.2015.04.001

Yu, H. (2021). 위대한 도약 (윤태경 옮김). 가나출판사 (원서출판 2018).

찾아보기

저자약력

신재훈

2023년 11월 현재 글로벌세아그룹의 계열사인 플랜트EPC(Engineering, Procurement, Construction) 건설기업 세아STX엔테크의 대표이사로 일하고 있다. 글로벌세아, 삼성SDS, SK네트웍스, Accenture에서 근무했다. 서울대학교 경영학과를 우등으로 졸업하고 같은 대학원에서 경영학 석사 학위를 취득했으며 미국의 The University of Chicago에서 MBA학위를, 서강대학교에서 경영학 박사 학위(경영전략 전공)를 취득했다. Accenture(舊 Andersen Consulting)에서 다수의 제조기업을 대상으로 IT기반의 경영컨설팅을 수행하였고 SK네트웍스(舊 ㈜선경) 근무시절에는 종합상사 전체의 정보전략 마스터플랜 수립 및 실행에 주도적으로 참여하였다. 삼성SDS 재직 시절, 공공/제조/금융 분야에서 다수의 컨설팅을 수행하였고 삼성그룹의 전략인재로 선발되어 미국 시카고 대학에서 MBA를 취득하였다. 귀국 후 전략기획팀장, 마케팅팀장을 거치며 비전 및 중장기 전략과 전사 마케팅 업무를 총괄하였고 6시그마 기반의 영업혁신과 사업관리를 추진하였다. 이후, 삼성전자사업팀장, 신규사업추진팀장을 거쳐 Smart Manufacturing 사업팀장, Smart Town 사업팀장, Smart Hospitality & Building 사업팀장, 마케팅 분석사업팀장을 역임하며 Staff과 Line부서를 두루 경험하였다. 경영학 전공자로는 드물게 정보관리기술사 자격증을 취득하고 삼성SDS기술사회 회장을 역임하였다. 지식경제부에서 서비스 산업 선진화 자문위원, 통합기술청사진 기획위원, 산업원천기술 로드맵 기획위원을, 산업자원부에서 전략기술개발사업 지식서비스 분야 기술위원을 역임하였고 한국산업기술진흥원 제품-서비스 융합포럼 자문위원, 한국정보산업연합회 정보산업 민간백서 집필위원으로 활동하면서 우리나라 IT서비스 산업의 발전에 기여하였다. 글로벌세아로 옮긴 후, 그룹미래전략담당으로서 전략기획, 재무, 인사, 홍보 업무를 총괄하며 그룹 전체 계열사의 경영성과와 투자를 관리하였다. 또한 그룹의 중장기 성장전략을 수립하고 이를 실행하기 위해 여러 기업의 인수합병(M&A)과 다양한 신규사업개발을 추진하였다. 서울대학교에서 미래융합기술 최고위과정과 창의적리더를 위한 예술문화과정 및 패션산업 최고경영자과정을 마쳤으며, 연세대학교에서 자산관리 최고위과정을, 숙명여자대학교에서 미식문화 최고위과정을 수료하였다. 투자자산운용사 자격증을 보유하고 있으며, 주요 관심사는 경영전략과 비즈니스 모델 및 디지털 기술의 융합을 통한 성과 창출이다. 논문으로『성과창출형 전략을 위한 통합모델에 관한 연구』,『패션산업의 디지털 트랜스포메이션 전략에 관한 연구』,『Smart Manufacturing을 위한 제조IT서비스 혁신에 관한 연구』,『서비스 사이언스와 IT서비스 산업의 미래』,『국내 IT서비스 산업 고도화 방안』,『Global Information Technology Planning for Globalization Strategy Implementation』등이 있으며, 저서로는『야구 보는 CEO』(2009, 공저),『핵심정보기술총서』(2007, 공저),『서비스 사이언스』(2006, 공저)와 번역서인『서비스 이노베이션』(2015)이 있다.

비욘드 스트래티지

초판발행	2023년 11월 15일
중판발행	2024년 1월 30일
지은이	신재훈
펴낸이	안종만·안상준
편 집	김민조
기획/마케팅	최동인
표지디자인	권아린
제 작	고철민·조영환
펴낸곳	(주)**박영사**
	서울특별시 금천구 가산디지털2로 53, 210호(가산동, 한라시그마밸리)
	등록 1959. 3. 11. 제300-1959-1호(倫)
전 화	02)733-6771
f a x	02)736-4818
e-mail	pys@pybook.co.kr
homepage	www.pybook.co.kr
ISBN	979-11-303-1855-4 93320

* 파본은 구입하신 곳에서 교환해 드립니다. 본서의 무단복제행위를 금합니다.

정 가   23,000원